IMPRESSIONS DE VOYAGE

—◦◦◦—

SUISSE — I

PARIS. — IMP. DE LA SOC. ANON. DE PUBL. PÉRIOD. — P. MOUILLOT. — 44717

IMPRESSIONS
DE VOYAGE

PAR

ALEXANDRE DUMAS

ÉDITION NOUVELLE REVUE PAR L'AUTEUR

ILLUSTRÉE PAR COPPIN, LANCELOT, J.-A. BEAUCÉ, STAAL, ETC.

PUBLIÉE PAR DUFOUR ET MULAT.

PREMIÈRE PARTIE
SUISSE — I

PARIS

CALMANN LÉVY, ÉDITEUR
ANCIENNE MAISON MICHEL LÉVY FRÈRES
3, RUE AUBER, 3

1891

IMPRESSIONS DE VOYAGE

PAR

ALEXANDRE DUMAS

ÉDITION NOUVELLE REVUE PAR L'AUTEUR.

EXPOSITION.

Il n'y a pas de voyageur qui ne croie devoir rendre compte à ses lecteurs des motifs de son voyage. Je suis trop respectueux envers mes célèbres devanciers, depuis M. de Bougainville, qui fit le tour du monde, jusqu'à M. de Maistre, qui fit le tour de sa chambre, pour ne pas suivre leur exemple. D'ailleurs, on trouvera dans mon exposition, si courte qu'elle soit, deux choses fort importantes, qu'on chercherait vainement ailleurs : une recette contre le choléra, et une preuve de l'infaillibilité des journaux.

Le 15 avril 1832, en revenant de conduire jusqu'à l'escalier mes deux bons et célèbres amis, Litz et Boulanger, qui avaient passé la soirée à se prémunir avec moi contre le fléau régnant en prenant force thé noir, je sentis que les jambes me manquaient tout à coup ; en même temps un éblouissement me passa sur les yeux, et un frisson dans la peau ; je me retins à une table pour ne pas tomber : j'avais le choléra.

S'il était asiatique ou européen, épidémique ou contagieux, c'est ce que j'ignore complétement ; mais ce que je sais très-bien, c'est que, sentant que cinq minutes plus tard je ne pourrais plus parler, je me dépêchai de demander du sucre et de l'éther.

Ma bonne, qui est une fille fort intelligente, et qui m'avait vu quelquefois, après mon dîner, tremper un morceau de sucre dans du rhum, présuma que je lui demandais quelque chose de pareil. Elle remplit un verre à liqueur d'éther pur, posa sur son orifice le plus gros morceau de sucre qu'elle put trouver, et me l'apporta au moment où je venais de me coucher, grelottant de tous mes membres.

Comme je commençais à perdre la tête, j'étendis machinalement la main ; je sentis qu'on m'y mettait quelque chose ; en même temps j'entendis une voix qui me disait : *Avalez cela, monsieur, cela vous fera du bien.* J'approchai ce quelque chose de ma bouche, et j'avalai ce qu'il contenait, c'est-à-dire un demi-flacon d'éther.

Dire la révolution qui se fit dans ma personne, lorsque cette liqueur diabolique me traversa le torse, est chose impossible, car presque aussitôt je perdis connaissance. Une heure après je revins à moi : j'étais roulé dans un grand tapis de fourrures, j'avais aux pieds une boule d'eau bouillante : deux personnes, tenant chacune à la main une bassinoire pleine de feu, me frottaient sur toutes les coutures. Un instant je me crus mort et en enfer : l'éther me brûlait la poitrine au dedans, les frictions me rissolaient au dehors ; enfin, au bout d'un quart d'heure, le froid s'avoua vaincu : je fondis en eau, comme la Biblis de M. Dupaty, et le médecin déclara que j'étais sauvé. Il était temps : deux tours de broche de plus, et j'étais rôti.

Quatre jours après, je vis s'asseoir au pied de mon lit le directeur de la Porte-Saint-Martin ; son théâtre était plus malade encore que moi, et le moribond appelait à son secours le convalescent. M. Harel me dit qu'il lui fallait, dans quinze jours au plus tard, une pièce qui lui produisît cinquante mille écus au moins ; il ajouta, pour me déterminer, que l'état de fièvre où je me trouvais était très-favorable au travail d'imagination, vu l'exaltation cérébrale qui en était la conséquence.

Cette raison me parut si concluante, que je me mis aussitôt à l'œuvre : je lui donnai sa pièce au bout de huit jours au lieu de quinze ; elle lui rapporta cent mille écus au lieu de cinquante mille : il est vrai que je faillis en devenir fou.

Ce travail forcé ne me remit pas le moins du monde ; et à peine pouvais-je me tenir debout, tant j'étais faible encore, lorsque j'appris la mort du général Lamarque. Le lendemain, je fus nommé par la famille l'un des commissaires du convoi : ma charge était de faire prendre à l'artillerie de la garde nationale, dont je faisais partie, la place que la hiérarchie militaire lui assignait au cortége.

Tout Paris a vu passer ce convoi, sublime d'ordre, de recueillement et de patriotisme. Qui changea cet ordre en désordre, ce recueillement en colère, ce patriotisme en rébellion ? c'est ce que j'ignore, ou veux ignorer, jusqu'au jour où la royauté de juillet rendra, comme celle de Charles IX, ses comptes à Dieu, ou, comme celle de Louis XVI, ses comptes aux hommes.

Le 9 juin, je lus dans une feuille légitimiste que j'avais été pris les armes à la main, à l'affaire du cloître Saint-Merry, jugé militairement pendant la nuit, et fusillé à trois heures du matin.

La nouvelle avait un caractère si officiel, le récit de mon exécution, que, du reste, j'avais supportée avec le plus grand courage, était tellement détaillé, les renseignements venaient d'une si bonne source, que j'eus un instant de doute : d'ailleurs, la conviction du rédacteur était grande ; pour la première fois il disait du bien de moi dans son journal : il était donc évident qu'il me croyait mort.

Je rejetai ma couverture, je sautai à bas de mon lit, et je courus à ma glace pour me donner à moi-même des preuves de mon existence. Au même instant, la porte de ma chambre s'ouvrit, et un commissionnaire entra, porteur d'une lettre de Charles Nodier, conçue en ces termes :

« Mon cher Alexandre,

« Je lis à l'instant, dans un journal, que vous avez « été fusillé hier à trois heures du matin : ayez la « bonté de me faire savoir si cela vous empêchera « de venir demain, à l'Arsenal, dîner avec Taylor. »

Je fis dire à Charles que, pour ce qui était d'être mort ou vivant, je ne pouvais pas trop lui en répondre, attendu que, moi-même, je n'avais pas encore d'opinion bien arrêtée sur ce point ; mais que, dans l'un ou l'autre cas, j'irais toujours le lendemain dîner avec lui, ainsi, qu'il n'avait qu'à se tenir prêt, comme don Juan, à fêter la statue du commandeur.

Le lendemain, il fut bien constaté que je n'étais pas mort ; cependant je n'y avais pas gagné grand'chose, car j'étais toujours fort malade ; ce que voyant, mon médecin m'ordonna ce qu'un médecin ordonne lorsqu'il ne sait plus qu'ordonner :

UN VOYAGE EN SUISSE.

En conséquence, le 24 juillet 1832, je partis de Paris.

IMPRESSIONS DE VOYAGE.

MONTEREAU.

L c lendemain, tandis que la voiture déposait ses voyageurs à Montereau et leur accordait une heure pour déjeuner, j'allai visiter ce pont doublement historique, qui, à quatre siècles de distance, fut témoin de l'agonie de deux dynasties, dont l'une se sauva par un crime, et dont l'autre ne put se sauver par une victoire.

Ces deux pages de notre histoire sont trop importantes pour que nous les laissions en blanc dans notre album de voyages ; en conséquence, nos lecteurs voudront bien jeter avec nous un coup d'œil sur la position topographique de la ville de Montereau, afin que nous les fassions assister aux événements qui s'y sont accomplis, et dans lesquels Jean-sans-Peur et Napoléon ont joué les principaux rôles.

La ville de Montereau est située à vingt lieues à peu près de Paris, au confluent de l'Yonne et de la Seine, où la première de ces deux rivières perd son nom en se jetant dans l'autre ; si l'on remonte, en partant de Paris, le cours du fleuve qui la traverse,

on aura, en arrivant en vue de Montereau, à gauche, la montagne de Surville, que couronnent les ruines d'un vieux château, et, au pied de cette montagne, une espèce de faubourg séparé de la ville par le fleuve.

En face de soi, l'on découvrira, simulant l'angle le plus aigu d'un V, et à peu près dans la position où se trouve à Paris la pointe du pont Neuf, une langue de terre qui va toujours s'élargissant entre le fleuve et la rivière qui la bordent, jusqu'à ce que la Seine jaillisse de terre près de Baigneux-les-Juifs, et que l'Yonne prenne sa source non loin de l'endroit où était située l'ancienne Bibracte, et où, de nos jours, s'élève la ville d'Autun.

A droite, la cité tout entière se déploiera gracieusement couchée au milieu de ses maisons et de ses vignes, dont le tapis, bariolé de vert et de jaune comme un manteau écossais, s'étend à perte de vue sur les riches plaines du Gâtinais.

Quant au pont, qui joue un si grand rôle dans le double événement que nous allons essayer de raconter, il joint, en partant de gauche à droite, le faubourg à la ville, et traverse d'abord le fleuve, ensuite la rivière, posant un de ses pieds massifs sur la pointe de terre dont nous avons parlé.

BEAUCE.   POUGET.

Jean-sans-Peur.

JEAN-SANS-PEUR.

Le 9 septembre 1419, sur la partie du pont qui traverse l'Yonne, et sous l'inspection de deux hommes qui, assis de chaque côté du parapet, paraissaient apporter un égal intérêt à l'œuvre qui s'opérait devant eux, des ouvriers, protégés dans leur travail par quelques soldats qui empêchaient d'approcher le peuple, élevaient en grande hâte une espèce de loge en charpente, qui s'étendait sur toute la largeur du pont, et sur une longueur de vingt pieds à peu près. Le plus vieux des deux personnages que nous avons représentés comme présidant à la construction de cette loge paraissait âgé de quarante-huit ans à peu près. Sa tête brune, ombragée par de longs cheveux noirs taillés en rond, était couverte d'un chaperon

Messire Tanneguy-Duchâtel et le sire de Giac.

d'étoffe de couleur sombre, dont un des bouts flottait au vent comme l'extrémité d'une écharpe. Il était vêtu d'une robe de drap pareil à celui de son chaperon, dont la doublure en menu-vair paraissait au collet, à l'extrémité inférieure et aux manches ; de ces manches larges et tombantes sortaient deux bras robustes, que protégeait un de ces durs vêtements de fer maillé qu'on appelait haubergeon. Ses jambes étaient couvertes de longues bottes, dont l'extrémité supérieure disparaissait sous sa robe, et dont l'extrémité inférieure, souillée de boue, attestait que la précipitation avec laquelle il s'était oc-

cupé de venir présider à l'exécution de cette loge ne lui avait pas permis de changer son costume de voyage. A sa ceinture de cuir pendait, à des cordons de soie, une longue bourse de velours noir, et à côté d'elle, en place d'épée ou de dague, à une chaîne de fer, une petite hache d'armes damasquinée d'or, dont la pointe opposée au tranchant figurait, avec une vérité qui faisait honneur à l'ouvrier des mains duquel elle était sortie, une tête de faucon déchaperonné.

Quant à son compagnon, qui paraissait à peine âgé de vingt-cinq à vingt-six ans, c'était un beau jeune homme, mis avec un soin qui paraissait, au premier abord, incompatible avec la préoccupation sombre de son esprit. Sa tête, inclinée sur sa poitrine, était couverte d'une espèce de casquette de velours bleu, doublée d'hermine ; une agrafe de rubis y rassemblait sur le devant les tiges de plusieurs plumes de paon, dont le vent agitait l'autre extrémité comme une aigrette d'émeraude, de saphir et d'or. De son surtout de velours rouge, dont les manches pendaient garnies d'hermine, comme son chapeau, sortaient, croisés sur sa poitrine, ses bras couverts d'une étoffe si brillante qu'elle semblait un tissu de fil d'or. Ce costume était complété par un pantalon bleu collant, sur la cuisse gauche duquel étaient brodés un P et un G surmontés d'un casque de chevalier, et par des bottes de cuir noir, doublées de peluche rouge, dont l'extrémité supérieure, en se rabattant, formait un retroussis auquel venait s'attacher, par une chaîne d'or, la pointe recourbée de la poulaine démesurée qu'on portait à cette époque.

De son côté, le peuple regardait avec une grande curiosité les apprêts de l'entrevue qui devait avoir lieu le lendemain entre le dauphin Charles et le duc Jean ; et, quoique le désir unanime fût pour la paix, les paroles qu'il murmurait étaient bien diverses : car il y avait dans tous les esprits plus de crainte que d'espoir ; la dernière conférence qui avait eu lieu entre les chefs des partis dauphinois et bourguignon, malgré les promesses faites de part et d'autre, avait eu des suites si désastreuses, que l'on ne comptait plus que sur un miracle pour la réconciliation des deux princes. Cependant quelques esprits mieux disposés que les autres croyaient, ou paraissaient croire, au succès de la négociation qui allait avoir lieu.

— Pardieu ! disait, les deux mains passées dans la ceinture qui encerclait la rotondité de son ventre au lieu de serrer le bas de sa taille, un gros homme à figure épanouie, bourgeonnant comme un rosier au mois de mai ; pardieu ! c'est bien heureux que monseigneur le dauphin, que Dieu conserve ! et que monseigneur de Bourgogne, que tous les saints protègent ! aient choisi la ville de Montereau pour y venir jurer la paix.

— Oui, n'est-ce pas, tavernier ? répondit, en lui frappant du plat de la main sur le point culminant du ventre, son voisin, moins enthousiaste que lui ; oui, c'est fort heureux, car cela fera tomber quelques écus dans ton escarcelle, et la grêle sur la ville.

— Pourquoi cela, Pierre ? dirent plusieurs voix.

— Pourquoi cela est-il arrivé au Ponceau ? pourquoi, l'entrevue à peine finie, un si terrible ouragan éclata-t-il dans un ciel où l'on ne voyait pas un nuage ? pourquoi le tonnerre tomba-t-il sur l'un des deux arbres au pied desquels s'étaient embrassés le dauphin et le duc ? pourquoi brisa-t-il cet arbre

sans toucher l'autre, de telle manière que, quoiqu'ils partissent d'une même tige, l'un tomba foudroyé au pied de son frère resté debout ? Et tiens, ajouta Pierre en étendant la main, pourquoi, en ce moment, tombe-t-il de la neige, quoique nous ne soyons qu'au 9 septembre ?

Chacun, à ces mots, leva la tête, et vit effectivement flotter sur un ciel gris les premiers flocons de cette neige précoce qui devait, pendant la nuit suivante, couvrir comme un linceul toutes les terres de la Bourgogne.

— Tu as raison, Pierre, dit une voix ; c'est de mauvais augure, et cela annonce de terribles choses.

— Savez-vous ce que cela annonce ? reprit Pierre ; c'est que Dieu se lasse à la fin des faux serments que font les hommes.

— Oui, oui, cela est vrai, répondit la même voix : mais pourquoi n'est-ce pas sur ceux-là qui se parjurent que le tonnerre tombe, plutôt que sur un pauvre arbre qui n'y peut rien ?

Cette acclamation fit lever la tête au plus jeune des deux seigneurs, et, dans ce mouvement, ses yeux se portèrent sur la loge en construction. Un des ouvriers établissait, au milieu de cette loge, la barrière qui devait, pour la sûreté de chacun, séparer les deux partis. Il paraît que cette mesure de précaution n'obtint pas l'approbation du noble assistant, car son visage pâle devint pourpre ; et, sortant de l'apathie apparente dans laquelle il était plongé, il bondit jusqu'à la loge, et tomba au milieu des ouvriers, avec un blasphème si sacrilège, que le charpentier qui commençait à ajuster la barrière la laissa tomber et se signa.

— Qui t'a ordonné de mettre cette barrière, misérable ? lui dit le chevalier.

— Personne, monseigneur, reprit l'ouvrier tremblant et courbé sous ces paroles ; personne, mais c'est l'habitude.

— L'habitude est une sotte, entends-tu ? Envoie-moi ce morceau de bois à la rivière. — En se retournant vers son compagnon plus âgé : — A quoi donc, dit-il, pensiez-vous, messire Tanneguy, que vous le laissiez faire ?

— Mais j'étais comme vous, messire de Giac, répondit Duchâtel, si préoccupé à ce qu'il paraît de l'événement, que j'en oubliais les préparatifs.

Pendant ce temps l'ouvrier, pour obéir à l'ordre du sire de Giac, avait dressé la barrière contre le parapet du mur, et se préparait à la faire passer par-dessus, lorsqu'une voix sortit de la foule qui regardait cette scène : c'était celle de Pierre.

— C'est égal, disait-il en s'adressant au charpentier, tu avais raison, André ; et c'est ce seigneur qui a tort.

— Hein ? dit de Giac en se retournant.

— Oui, monseigneur, continua tranquillement Pierre en se croisant les bras ; vous avez beau dire :

une barrière, c'est la sûreté de chacun : c'est chose de bonne précaution lorsqu'une entrevue doit avoir lieu entre deux ennemis, et cela se fait toujours.

— Oui, oui, toujours! crièrent tumultueusement les hommes qui l'entouraient.

— Et qui donc es-tu, dit de Giac, pour oser avoir un avis qui n'est pas le mien?

— Je suis, répondit froidement Pierre, un bourgeois de la commune de Montereau, libre de corps et de bien, et ayant pris, tout jeune, l'habitude de dire tout haut mon avis sur chaque chose, sans m'inquiéter s'il choque l'opinion d'un plus puissant que moi.

De Giac fit un geste pour porter la main à son épée; Tanneguy l'arrêta par le bras.

— Vous êtes insensé, messire, lui dit-il en haussant les épaules. — Archers! continua Tanneguy, faites évacuer le pont, et, si ces drôles font quelque résistance, je vous permets de vous souvenir que vous avez une arbalète à la main et des viretons plein votre trousse.

— C'est bien, c'est bien, messeigneurs, dit Pierre, qui, placé le dernier, avait l'air de soutenir la retraite ; c'est bien, on se retire ; mais, puisque je vous ai dit mon premier avis, il faut que je vous dise le second : c'est qu'il se prépare à cette place quelque bonne trahison. Dieu reçoive en grâce la victime , et en miséricorde les meurtriers !

Pendant que les ordres donnés par Tanneguy s'exécutaient, les charpentiers avaient abandonné la loge achevée, et garnissaient de barrières, fermées par de fortes portes, les deux extrémités du pont, afin que les personnes seules qui étaient de la suite du dauphin et du duc pussent entrer; ces personnes devaient être au nombre de dix de chaque côté ; et, pour la sûreté personnelle de chacun des chefs, le reste des gens du duc devait occuper la rive gauche de la Seine et le château de Surville, et les partisans du dauphin la ville de Montereau et la rive droite de l'Yonne. Quant à la langue de terre dont nous avons parlé, et qui se trouve entre les deux rivières, c'était un terrain neutre qui ne devait appartenir à personne; et, comme à cette époque, à l'exception d'un moulin isolé qui s'élevait au bord de l'Yonne, cette presqu'île était complètement inhabitée , on pouvait facilement s'assurer qu'on n'y avait préparé aucune surprise.

Lorsque les ouvriers eurent achevé les barrières, deux troupes d'hommes armés, comme si elles n'avaient attendu que ce moment, s'avancèrent simultanément pour prendre leurs positions respectives : l'une de ces troupes, composée d'arbalétriers portant la croix rouge de Bourgogne sur l'épaule, vint, commandée par Jacques de la Lime, son grand maître, s'emparer du faubourg de Montereau, et placer des sentinelles à l'extrémité du pont par laquelle devait arriver le duc Jean; l'autre, formée d'hommes d'armes dauphinois, se répandit dans la ville, et

vint mettre des gardes à la barrière par laquelle devait entrer le dauphin.

Pendant ce temps, Tanneguy et de Giac avaient continué leur entretien ; mais, dès qu'ils virent ces dispositions prises, ils se séparèrent : de Giac pour reprendre la route de Bray-sur-Seine, où l'attendait le duc de Bourgogne, et Tanneguy Duchâtel pour se rendre auprès du dauphin de France.

La nuit fut horrible : malgré la saison peu avancée, six pouces de neige couvrirent le sol. Tous les biens de la terre furent perdus.

Le lendemain, 10 septembre, à une heure après midi, le duc monta à cheval dans la cour de la maison où il s'était logé. Il avait à sa droite le sire de Giac, et à sa gauche le seigneur de Noailles. Son chien favori avait hurlé lamentablement toute la nuit ; et, voyant son maître prêt à partir, il s'élançait hors de la niche où il était attaché, les yeux ardents et le poil hérissé ; enfin, lorsque le duc se mit en marche, le chien fit un violent effort, rompit sa double chaîne de fer, et, au moment où le cheval allait franchir le seuil de la porte, il se jeta à son poitrail et le mordit si cruellement, que le cheval se cabra et faillit faire perdre les arçons à son cavalier. De Giac, impatient, voulut l'écarter avec un fouet qu'il portait; mais le chien ne tint aucun compte des coups qu'il recevait, et se jeta de nouveau à la gorge du cheval du duc; celui-ci, le croyant enragé, prit une petite hache d'armes qu'il portait à l'arçon de sa selle, et lui fendit la tête. Le chien jeta un cri, et alla en roulant expirer sur le seuil de la porte, comme pour en défendre encore le passage : le duc, avec un soupir de regret, fit sauter son cheval par-dessus le corps du fidèle animal.

Vingt pas plus loin, un vieux juif, qui était de sa maison et qui se mêlait de l'œuvre de magie, sortit tout à coup de derrière un mur, arrêta le cheval du duc par la bride et lui dit : — Monseigneur, au nom de Dieu, n'allez pas plus loin.

— Que me veux-tu, juif? dit le duc en s'arrêtant.

— Monseigneur, reprit le juif, j'ai passé la nuit à consulter les astres, et la science dit que, si vous allez à Montereau, vous n'en reviendrez pas. — Et il tenait le cheval au mors pour l'empêcher d'avancer.

— Qu'en dis-tu, de Giac? dit le duc en se retournant vers son jeune favori.

— Je dis, répondit celui-ci, la rougeur de l'impatience au front, je dis que ce juif est un fou qu'il faut traiter comme votre chien, si vous ne voulez pas que son contact immonde vous force à quelque pénitence de huit jours.

— Laisse-moi, juif, dit le duc pensif, en lui faisant doucement signe de le laisser passer.

— Arrière, juif! s'écria de Giac en heurtant le vieillard du poitrail de son cheval et en l'envoyant rouler à dix pas; arrière! N'entends-tu pas monsei-

J.A. BEAUCE.

— Arrière, juif! s'écria de Giac en heurtant le vieillard du poitrail de son cheval. — PAGE 7.

gneur qui t'ordonne de lâcher la bride de son cheval? Le duc passa la main sur son front comme
pour en écarter un nuage; et, jetant un dernier
regard sur le juif étendu sans connaissance sur le
revers de la route, il continua son chemin.

Trois quarts d'heure après, le duc arriva au château de Montereau. Avant de descendre de cheval,
il donna l'ordre à deux cents hommes d'armes et à
cent archers de se loger dans le faubourg, et de
relever ceux qui, la veille, avaient reçu la garde de
la tête du pont.

En ce moment, Tanneguy vint vers le duc, et lui

dit que le dauphin l'attendait au lieu de l'entrevue
depuis près d'une heure. Le duc répondit qu'il y
allait; au même instant, un de ses serviteurs tout
effaré accourut, et lui parla tout bas. Le duc se
tourna vers Duchâtel.

— Par le saint jour de Dieu! dit-il, chacun s'est
donné le mot aujourd'hui pour nous entretenir de
trahison. Duchâtel, êtes-vous bien sûr que notre
personne ne court aucun risque? car vous feriez
bien mal de nous tromper.

— Mon très-redouté seigneur, répondit Tanneguy, j'aimerais mieux être mort et damné que de

Le duc jeta un cri, étendit les bras, et alla tomber aux pieds de Giac. — PAGE 10.

faire trahison à vous ou à nul autre; n'ayez donc aucune crainte, car monseigneur le dauphin ne vous veut aucun mal.

— Eh bien! nous irons donc, dit le duc, nous fiant à Dieu, — il leva les yeux au ciel, — et à vous, continua-t-il en fixant sur Tanneguy un de ces regards perçants qui n'appartenaient qu'à lui. Tanneguy le soutint sans baisser la vue.

Alors celui-ci présenta au duc le parchemin sur lequel étaient inscrits les noms des dix hommes d'armes qui devaient accompagner le dauphin; ils étaient inscrits dans l'ordre suivant :

Le vicomte de Narbonne, Pierre de Beauveau, Robert de Loire, Tanneguy Duchâtel, Barbazan, Guillaume le Bouteillier, Guy d'Avaugour, Olivier Layet, Varennes et Frottier.

Tanneguy reçut en échange la liste du duc. Ceux qu'il avait appelés à l'honneur de le suivre étaient :

Monseigneur Charles de Bourbon, le seigneur de Noailles, Jean de Fribourg, le seigneur de Saint-Georges, le seigneur de Montagu, messire Antoine du Vergy, le seigneur d'Ancre, messire Guy de Pontarlier, messire Charles de Lens et messire Pierre de Giac. De plus, chacun devait amener avec lui son secrétaire.

Tanneguy emporta cette liste. Derrière lui, le duc

se mit en route pour descendre du château au pont ; il était à pied, avait la tête couverte d'un chaperon de velours noir, portait pour arme défensive un simple haubergeon de mailles, et, pour arme offensive, une faible épée à riche ciselure et à poignée dorée.

En arrivant à la barrière, Jacques de la Lime lui dit qu'il avait vu beaucoup de gens armés entrer dans une maison de la ville qui touchait à l'autre extrémité du pont, et qu'en l'apercevant, lorsqu'il avait pris poste avec sa troupe, ces gens s'étaient hâtés de fermer les fenêtres de cette maison.

— Allez voir si cela est vrai, de Giac, dit le duc ; je vous attendrai ici.

De Giac prit le chemin du pont, traversa les barrières, passa au milieu de la loge en charpente, arriva à la maison désignée et en ouvrit la porte. Tanneguy y donnait des instructions à une vingtaine de soldats armés de toutes pièces.

— Eh bien ? dit Tanneguy en l'apercevant.

— Êtes-vous prêts ? répondit de Giac.

— Oui, maintenant il peut venir.

De Giac retourna vers le duc.

— Le grand maître a mal vu, monseigneur, dit-il ; il n'y a personne dans cette maison.

Le duc se mit en marche. Il dépassa la première barrière, qui se ferma aussitôt derrière lui. Cela lui donna quelques soupçons ; mais, comme il vit devant lui Tanneguy et le sire de Beauveau, qui étaient venus à sa rencontre, il ne voulut pas reculer. Il prêta son serment d'une voix ferme ; et, montrant au sire de Beauveau sa légère cotte de mailles et sa faible épée : — Vous voyez, monsieur, comme je viens ; d'ailleurs, continua-t-il en se tournant vers Duchâtel et en lui frappant sur l'épaule, *voici en qui je me fie.*

Le jeune dauphin était déjà dans la loge en charpente au milieu du pont : il portait une robe de velours bleu clair garnie de martre, un bonnet dont la forme était entourée d'une petite couronne de fleurs de lis d'or ; la visière et les rebords étaient de fourrure pareille à celle de la robe.

En apercevant le prince, les doutes du duc de Bourgogne s'évanouirent ; il marcha droit à lui, entra sous la tente, remarqua que, contre tous les usages, il n'y avait point de barrière au milieu pour séparer les deux partis ; mais, sans doute, il crut que c'était un oubli, car il n'en fit pas même l'observation. Quand les dix seigneurs qui l'accompagnaient furent entrés à sa suite, on ferma les deux barrières.

A peine s'il y avait dans cette étroite tente un espace suffisant pour que les vingt-quatre personnes qui y étaient enfermées pussent y tenir, même debout ; Bourguignons et Français étaient mêlés au point de se toucher. Le duc ôta son chaperon, et mit le genou gauche en terre devant le dauphin.

— Je suis venu à vos ordres, monseigneur, dit-il,

quoique quelques-uns m'aient assuré que cette entrevue n'avait été demandée par vous qu'à l'effet de me faire des reproches ; j'espère que cela n'est pas, monseigneur, ne les ayant pas mérités.

Le dauphin se croisa les bras, sans l'embrasser ni le relever, comme il avait fait à la première entrevue.

— Vous vous êtes trompé, monsieur le duc, répondit-il d'une voix sévère : oui, nous avons de graves reproches à vous faire, car vous avez mal tenu la promesse que vous nous aviez engagée. Vous m'avez laissé prendre ma ville de Pontoise, qui est la clef de Paris ; et, au lieu de vous jeter dans la capitale pour la défendre ou y mourir, comme vous le deviez, en sujet loyal, vous avez fui à Troyes.

— Fui, monseigneur ! dit le duc en tressaillant de tout son corps à cette expression outrageante.

— Oui, fui, répéta le dauphin, appuyant sur le mot. — Vous avez...

Le duc se releva, ne croyant pas sans doute devoir en entendre davantage ; et comme, dans l'humble posture qu'il avait prise, une des ciselures de la poignée de son épée s'était accrochée à une maille de son haubergeon, il voulut lui faire reprendre sa position verticale : le dauphin recula d'un pas, ne sachant pas quelle était l'intention du duc en touchant son épée.

— Ah ! vous portez la main à votre épée en présence de votre maître ! s'écria Robert de Loire en se jetant entre le duc et le dauphin.

Le duc voulut parler. Tanneguy se baissa, ramassa derrière la tapisserie la hache qui, la veille, était pendue à sa ceinture ; puis, se redressant de toute sa hauteur : *Il est temps,* dit-il en levant son arme sur la tête du duc.

Le duc vit le coup qui le menaçait ; il voulut le parer de la main gauche, tandis qu'il portait la droite à la garde de son épée ; il n'eut pas même le temps de la tirer ; la hache de Tanneguy tomba, abattant la main gauche du duc, et du même coup lui fendant la tête depuis la pommette de la joue jusqu'au bas du menton.

Le duc resta encore un instant debout, comme un chêne qui ne peut tomber ; alors Robert de Loire lui plongea son poignard dans la gorge, et l'y laissa.

Le duc jeta un cri, étendit les bras, et alla tomber aux pieds de Giac.

Il y eut alors une grande clameur et une affreuse mêlée ; car, dans cette tente, où deux hommes auraient eu à peine de la place pour se battre, vingt hommes se ruèrent les uns sur les autres. Un moment, on ne put distinguer au-dessus de toutes ces têtes que des mains, des haches et des épées. Les Français criaient : Tue ! tue ! à mort ! Les Bourguignons criaient : Trahison ! trahison ! alarme ! Les étincelles jaillissaient des armes qui se rencontraient, le sang s'élançait des blessures. Le dauphin épouvanté s'était jeté le haut du corps en dehors de la barrière. A ses cris, le président Louvet arriva, le prit par-dessous les épaules, le tira dehors, et l'entraîna presque évanoui vers la ville; sa robe de velours bleu était toute ruisselante du sang du duc de Bourgogne, qui avait rejailli jusque sur lui.

Cependant le sire de Montagu, qui était au duc, était parvenu à escalader la barrière, et criait : Alarme! De Noailles allait la franchir aussi lorsque Narbonne lui fendit le derrière de la tête; il tomba hors de la tente et expira presque aussitôt. Le seigneur de Saint-Georges était profondément blessé au côté droit d'un coup de pointe de hache; le seigneur d'Ancre avait la main fendue.

Cependant le combat et les cris continuaient dans la tente; on marchait sur le duc mourant, que nul ne songeait à secourir. Jusqu'alors les dauphinois, mieux armés, avaient le dessus; mais, aux cris du seigneur de Montagu, Antoine de Toulongeon, Simon Othelimer, Sambutier et Jean d'Ermay accoururent, s'approchèrent de la loge, et, tandis que trois d'entre eux dardaient leurs épées à ceux du dedans, le quatrième rompait la barrière. De leur côté, les hommes cachés dans la maison sortirent et arrivèrent en aide aux dauphinois. Les Bourguignons, voyant que toute résistance était inutile, prirent la fuite par la barrière brisée. Les dauphinois les poursuivirent, et trois personnes seulement restèrent sous la tente vide et ensanglantée.

C'était le duc de Bourgogne, étendu et mourant; c'était Pierre de Giac, debout, les bras croisés, et le regardant mourir; c'était enfin Olivier Layet, qui, touché des souffrances de ce malheureux prince, soulevait son haubergeon pour l'achever par-dessous avec son épée. Mais de Giac ne voulait pas voir abréger cette agonie, dont chaque convulsion semblait lui appartenir; et, lorsqu'il reconnut l'in-

tention d'Olivier, d'un violent coup de pied il lui fit voler son épée des mains. Olivier, étonné, leva la tête. — Eh! sang-Dieu! lui dit en riant de Giac, laissez donc ce pauvre prince mourir tranquille.

Puis, lorsque le duc eut rendu le dernier soupir, il lui mit la main sur le cœur pour s'assurer qu'il était bien mort; et, comme le reste l'inquiétait peu, il disparut sans que personne fît attention à lui.

Cependant les dauphinois, après avoir poursuivi les Bourguignons jusqu'au pied du château, revinrent sur leurs pas. Ils trouvèrent le corps du duc étendu à la place où ils l'avaient laissé, et près de lui le curé de Montereau, qui, les genoux dans le sang, lui disait les prières des morts. Les gens du dauphin voulurent lui arracher ce cadavre et le jeter à la rivière; mais le prêtre leva son crucifix sur le duc, et menaça de la colère du ciel quiconque oserait toucher ce pauvre corps, dont l'âme était si violemment sortie. Alors Cœsmerel, bâtard de Tanneguy, lui détacha du pied un de ses éperons d'or, jurant de le porter désormais comme un ordre de chevalerie; et les valets du dauphin, suivant cet exemple, arrachèrent les bagues dont ses mains étaient couvertes, ainsi que la magnifique chaîne d'or qui pendait à son cou.

Le prêtre resta là jusqu'à minuit; puis à cette heure seulement, avec l'aide de deux hommes, il porta le corps dans un moulin, près du pont, le déposa sur une table, et continua de prier près de lui jusqu'au lendemain matin. A huit heures, le duc fut mis en terre, en l'église Notre-Dame, devant l'hôtel Saint-Louis; il était revêtu de son pourpoint et de ses housseaux; sa barrette était tirée sur son visage; aucune cérémonie religieuse n'accompagna l'inhumation : cependant, pour le repos de son âme, il fut dit douze messes pendant les trois jours suivants. Le lendemain du jour de l'assassinat du duc de Bourgogne, des pêcheurs trouvèrent dans la Seine le corps de madame de Giac.

Napoléon.

NAPOLÉON.

Dans la soirée du 17 février 1814, les habitants de Montereau avaient vu s'entasser dans leur ville, prendre position sur la hauteur qui la domine, et s'étendre dans les plaines qui l'environnent. des masses de Wurtembourgeois si pressées, qu'ils n'en pouvaient calculer le nombre. Ces hommes regrettaient amèrement de n'être que de l'arrière-garde de la triple armée qui poursuivait Napoléon vaincu et les quinze mille hommes qui l'entouraient encore : dernier débris qui lui servait plutôt d'escorte que de défense; et chacun d'eux, fixant ses yeux avides sur le cours de la Seine qui fuit vers la capitale, répétait ce cri, que nous avons entendu tout enfants, et que cependant nous croyons entendre encore, tant

Le boulet qui doit me tuer n'est pas encore fondu. — Page 14.

il avait une expression funeste dans les bouches étrangères : *Paris! Paris!*

Toute la journée, cependant, de Mormant à Provins, le canon avait grondé; mais l'ennemi insoucieux y avait fait attention à peine : c'était sans doute quelque général perdu qui, acculé comme un sanglier aux abois, tenait encore tête aux Russes. En effet, qu'avait on à craindre? Napoléon le vainqueur était en fuite à son tour; Napoléon était à dix-huit lieues de Montereau, avec ses quinze mille hommes harassés, qui ne devaient plus avoir de forces que pour regagner la capitale.

La nuit vint.

Le lendemain, le canon se fait entendre, mais de plus près que la veille : d'instant en instant chaque cri de cette grande voix des batailles tonne plus haut.

Les Wurtembourgeois se réveillent, ils écoutent : le canon n'est plus qu'à deux lieues de Montereau; le cri : Aux armes! court partout avec son frémissement électrique; les tambours battent; les clairons sonnent, les chevaux des aides de camp battent le pavé de leurs quatre pieds de fer; l'ennemi est en bataille.

Tout à coup, par la route de Nogent, débouchent des masses en désordre; elles sont poursuivies de si près, que le feu de notre canon les brûle, que le souffle de nos chevaux mouille leurs épaules : ce sont les Russes qui, la veille au matin, formaient l'avant-garde de l'armée d'invasion, et avaient déjà atteint Fontainebleau.

Dans la nuit du 16 au 17, Napoléon s'est retourné : des charrettes de poste transportent ses soldats; des chevaux de poste traînent son artillerie.

La cavalerie d'Espagne arrive toute fraîche, et les suit au galop.

Le 17 au matin, Napoléon et son armée sont en bataille devant Guignes; ils y trouvent les avant-postes ennemis, les chassent devant eux, atteignent les colonnes russes, les renversent.

L'ennemi se replie.

De Guignes à Nangis, ce n'est encore qu'une retraite; de Nangis à Nogent, c'est une déroute.

Napoléon passe au galop devant le duc de Bellune, lui jette l'ordre de détacher trois mille hommes de son corps d'armée. Qu'a-t-il à faire de quinze mille soldats pour poursuivre vingt-cinq mille Russes? Bellune ira l'attendre à Montereau : en s'y rendant en ligne droite, il n'a que six lieues à faire; Napoléon y sera le lendemain, lui; et, par le cercle qu'il lui faut parcourir, il en aura fait dix-sept.

Bellune détache trois mille hommes, se met à leur tête, s'égare, met dix heures à faire six lieues, et, en arrivant à Montereau, trouve la ville occupée depuis deux heures par les Wurtembourgeois.

Cependant Napoléon balaye l'ennemi comme l'ouragan la poussière, le dépasse, et, se retournant aussitôt, le refoule sur Montereau, où Bellune et ses trois mille hommes doivent l'attendre. Cette cavalerie qui hennit, c'est la sienne; ces canons qui tonnent, ce sont les siens; cet homme qui, au milieu de la poudre, du bruit et du feu, apparaît aux premiers rangs des vainqueurs, chassant vingt-cinq mille Russes avec sa cravache, c'est lui, c'est Napoléon!

Russes et Wurtembourgeois se sont reconnus : les fuyards s'adossent à un corps d'armée de troupes fraîches. Où Napoléon croit trouver trois mille Français, et prendre les Russes entre deux feux, il rencontre dix mille ennemis, et heurte un mur de baïonnettes; de la hauteur de Surville, où devait flotter le drapeau tricolore, dix-huit pièces de canon s'apprêtent à le foudroyer.

La garde reçoit l'ordre d'enlever le plateau de Surville; elle s'élance au pas de course; après la troisième décharge, les artilleurs wurtembourgeois sont tués sur leurs pièces; le plateau est à nous.

Cependant les canons, que l'ennemi a eu le temps d'enclouer, ne peuvent pas servir. On traîne à bras l'artillerie de la garde; Napoléon la dirige, la place,

la pointe; la montagne s'allume comme un volcan; la mitraille enlève des rangs entiers de Wurtembourgeois et de Russes; les boulets ennemis répondent, sifflent et ricochent sur le plateau; Napoléon est au milieu d'un ouragan de fer. On veut le forcer de se retirer :

— Laissez, laissez, mes amis, dit-il en se cramponnant à un affût, le boulet qui doit me tuer n'est pas encore fondu.

En sentant la poudre de si près, l'empereur a disparu; le lieutenant d'artillerie s'est remis à l'œuvre.

— Allons, Bonaparte, sauve Napoléon!

Protégés par le feu de cette redoutable artillerie, dont l'œil de Napoléon semble conduire chaque boulet, diriger chaque mitraille, les gardes nationales bretonnes s'emparent à la baïonnette du faubourg de Melun, tandis que, du côté de Frossard, le général Pajol pénètre avec sa cavalerie jusqu'à l'entrée du pont; là, ils trouvent Russes et Wurtembourgeois tellement entassés, que ce ne sont plus les baïonnettes ennemies, mais les corps mêmes des hommes qui les empêchent d'avancer : il faut se faire avec le sabre un chemin dans cette foule, comme avec la hache dans une forêt trop pressée.

Alors Napoléon ramène tout le feu de son artillerie sur un seul point; ses boulets enfilent la longue ligne du pont; chacun d'eux enlève des rangs entiers d'hommes dans cette masse, qu'ils labourent comme la charrue un champ; et cependant l'ennemi se trouve encore trop pressé; il étouffe entre les parapets; le pont déborde; en un instant la Seine et l'Yonne sont couvertes d'hommes et rouges de sang.

Cette boucherie dura quatre heures.

« Et maintenant, dit Napoléon lassé, en s'asseyant sur l'affût d'un canon, je suis plus près de Vienne qu'ils ne le sont de Paris. »

Puis il laissa tomber sa tête entre ses mains, resta dix minutes absorbé dans la pensée de ses anciennes victoires et dans l'espérance de ses victoires nouvelles.

Quand il releva le front, il avait devant lui un aide de camp qui venait lui annoncer que Soissons, cette poterne de Paris, s'était ouverte, et que l'ennemi n'était plus qu'à dix lieues de sa capitale.

Il écouta ces nouvelles comme choses que, depuis deux ans, l'impéritie ou la trahison de ses généraux l'avait habitué à entendre : pas un muscle de son visage ne bougea, et nul de ceux qui l'entouraient ne put dire qu'il avait surpris une trace d'émotion sur la figure de ce joueur sublime qui venait de perdre le monde.

Il fit signe qu'on lui amenât son cheval; puis, indiquant du doigt la route de Fontainebleau, il ne dit que ces seules paroles : —Allons, messieurs, en route. — Et cet homme de fer partit impassible, comme si toute fatigue devait s'émousser sur son corps, et toute douleur sur son âme.

On montre, suspendue à la voûte de l'église de Montereau, l'épée de Jean de Bourgogne.

Sur toutes les maisons qui font face au plateau de Surville, on reconnaît la trace des boulets de Napoléon.

LYON.

L e lendemain au soir, nous arrêtâmes à Châlons. Nous n'avions retenu nos places que jusqu'à cette ville, comptant, une fois arrivés là, gagner Lyon par eau. Nous nous trompions : la Seine était si basse, que, le jour même, les bateaux à vapeur n'avaient pu revenir ; nous les aperçûmes piteusement traînés à la remorque par quarante chevaux, qui les forçaient d'avancer sur un lit de sable, dont leur quille labourait le fond : il ne fallait pas songer à partir le lendemain par cette voie.

Comme il n'y avait de place à la voiture que pour le surlendemain, je me remémorai les ruines de certain château que j'avais vu en passant sur les bords de la route, quatre ou cinq lieues avant d'arriver à Châlons ; et, n'ayant rien de mieux à faire, nous prîmes le parti de le visiter. En effet, le lendemain, de bon matin, nous étions en route, emportant précautionnellement un déjeuner qu'il aurait été fort difficile, je crois, de trouver au lieu de notre destination.

Il ne reste du château de la Roche-Pot qu'une enceinte circulaire ; les bâtiments d'habitation et de service s'élevaient autour d'une cour ronde ; une partie du château devait être déjà bâtie au retour des croisades ; deux tours seulement m'ont paru postérieures à cette époque. Un rocher à pic forme la base de l'édifice, et se trouve enclavé dans les fondations de cette bâtisse avec tant d'art, qu'au-

Lyon.

jourd'hui encore, et malgré les huit siècles qui ont passé sur elle, il est difficile de distinguer la place précise où l'œuvre de l'homme fut superposée à l'œuvre de Dieu.

Au pied du rocher crénelé, comme des nids d'hirondelles et de passereaux, quelques cabanes peureuses s'étaient groupées, demandant à la maison féodale de l'ombre et un abri.

Le château n'est plus que ruines, tristesse et solitude; les maisons des paysans sont restées debout, joyeuses et habitées!

Et cependant ceux qui peuplaient le château étaient de nobles seigneurs, dont le nom a laissé trace dans l'histoire.

En 1422, le duc Philippe de Bourgogne, fils de Jean-sans-Peur, sollicite et obtient du roi Charles VI et de la reine Isabeau que le chancelier de Bourgogne, *Réné Pot*, seigneur de la Roche, l'accompagne pour recevoir le serment de la Bourgogne.

Or, quel était ce serment exigé par le roi et la reine de France, et qui devait être prêté entre les mains du premier feudataire de la couronne?

C'était celui de reconnaître le roi Henri d'Angle-

Château de la Roche-Pot.

terre comme gouverneur et régent du royaume des lis.

En 1434, Jacques Pot, seigneur de la Roche-Nolay, fils de celui que nous venons de nommer, assiste avec honneur à la revue des chevaliers et des troupes passée par la duchesse de Bourgogne, et au tournoi qui en est la suite.

En 1451, Philippe Pot est nommé par le duc de Bourgogne chef de l'ambassade qu'il envoie au roi Charles VII.

En 1477, Philippe Pot, Guy Pot, son fils, et Antoine de Crèvecœur, signent, comme plénipotentiai-res, le traité de Sens entre le roi Louis XI et Maxi-milien, époux de Marie de Bourgogne.

En 1480, le duc Maximilien de Bourgogne raye de la liste des chevaliers de la Toison-d'Or Philippe Pot de la Roche-Nolay, qu'il soupçonne d'être dans les intérêts de Louis XI.

Ici je perds les traces de cette noble famille, et je reviens aux ruines de son château, dont un habi-tant de Lyon, victime d'une escroquerie assez cu-rieuse pour être racontée, se trouve maintenant propriétaire.

Voici le fait:

Vers la fin de 1828, un individu se présente chez le paysan en la possession duquel se trouvaient alors le château de la Roche et les deux ou trois arpents de terrain caillouteux qui en forment aujourd'hui toutes les dépendances, et lui demande pour quel prix il consentirait à vendre sa propriété.

Le paysan, qui n'avait jamais pu, même au milieu les moellons dont elle était encombrée, y faire pousser des orties pour sa vache, fut très-accommodant sur le prix, qui, après une légère discussion, fut fixé à mille francs.

L'accord fait pour cette somme, on se rendit chez le notaire, où les mille francs furent comptés; seulement l'acquéreur demandait, pour des raisons personnelles, que le prix fût porté sur le contrat à la somme de cinquante mille francs.

Le vendeur, à qui la chose était assez indifférente, puisque ce n'était pas lui qui payait les frais de mutation, y consentit bien volontiers, trop content de tirer mille francs d'une ruine qui ne lui rapportait par an que deux ou trois douzaines d'œufs de corbeau. Le tabellion, de son côté, parut parfaitement comprendre l'originalité de cette fantaisie, du moment où l'acquéreur l'eut prié de régler ses honoraires sur le prix simulé, et non sur le prix réel.

L'acte fait, le nouveau propriétaire s'en fit délivrer une expédition; puis, avec cette expédition, il se rendit à Lyon, se présenta chez un notaire, demandant à emprunter à réméré, sur sa propriété de la Roche, une somme de vingt-cinq mille francs, garantie par première hypothèque.

Le notaire lyonnais écrivit au bureau des inscriptions pour savoir si la propriété n'était grevée d'aucune obligation : le conservateur lui répondit qu'il n'y avait pas une pierre du château qui dût un sou à qui que ce fût.

Le même jour, le notaire avait trouvé la somme, et, dix minutes après l'acte passé, l'emprunteur était parti avec elle.

Le jour du remboursement arriva, sans que le prêteur vît venir ni son homme, ni son argent, ni la moindre chose qui leur ressemblât.

Il demanda la mise en possession, et, après un millier d'écus de frais, il l'obtint.

Aussitôt il prit la poste pour aller visiter sa nouvelle propriété, que, d'après l'expédition de vente, il avait eue à moitié prix.

Il trouva une masure qui valait cinquante écus pour un amateur.

Lorsque nous redescendîmes au village, on nous demanda si nous avions vu le *Vaux-Chignon;* nous répondîmes négativement, le nom même de cette curiosité nous étant inconnu. Comme il n'était encore qu'une heure de l'après-midi, nous ordonnâmes au postillon de nous y conduire

Le postillon prit la grande route, comme s'il voulait nous ramener à Paris; puis, enfin, quittant le

chemin, se jeta dans les terres. Cinq minutes après, il tournait court devant une espèce de précipice. Nous étions arrivés à la merveille.

En effet, c'est une chose bizarre : au milieu d'une de ces grandes plaines de Bourgogne, où nul accident de terrain n'empêche la vue de s'étendre, le sol se fend tout à coup sur une longueur d'une lieue et demie et sur une largeur de cinq cents pas, laissant apercevoir, à la profondeur de deux cents pieds à peu près, une vallée délicieuse, verte comme l'émeraude et sillonnée par une petite rivière blanche et bruissante, qui s'harmonie admirablement avec elle comme grandeur et comme contour. Nous descendîmes une rampe assez douce, et, au bout de dix minutes à peu près, nous nous trouvâmes au milieu de ce petit Eldorado bourguignon, que les roches qui l'entourent, coupées à pic et surplombant sur lui, isolent du reste du monde. Là, en remontant le cours de la petite rivière, dont nous ne sûmes pas le nom, et qui probablement n'en a point encore, sans apercevoir ni un homme ni une maison, nous vîmes des moissons qui semblaient pousser pour les oiseaux du ciel, des raisins que rien ne défendait contre la soif des curieux, des arbres fruitiers pliant sous leur propre poids : au milieu de tant de solitude, de silence et de richesses, on serait vraiment tenté de croire que ce coin de terre est resté inconnu aux hommes.

Nous continuâmes de remonter les rives de ce petit ruisseau : à cent pas de l'extrémité du vallon, il se bifurque comme un Y, car il a deux sources; l'une d'elles sort d'une roche vive par une ouverture assez large pour qu'on la poursuive dans ce corridor sombre l'espace de cent toises environ, au bout desquelles on la surprend jaillissant de terre; l'autre, qui descend d'une fontaine supérieure, tombe d'une hauteur de cent pieds, transparente comme une écharpe de gaze, et glissant sur la mousse verte dont sa fraîcheur a tapissé le rocher.

J'ai visité depuis les belles vallées de la Suisse et les somptueuses plaines de l'Italie; j'ai descendu le cours du Rhin et remonté celui du Rhône; je me suis assis sur les bords du Pô, entre Turin et la Superga, ayant devant moi les Alpes et derrière moi les Apennins : eh bien! aucune vue, aucun site, si varié, si pittoresque, si grandiose qu'il fût, n'a pu me faire oublier mon petit vallon de Bourgogne, si tranquille, si solitaire, si inconnu, avec son ruisseau, si frêle, qu'on a oublié de lui donner un nom, et sa cascade, si légère, que le moindre coup de vent la soulève et va l'éparpiller au loin comme de la rosée.

Nous étions de retour à cinq heures à Châlons, car ces deux courses peuvent se faire en moins d'une journée. Nous y apprîmes qu'un bateau à vapeur plus léger que les autres tenterait, le lendemain, d'arriver jusqu'à Mâcon. La voiture m'avait tellement fatigué, que, quoique j'ignorasse si de cette dernière ville je trouverais moyen de gagner Lyon, j'aimai mieux profiter de ce mode de transport que de tout autre.

Le lendemain, vers midi, nous arrivâmes à Mâcon; mais, à Mâcon, pas de voiture, ou des voitures pleines. C'est alors, Dieu garde mon plus grand ennemi de surprise pareille! que des bateliers vinrent nous offrir de nous conduire par eau jusqu'à Lyon, affirmant qu'avec le vent qu'il faisait nous devions arriver en six heures. Nous nous laissâmes prendre à cette promesse, et nous nous embarquâmes, dans notre innocence : nous mîmes vingt-quatre heures à accomplir ce voyage pittoresque. On vante beaucoup les bords de la Saône; je ne sais si c'est prévention, à cause de la nuit abominable que j'avais passée sur ses eaux; mais, le lendemain, je me trouvai peu disposé à l'admiration. Je leur préfère de beaucoup les rives de la Loire, et j'aime au moins autant celles de la Seine.

Enfin, à onze heures du matin, nous aperçûmes tout à coup, en franchissant un coude de la rivière, la rivale de Paris, assise sur sa colline comme sur un trône, le front paré de sa double couronne antique et moderne, richement vêtue de cachemire, de velours et de soie, Lyon, la vice-reine de France, qui noue autour de ses reins une rivière et un fleuve, et laisse pendre à travers le Dauphiné et la Provence un des bouts de sa ceinture jusqu'à la mer.

L'entrée de la ville, par le chemin que nous suivions, est à la fois grandiose et pittoresque : l'île Barbe, jetée en avant de la ville comme une fille d'honneur qui annonce une reine, est une jolie fabrique située au milieu de la rivière, pour servir de promenade dominicale aux élégants du faubourg.

Derrière elle s'élève, adossé à la ville comme un rempart, le rocher de Pierre-Scise, surmonté autrefois d'un château qui servit de prison d'État. Pendant les troubles de la Ligue, le duc de Nemours y fut emprisonné, après avoir échoué dans la tentative de prendre la ville : il céda la place à Louis Sforce, surnommé *il Moro*, du mûrier qu'il portait sur ses armes, et à son frère, le cardinal Ascagne. Le baron des Adrets, partisan gigantesque, héros de guerre civile, y vint après eux; puis enfin, de Thou et Cinq-Mars, doubles victimes dévouées à la mort, l'un par la haine et l'autre par la politique de Richelieu, et qui n'en sortirent que pour aller sur la place des Terreaux porter leurs têtes à l'exécuteur inhabile qui s'y reprit à cinq fois pour les leur couper.

Un jeune sculpteur de Lyon, M. Legendre Herald, avait eu l'idée de tailler ce rocher immense, et de lui donner la forme d'un lion colossal, armes de la ville; il voulait consacrer cinq ou six ans de sa vie à ce travail : sa demande ne fut pas comprise, à ce qu'il paraît, de l'autorité administrative, à laquelle elle était adressée. Aujourd'hui ce travail deviendrait difficile, et plus tard impossible; car Pierre-Scise, servant de carrière à la ville tout entière, qui vient y puiser ses ponts, ses théâtres et ses palais, au lieu du lion, ne présentera bientôt plus que sa caverne.

A peine a-t-on dépassé Pierre-Scise, qu'on aperçoit un autre rocher dont les souvenirs sont plus doux; celui-là est surmonté, non pas d'une prison d'État, mais de la statue d'un homme tenant une bourse à la main : c'est un monument que la reconnaissance lyonnaise éleva, en 1716, à la mémoire de *Jean Cléberg*, surnommé le bon Allemand, qui, chaque année, consacrait une partie de son revenu à doter les pauvres filles de son quartier. La statue qui y est en ce moment a été placée le 24 juin 1820, après avoir été promenée dans toute la ville, au son des tambours et des trompettes, par les habitants de Bourg-Neuf. Un accident rend l'installation d'une nouvelle statue nécessaire : lorsque je passai à Lyon, l'Homme de la roche n'avait déjà plus de tête, ce qui faisait beaucoup crier les filles à marier, qui prétendaient s'apercevoir de cette mutilation.

Trois cents pas plus loin, on se trouve au pied de la colline qui servit de berceau à Lyon encore enfant. La ville était si peu de chose, du temps de la conquête des Gaules, que César passa sur elle sans la voir et sans la nommer; seulement il fit une halte sur cette colline où est maintenant Fourvière, y assit ses légions et ceignit son camp momentané d'une ligne si profonde, que dix-neuf siècles écoulés n'ont pu combler entièrement de leur poussière les fossés qu'il creusa avec la pointe de son épée.

Quelque temps après la mort de ce conquérant, qui subjugua trois cents peuples et défit trois millions d'hommes, un de ses clients proscrits, escorté de quelques soldats restés fidèles à la mémoire de leur général, et cherchant un lieu où fonder une colonie, trouva arrêtés, au confluent du Rhône et de la Saône, un assez grand nombre de Viennois, qui, refoulés par les populations allobroges descendues de leurs montagnes, avaient dressé leurs tentes sur cette langue de terre, que fortifiaient naturellement ces fossés immenses creusés par la main de Dieu, et dans lesquels coulaient à pleins bords un fleuve et une rivière. Les proscrits firent un traité d'alliance avec les vaincus, et, sous le nom de *Lucii Dunum*, on commença bientôt à voir sortir de terre les fondations de la ville qui devait en peu de temps devenir la citadelle des Gaules et le centre de communication de ces quatre grandes voies tracées par Agrippa, et qui sillonnent encore la France moderne des Alpes au Rhin, et de la Méditerranée à l'Océan.

Alors soixante cités des Gaules reconnurent *Lucii Dunum* pour leur reine, et vinrent, à frais communs, élever un temple à Auguste, qu'ils reconnurent pour leur dieu.

Ce temple, sous Caligula, changea de destination,

Ile Barbe

ou plutôt de culte ; il devint le lieu de réunion des séances d'une académie, dont un des règlements peint tout entier le caractère du fou impérial qui l'avait fondée : ce règlement porte que celui des concurrents académiques qui produira un mauvais ouvrage l'effacera tout entier avec sa langue, ou, s'il l'aime mieux, sera précipité dans le Rhône.

Lucii Dunum n'avait encore qu'un siècle, et la cité, née d'hier, le disputait déjà en magnificence à Massilia la Grecque, et à Narbo la Romaine, lorsqu'un incendie, qu'on attribua au feu du ciel, la ré-

duisit en cendres, et cela si rapidement, dit Sénèque, historien concis de ce vaste embrasement, que, entre une ville immense et une ville anéantie, il n'y eut que l'espace d'une nuit.

Trajan prit pitié d'elle : sous sa protection puissante, *Lucii Dunum* commença de sortir de ses cendres ; bientôt, sur la colline qui la dominait, s'éleva un magnifique édifice destiné aux marchés. A peine fut-il ouvert, que les Bretons s'empressèrent d'y apporter leurs boucliers peints de différentes couleurs, et les Ibères ces armes d'acier

Cathédrale de Saint-Jean

qu'eux seuls savaient tremper. En même temps Corinthe et Athènes y envoyèrent, par Marseille, leurs tableaux peints sur bois, leurs pierres gravées et leurs statues de bronze ; l'Afrique, ses lions, ses tigres et ses panthères, altérés du sang des amphithéâtres ; et la Perse, ses chevaux si légers, qu'ils balançaient la réputation des coursiers numides, dont les mères, dit Hérodote, étaient fécondées par le souffle du vent.

Ce monument, qui s'écroula l'an 840 de notre ère, est appelé, par les auteurs du neuvième siècle, *forum vetus*, et par ceux du quinzième *fort vieil ;* c'est de ce mot composé que les modernes ont fait *Fourvières*, nom que porte encore de nos jours la colline sur laquelle il est bâti.

Ici nous abandonnons l'histoire particulière de Lyon, qui, à compter de l'an 532, époque à laquelle cette ville se réunit au royaume des Francs, vint se confondre avec notre histoire.

Trois monuments restent encore debout à Lyon, qui semblent des jalons plantés par les siècles à des distances à peu près égales, comme des types du progrès et de la décadence de l'art; ce sont : l'église d'Ainai, la cathédrale de Saint-Jean et l'Hôtel de Ville. Le premier de ces monuments est contemporain de Karl le Grand, le second de saint Louis, et le troisième de Louis XV.

L'église d'Ainai est bâtie sur l'emplacement même du temple que les soixante nations de la Gaule avaient élevé à Auguste. Les quatre piliers de granit qui soutiennent le dôme sont même empruntés par la sœur chrétienne à son frère païen; ils ne formaient d'abord que deux colonnes, qui s'élançaient à une hauteur double de celle où elles s'élèvent aujourd'hui, et dont chacune était surmontée d'une Victoire. L'architecte qui bâtit Ainai les fit scier par le milieu, afin qu'ils ne jurassent point avec le caractère roman du reste de l'édifice.

La cathédrale de Saint-Jean ne paraît pas, au premier abord, avoir l'âge que nous lui avons donné. Son portique et sa façade datent évidemment du quinzième siècle; soit qu'ils aient été rebâtis ou seulement achevés à cette époque, la date précise de sa naissance se retrouvera, pour l'antiquaire, dans l'architecture de la grande nef, dont les pierres portent la trace toute fraîche des souvenirs rapportés des croisades et des progrès que l'art oriental venait d'introduire chez les peuples occidentaux.

L'Hôtel de Ville, situé sur la place des Terreaux, est probablement l'édifice que Lyon montre avec le plus de complaisance aux étrangers; sa façade, élevée sur les dessins de Simon Maupin, présente tous les caractères du grandiose lourd, froid et guindé, de l'architecture de Louis XIV, qui valait cependant encore mieux que celle de Louis XV, laquelle valait mieux que celle de Thermidor, qui valait mieux que celle de Napoléon, qui valait mieux que celle de Louis-Philippe. L'art architectural est mort en France sous le grand roi, et a rendu le dernier soupir dans les bras de Perrault et de Lepautre, entre un groupe d'Amours soutenant un vase de fleurs et un Fleuve de Broune couronné de roseaux.

En descendant les marches de l'Hôtel de Ville, on se trouve en face de l'un des souvenirs historiques les plus terribles que Lyon garde dans les archives de ses places publiques : c'est sur le terrain qui s'étend devant soi que sont tombées les têtes de Cinq-Mars et de de Thou.

Un autre souvenir plus moderne et plus sanglant encore se rattache à la promenade des Brotteaux : deux cent dix Lyonnais y furent mitraillés après le siège de Lyon. Un monument de forme pyramidale et entouré d'une barrière de fer indique la place où ils ont été enterrés.

Depuis cinq ou six ans, Lyon lutte contre l'esprit commercial, afin d'avoir une littérature. Une anecdote sur mille donnera une idée de l'influence qu'exerce, en matière d'art, sur les négociants de Lyon, la préoccupation commerciale.

On jouait *Antony* devant une société assez nombreuse, et, comme cela est arrivé quelquefois à l'ouvrage, devant une opposition assez vive. Un négociant et sa fille étaient dans une loge de face.

Le père, qui avait paru prendre beaucoup d'intérêt à la première partie du drame, s'était visiblement refroidi après la scène d'Antony et de la maîtresse de l'auberge; la fille, au contraire, avait éprouvé, à partir de ce moment, une émotion toujours croissante, qui avait enfin fini, au dernier acte, par se répandre en larmes. Quand la toile fut baissée, le père, qui avait donné des signes d'impatience visibles pendant tout le temps des deux derniers actes, s'aperçut que sa fille pleurait.

— Ah! pardieu! tu es bien bonne, lui dit-il, de t'attendrir à de pareilles balivernes!

— Ah! papa, ce n'est pas ma faute, répondit la pauvre enfant toute confuse; pardonnez-moi, car je sais que c'est bien ridicule.

— Oh! oui, c'est bien le mot, ridicule. Pour moi, je ne comprends pas comment on peut s'intéresser à des choses aussi invraisemblables.

— Mon Dieu, papa, mais c'est justement parce que je trouvais cela si vrai!

— Vrai! par exemple! As-tu suivi l'intrigue?

— Je n'en ai pas perdu un mot.

— Bon. Au troisième acte, Antony achète une chaise de poste, n'est-ce pas?

— Oui, je me le rappelle.

— Il la paye au comptant, n'est-ce pas?

— Je me le rappelle encore.

— Eh bien! il ne retient pas l'escompte!

Trois ou quatre jours suffisent pour connaître ce que Lyon a de curieux; je ne parle point ici des manufactures ni des métiers, mais des monuments ou de ses souvenirs historiques. Ainsi, quand on aura visité le Musée, qu'on y aura vu une Ascension de Jésus-Christ par le Pérugin, un saint François d'Assise par l'Espagnolet, une Adoration des Mages par Rubens, un Moïse sauvé des eaux par Véronèse, un saint Luc peignant la Vierge par Giordano, la fameuse table de bronze retrouvée en 1529 dans une fouille faite à Saint-Sébastien, et sur laquelle est gravée une partie de la harangue que prononça, lorsqu'il n'était encore que censeur, l'empereur Claude devant le sénat, pour faire accorder à Lyon le titre de colonie romaine; les quatre mosaïques antiques qui ornent le pavé de la salle; que, passant de là aux maisons particulières, on sera entré dans la cour de l'hôtel de Jouys, rue de l'Arsenal, où se trouve un tombeau antique sur lequel est sculptée la chasse de Méléagre, don que la ville d'Arles fit en 1640 au cardinal de Richelieu, archevêque de Lyon; qu'on aura jeté un coup d'œil sur le monastère des religieuses de Sainte-Claire, où le dauphin, fils de François Ier, fut empoisonné en

1550 par le comte de Montecuculli ; qu'on aura lu sur la façade d'une petite maison située au faubourg de la Guillotière cette inscription attestant que Louis XI y prit un gîte royal :

L'AN MIL QUATRE CENT SOIXANTE ET QUINZE
LOUJA CIENS LE NOBLE ROI LOUIS
LA VEILLE DE NOTRE DAME DE MARS ;

quand on aura cherché, au faubourg Saint-Irénée, sur l'emplacement duquel était située la ville antique brûlée sous Néron, les restes du palais d'Auguste et de Sévère, les débris des cachots qui servaient la nuit de demeure aux esclaves, et les ruines de l'ancien théâtre, où furent massacrés, au deuxième siècle, dix-neuf mille chrétiens, qui n'ont pour épitaphe que huit vers creusés sur le pavé d'une église ; qu'on sera redescendu par le chemin des Étroits, où Jean-Jacques Rousseau passa une nuit si délicieuse, et où le général Mouton-Duvernet fut fusillé, vers le pont de la Mulatière, où commence le chemin de fer qui conduit à Saint-Étienne, et qui, à sa naissance, traversant la montagne, passe sous une voûte si étroite, qu'on lit, au-dessus du cintre qu'elle forme, cette inscription :

IL EST DÉFENDU DE PASSER SOUS CETTE VOUTE
SOUS PEINE D'ÊTRE ÉCRASÉ ;

qu'on sera revenu par la place Bellecour, l'une des plus grandes de l'Europe, et au milieu de laquelle se perd une chétive statue de Louis XIV : on n'aura rien de mieux à faire, si toutefois on veut faire ce que j'ai fait, que de prendre à huit heures du soir la voiture de Genève, et, le lendemain, à six heures du matin, on sera réveillé par le conducteur, qui, arrivé à la montée de Cerdon, a contracté, pour le plus grand soulagement de ses chevaux, l'habitude d'inviter les voyageurs à faire un *petit bout de chemin à pied* : invitation qu'ils acceptent d'autant plus volontiers, qu'on se trouve alors au milieu d'un paysage si grandiose et si accidenté, que l'on se croirait déjà dans une vallée des Alpes.

Sur les dix heures, nous arrivâmes à Nantua, situé à l'extrémité d'un joli petit lac bleu saphir, encaissé entre deux montagnes, comme un joyau précieux que la nature craindrait de perdre. C'est dans cette petite ville que l'empereur Karl le Chauve, mort à Brios du poison que lui avait donné un médecin juif, nommé Sédécias, fut d'abord enterré *dans un tonneau enduit de poix au dedans et au dehors, et enveloppé de cuir.*

Quelques lieues plus loin, nous nous arrêtâmes à Bellegarde pour y dîner : aussitôt le repas pris, l'un de nous proposa d'aller voir, à dix minutes de chemin de l'auberge, la perte du Rhône. Le conducteur s'y opposa d'abord, mais nous entrâmes en rébellion ouverte contre lui. Comme il n'avait pour lui que le postillon, et que celui-ci même se détacha de son parti à l'aspect d'une bouteille de vin que nous lui montrâmes du doigt sur une table de l'auberge, il fut contraint de céder à la majorité.

Nous descendîmes par un sentier assez rapide que nous trouvâmes au bord de la grande route, et, quelques minutes après, nous étions arrivés audessus de la perte du Rhône ; un pont joint les deux rives du fleuve, dont un côté appartient à la Savoie et l'autre à la France ; sur le milieu du pont, deux douaniers, l'un sarde, l'autre français, veillent à ce que rien ne passe d'un État à l'autre sans payer les droits convenus. Ces deux braves *gabelous* fumaient le plus amicalement du monde, chacun d'eux envoyant des bouffées de tabac sur la terre étrangère ; signe touchant de la bonne intelligence qui unit Sa Majesté Charles-Albert et Sa Majesté Louis-Philippe.

C'est du milieu de ce pont que l'on se trouve le mieux placé pour examiner le phénomène qui nous amenait. Le Rhône, qui accourt bouillonnant et profond, disparaît tout à coup dans les gerçures transversales d'un rocher, pour reparaître cinquante pas plus loin : l'espace intermédiaire reste parfaitement à sec ; de sorte que le pont sur lequel nous nous trouvions est jeté, non pas sur le fleuve, mais sur le rocher qui couvre le fleuve. Ce qui se passe dans l'abîme où le Rhône se précipite, c'est ce qu'il est impossible de savoir : du bois, du liége, des chiens, des chats, ont été jetés à l'endroit où il entre, et ont été attendus vainement à l'endroit où il sort ; le gouffre n'a jamais rien rendu de ce qu'il avait englouti.

Nous revînmes à l'auberge, où nous trouvâmes notre conducteur furieux. — Messieurs, nous dit-il en nous réintégrant violemment dans notre caisse, vous nous avez fait perdre une demi-heure. — Bah! nous dit le postillon en passant près de nous, et en essuyant sa bouche avec la manche de son habit, ta bête de demi-heure, on la rattrapera. En effet, quoique la montée fût assez rapide, notre homme mit ses chevaux au grand trot, et nous avions reconquis le temps perdu en arrivant au fort de l'Écluse.

Le fort de l'Écluse est la porte de la France du côté de Genève ; placé à cheval sur la route, qui passe à travers lui, adossé à un talus rapide et dominant un précipice à pic, il commande toute la vallée au fond de laquelle gronde le Rhône, et qui, sur le versant opposé à la citadelle, n'offre à demi-portée de canon que des sentiers connus des seuls contrebandiers, et impraticables pour une armée.

A peine entrés dans le fort, la porte se referma derrière nous ; et, comme celle par laquelle nous devions sortir était encore close, nous nous vîmes complètement emprisonnés. Ces précautions étaient

Le chemin des Étroits

recommandées à cause du peu de temps qui s'était écoulé entre les affaires de juin et le moment où nous nous trouvions. Cependant nos passe-ports nous furent demandés avec toute la politesse qui distingue la troupe de ligne de la gendarmerie; et, comme chacun de nous était parfaitement en règle, on ne fit aucune difficulté à rouvrir la porte; nous nous retrouvâmes donc bientôt en liberté.

Au bout de trois heures de marche, et en sortant de Saint-Genis, le postillon se retourna et nous dit .

— Messieurs, vous n'êtes plus en France.

Vingt minutes après, nous étions à Genève.

Vue de Genève.

LE TOUR DU LAC.

enève est, après Naples, une des villes les plus heureusement situées du monde : paresseusement couchée comme elle l'est, appuyant sa tête à la base du mont Salève, étendant jusqu'au lac ses pieds que chaque flot vient baiser, elle semble n'avoir autre chose à faire que de regarder avec amour les mille villas semées aux flancs des montagnes neigeuses qui s'étendent à sa droite, ou couronnent le sommet des collines vertes qui se prolongent à sa gauche. Sur un signe de sa main, elle voit accourir, du fond vaporeux du lac, ses légères barques aux voiles triangulaires, qui glissent à la surface de l'eau, blanches et rapides comme des goëlands, et ses pesants bateaux à vapeur, qui chassent l'écume avec leur poitrail. Sous ce beau ciel, devant ces belles eaux, il semble que ses bras lui sont inutiles, et qu'elle n'a qu'à respirer pour vivre; et cependant cette odalisque nonchalante, cette sultane paresseuse en apparence, c'est la reine de l'industrie, c'est la commerçante Genève, qui compte quatre-vingt-cinq millionnaires parmi ses vingt mille enfants.

Genève, comme l'indique son étymologie celtique, fut fondée il y a deux mille cinq cents ans à peu près (1). César, dans ses *Commentaires*, latinisa la barbare, et fit de *Gen-ev Geneva*. Antonin, à son tour, changea, dans son itinéraire, ce nom en celui de *Genabum*. Grégoire de Tours, dans ses chroniques, l'appela *Janoba*; les écrivains du huitième au quinzième siècle la désignèrent sous celui de *Gebenna*; enfin, en 1536, elle prit la dénomination de Genève, qu'elle ne quitta plus depuis.

Les premiers renseignements que l'histoire offre sur cette ville nous sont transmis par César. Il nous apprend qu'il s'établit à Genève, pour s'opposer à l'invasion des Helvétiens dans les Gaules, et que, trouvant la position favorable pour un poste militaire, il s'y retrancha. C'est alors qu'il bâtit, dans l'île qui divise le Rhône lorsqu'il sort du lac, une tour qui porte encore son nom. Genève passa donc sous la domination romaine et adopta les dieux du Capitole : un temple à Apollon fut élevé sur l'emplacement occupé aujourd'hui par l'église Saint-Pierre, et un rocher qui sortait du lac, à cent pas à peu près du bord, dut à sa forme et à sa situation au milieu de l'eau l'honneur d'être consacré par les pêcheurs au dieu de la mer. Vers le commencement du dix-septième siècle, on a retrouvé, en fouillant à sa base, deux petites haches et un couteau de cuivre qui servaient à égorger les animaux destinés au sacrifice. De nos jours, cet autel à Neptune s'appelle tout bonnement la Pierre à Niton.

Genève demeura soumise aux Romains pendant l'espace de cinq siècles. En 426, cette mer barbare qui débordait sur l'Europe l'inonda de l'un de ses flots : les Burgs-Hunds en firent l'une des capitales les plus importantes de leur royaume. Ce fut pendant ce temps que le roi des Franks *Hlode-Wig* envoya au roi des Burg-Hunds, Gunde-Bald, demander sa nièce Hlod-Hilde pour épouse; un esclave romain, dont les ancêtres peut-être avaient commandé sous Jules César à l'Helvétie et à la Gaule, vint humblement présenter à la jeune fille le sou d'or que lui envoyait le chef frank : elle habitait le palais de son oncle, situé à l'endroit où est aujourd'hui l'arcade du bourg du Four.

La domination des Ost-Goths succéda à celle des Burg-Hunds, mais ils ne possédèrent Genève que quinze ans. Le roi des Franks la reprit sur eux et la rattacha de nouveau au royaume de Burgundie, dont

(1) *Gen*, sortie; *ev*, rivière.

elle resta la capitale jusqu'en 858. A la mort de Ludwig le Débonnaire, elle échut en partage à Lod-Her, passa de ses mains entre celles de l'empereur de Germanie, et, conquise sur lui par Karl le Chauve, qui la légua à son fils Ludwig, elle fut annexée, à la mort de celui-ci, au royaume d'Arles; depuis lors, reconquise en 888 par Karl le Gros, elle redevint la capitale du second royaume de Bourgogne, jusqu'en 1032, époque à laquelle elle fut enfin réunie à l'Empire par Conrad le Salique, qui s'y fit couronner la même année par Hère-bert, archevêque de Milan.

Il serait trop long de la suivre dans ses démêlés avec les comtes du Genevois et les comtes de Savoie : il suffira de dire qu'en 1401 elle passa définitivement au pouvoir de ces derniers.

C'était l'époque où s'opérait, par toute l'Europe, une grande transformation sociale. Les communes de France s'étaient affranchies dès le onzième siècle; au douzième, les villes de la Lombardie s'étaient érigées en républiques; au commencement du quatorzième, les cantons de Schwitz, d'Uri et d'Untervalden avaient échappé au pouvoir de l'Empire, et avaient posé la base de cette confédération qui devait un jour réunir toute l'Helvétie. Genève, placée au milieu de ce triangle populaire, sentit à son tour le feu que la liberté lui soufflait au visage. En 1519, elle contracta une alliance avec Fribourg, et bientôt après elle se lia de combourgeoisie avec Berne : des enfants lui naquirent, qui devinrent de grands hommes; des apôtres apparurent, qui prêchèrent la liberté au milieu des supplices. Bonnivard, jeté pour six ans dans les cachots du château de Chillon, y resta attaché par une chaîne à un pilier; Pécolat se coupa la langue avec ses dents au milieu des tortures, et la cracha au bourreau qui lui disait de dénoncer ses complices; enfin, Berthelier, conduit à l'échafaud sur la place de l'Ile, et pressé de demander pardon au duc, répondit : « C'est aux criminels à demander pardon, et non pas aux gens de bien. Que le duc demande pardon à Dieu, car il m'assassine! » Et il posa sa tête sur le billot.

La religion réformée, qui fit faire un si grand pas aux peuples, que, fatigués de ce pas, ils se sont reposés depuis lors, entra à Genève après avoir parcouru déjà une grande partie de l'Allemagne et de la Suisse : ce fut une puissante auxiliaire à la liberté, car elle ajouta les haines religieuses aux haines politiques. L'évêque Pierre de la Beaume quitta Genève en 1535, pour n'y rentrer jamais, et la république fut proclamée.

En 1536, Calvin s'établit à Genève; le conseil lui offrit une place de professeur de théologie. L'austérité de ses mœurs, l'âpreté de son éloquence, la rigidité de ses principes, lui donnèrent sur ses concitoyens une influence que ne put lui faire perdre le supplice de Servet, et lorsqu'il mourut, en 1554, il laissa la petite ville de Genève capitale d'un nouveau monde religieux : c'était la Rome protestante.

Le duc Charles-Emmanuel de Savoie fit en 1602, pour reprendre cette ville, une dernière tentative, qui échoua : elle est connue dans les annales genevoises sous le nom de l'*Escalade*, parce qu'il fit escalader les murailles par un corps d'élite, et surprit la ville sans défense au milieu de la nuit. Il n'en fut pas moins chassé par les habitants demi-nus et à moitié armés, qui consacrèrent l'anniversaire de cette victoire par une fête nationale qu'on célèbre encore aujourd'hui.

Les dix-septième et dix-huitième siècles furent des siècles de repos pour Genève. Pendant ce temps, son commerce, qui date de cette époque, prit un tel accroissement, qu'aujourd'hui l'industrie est tout et la propriété territoriale rien. Si tous les citoyens du canton réclamaient leur part du sol, à peine si chacun d'eux en obtiendrait dix pieds carrés.

Napoléon trouva Genève réunie à la France, et l'attacha pendant douze ans comme une broderie d'or au coin de son manteau impérial. Mais, lorsqu'en 1814 les rois taillèrent entre eux ce manteau, tous les morceaux cousus par l'Empire leur restèrent aux mains. Le roi de Hollande prit la Belgique, le roi de Sardaigne la Savoie et le Piémont, l'empereur d'Autriche l'Italie. Restait encore Genève, que personne ne pouvait prendre, et qu'on ne voulait pas laisser à la France : un congrès en fit cadeau à la confédération suisse, à laquelle elle fut agrégée sous le titre de vingt-deuxième canton.

Parmi toutes les capitales de la Suisse, Genève représente l'aristocratie d'argent : c'est la ville du luxe, des chaînes d'or, des montres, des voitures et des chevaux. Ses trois mille ouvriers alimentent l'Europe entière de bijoux; soixante-quinze mille onces d'or et cinquante mille marcs d'argent changent chaque année de forme entre leurs mains, et leur seul salaire s'élève à deux millions cinq cent mille francs.

Ces bijoux payent un droit pour entrer en France; mais, moyennant un courtage de cinq pour cent, M. Beautte se charge de les faire parvenir par contrebande; le marché entre l'acquéreur et le vendeur se fait à cette condition, tout haut et publiquement, comme s'il n'y avait point de douaniers au monde. Il est vrai que M. Beautte possède une merveilleuse adresse pour les mettre en défaut : une anecdote sur mille viendra à l'appui du compliment que nous lui faisons.

Lorsque M. le comte de Saint-Cricq était directeur général des douanes, il entendit si souvent parler de cette habileté, grâce à laquelle on trompait la vigilance de ses agents, qu'il résolut de s'assurer par lui-même si tout ce qu'on en disait était vrai. Il alla en conséquence à Genève, se présenta au magasin de M. Beautte, acheta pour trente mille francs de bijoux, à la condition qu'ils lui seraient remis sans droit d'entrée à son hôtel à Paris. M. Beautte accepte la condition en homme habitué

à ces sortes de marchés; seulement il présenta à l'acheteur une espèce de sous-seing privé par lequel il s'obligeait à payer, outre les trente mille francs d'acquisition, les cinq pour cent d'usage; celui-ci sourit, prit une plume, signa *de Saint-Cricq, directeur général des douanes françaises*, et remit le papier à M. Beautte, qui regarda la signature, et se contenta de répondre, en inclinant la tête : — Monsieur le directeur des douanes, les objets que vous m'avez fait l'honneur de m'acheter seront arrivés aussitôt que vous à Paris.

M. de Saint-Cricq, piqué au jeu, se donna à peine le temps de dîner, envoya chercher des chevaux à la poste, et partit une heure après le marché conclu.

En passant à la frontière, M. de Saint-Cricq se fit reconnaître des employés qui s'approchèrent pour visiter sa voiture, raconta au chef des douaniers ce qui venait de lui arriver, recommanda la surveillance la plus active sur toute la ligne, et promit une gratification de cinquante louis à celui des employés qui parviendrait à saisir les bijoux prohibés; pas un douanier ne dormit de trois jours.

Pendant ce temps, M. de Saint-Cricq arrive à Paris, descend à son hôtel, embrasse sa femme et ses enfants, et monte à sa chambre pour se débarrasser de son costume de voyage.

La première chose qu'il aperçoit sur la cheminée est une boîte élégante dont la forme lui est inconnue. Il s'en approche, et lit sur l'écusson d'argent qui l'orne : *Monsieur le comte de Saint-Cricq, directeur général des douanes;* il l'ouvre, et trouve les bijoux qu'il a achetés à Genève.

Beautte s'était entendu avec un des garçons de l'auberge, qui, en aidant les gens de M. de Saint-Cricq à faire les paquets de leur maître, avait glissé parmi eux la boîte défendue. Arrivé à Paris, le valet de chambre, voyant l'élégance de l'étui et l'inscription particulière qui y était gravée, s'était empressé de le déposer sur la cheminée de son maître.

M. le directeur des douanes était le premier contrebandier du royaume.

Les autres objets de contrebande que l'on trouve à Genève, à moitié prix de celui de Paris, sont les étoffes de piqué, les linges de table et les assiettes de terre anglaise; ces objets y sont même moins chers qu'à Londres; car, pour entrer dans cette ville, aux environs de laquelle ils se fabriquent, ils payent un droit plus considérable que ne l'est le prix de leur transport à Genève.

Quoique Genève ait donné naissance à des hommes d'art et de science, le commerce y est l'unique occupation de ses habitants.

La société de salon à Genève est en petit celle de notre Chaussée-d'Antin; seulement, malgré la fortune acquise, l'économie primitive s'y fait sentir; partout et à chaque instant on sent que l'on heurte les coudes de cette ménagère de la maison. A Paris,

Château de Chillon. — Page 26.

nos dames ont à elles des albums d'une grande valeur ; celles de Genève louent un album pour la
soirée ; cela coûte dix francs.

Les seules choses d'art à voir, pour un étranger,
sont :

A la bibliothèque, un manuscrit de saint Augustin, sur papyrus ; une histoire d'Alexandre, par
Quinte-Curce, trouvée dans les bagages du duc de
Bourgogne après la bataille de Granson, et les
comptes de la maison de Philippe le Bel, écrits sur
des tablettes de cire ;

Dans l'église de Saint-Pierre, le tombeau du maréchal de Rohan, ami de Henri IV, soutien ardent
des calvinistes, mort en 1638, à Kœnigfelden ; il
est enterré avec sa femme, fille de Sully ;

Enfin, la maison de Jean-Jacques Rousseau, qu'indique, dans la rue de ce nom, une plaque de marbre noir, sur laquelle est gravée cette inscription :

ICI EST NÉ J.-J. ROUSSEAU LE 28 JUIN 1712.

Les courses dans les environs de Genève sont dé-
licieuses ; à chaque moment de la journée, on trouve

Chaque fois qu'il prononçait ces mots sacramentels : *Monsieur Arouet de Voltaire*, il portait la main à son chapeau. — PAGE 30.

d'élégantes voitures disposées à conduire le voyageur partout où le mène sa curiosité ou son caprice. Lorsque nous eûmes visité la ville, nous montâmes dans une calèche et nous partîmes pour Ferney; deux heures après, nous étions arrivés.

La première chose que l'on aperçoit avant d'entrer au château, c'est une petite chapelle dont l'inscription est un chef-d'œuvre; elle ne se compose cependant que de trois mots latins :

DEO EREXIT VOLTAIRE.

Elle avait pour but de prouver au monde entier, fort inquiet des démêlés de la créature et du Créateur, que Voltaire et Dieu s'étaient enfin réconciliés; le monde apprit cette nouvelle avec satisfaction, mais il soupçonna toujours Voltaire d'avoir fait les premières avances.

Nous traversâmes un jardin, nous montâmes un perron élevé de deux ou trois marches, et nous nous trouvâmes dans l'antichambre; c'est là que se recueillent, avant d'entrer dans le sanctuaire, les pèlerins qui viennent adorer le dieu de l'irréligion.

Le concierge les prévient solennellement d'avance que rien n'a été changé à l'ameublement, et qu'ils vont voir l'appartement tel que l'habitait M. de Voltaire; cette allocution manque rarement de produire son effet. On a vu, à ces simples paroles, pleurer des simples bourgeois abonnés du *Constitutionnel*

Aussi rien n'est plus prodigieux à étudier que l'aplomb du concierge chargé de conduire les étrangers. Il entra tout enfant au service du grand homme, ce qui fait qu'il possède un répertoire d'anecdotes à lui relatives qui ravissent en béatitude les braves bourgeois qui l'écoutent. Lorsque nous mîmes le pied dans la chambre à coucher, une famille entière aspirait, rangée en cercle autour de lui, chaque parole qui tombait de sa bouche, et l'admiration qu'elle avait pour le philosophe s'étendait presque jusqu'à l'homme qui avait ciré ses souliers et poudré sa perruque, c'était une scène dont il serait impossible de donner une idée, à moins que d'amener les mêmes acteurs sous les yeux du public. On saura seulement que, chaque fois que le concierge prononçait, avec un accent qui n'appartenait qu'à lui, ces mots sacramentels : *Monsieur Arouet de Voltaire*, il portait la main à son chapeau, et que tous ces hommes, qui ne se seraient peut-être pas découverts devant le Christ au Calvaire, imitaient religieusement ce mouvement de respect.

Dix minutes après, ce fut à notre tour de nous instruire; la société paya et partit; alors le cicérone nous appartint exclusivement. Il nous promena dans un assez beau jardin, d'où le philosophe avait une merveilleuse vue, nous montra l'allée couverte dans laquelle il avait fait *sa belle tragédie d'Irène*; et, nous quittant tout à coup pour s'approcher d'un arbre, il coupa avec sa serpette un copeau de son écorce, qu'il me donna. Je le portai successivement à mon nez, à ma langue, croyant que c'était un bois étranger qui avait une odeur ou un goût quelconque.

— Point, c'était un arbre planté par M. Arouet de Voltaire lui-même, et dont il est d'usage que chaque étranger emporte une parcelle. Ce digne arbre avait failli mourir d'un accident, il y avait trois mois, et paraissait encore bien malade; un sacrilège s'était introduit nuitamment dans le parc, et avait enlevé trois ou quatre pieds carrés de l'écorce sainte. — C'est quelque fanatique de la *Henriade* qui aura fait cette infamie, dis-je à notre concierge — Non, monsieur, me répondit-il, je crois plutôt que c'est tout bonnement un spéculateur qui aura reçu une commande de l'étranger.

— Stupendo!!..

En sortant du jardin, notre concierge nous conduisit chez lui; il voulait nous montrer la canne de Voltaire, qu'il conservait religieusement depuis la mort du grand homme, et qu'il finit par nous offrir pour un louis, les besoins du temps le forçant de se séparer de cette relique précieuse; je lui répondis

que c'était trop cher, et que j'avais connu un souscripteur de l'édition Touquet, auquel, il y avait huit ans, il avait cédé la pareille pour vingt francs.

Nous remontâmes en voiture, nous repartîmes pour Coppet, et nous arrivâmes au château de madame de Staël.

Là, point de concierge bavard, point d'église à Dieu, point d'arbre dont on emporte l'écorce ; mais un beau parc où tout le village peut se promener en liberté, et une pauvre femme qui pleure de vraies larmes en parlant de sa maîtresse, et en montrant les chambres qu'elle habitait, et où rien ne reste d'elle. Nous demandâmes à voir le bureau qui était encore taché de l'encre de sa plume, le lit qui devait être encore tiède de son dernier soupir; rien de tout cela n'a été sacré pour la famille ; la chambre a été convertie en je ne sais quel salon ; les meubles ont été emportés je ne sais où. Il n'y avait peut-être pas même dans tout le château un exemplaire de *Delphine*.

De cet appartement, nous passâmes dans celui de M. de Staël fils; là aussi la mort était entrée et avait trouvé à frapper de ses deux mains; deux lits étaient vides, un lit d'homme et un berceau d'enfant. C'est là que M. de Staël et son fils étaient morts à trois semaines d'intervalle l'un de l'autre.

Nous demandâmes à voir le tombeau de la famille, mais une disposition testamentaire de M. de Necker en a interdit l'entrée à la curiosité des voyageurs.

Nous étions sortis de Ferney avec une provision de gaieté qui nous paraissait devoir durer huit jours; nous sortîmes de Coppet les larmes aux yeux et le cœur serré.

Nous n'avions pas de temps à perdre pour prendre le bateau à vapeur qui devait nous conduire à Lausanne; nous le voyions arriver sur nous rapide, fumant et couvert d'écume comme un cheval marin; au moment où nous croyions qu'il allait passer sans nous voir, il s'arrêta tout à coup, tremblant de la secousse, puis, mettant en travers, il nous attendit; à peine eûmes-nous mis le pied sur le pont, qu'il reprit sa course.

Le lac Léman, c'est la mer de Naples; c'est son ciel bleu, ses eaux bleues, et, plus encore, ses montagnes sombres, qui semblent superposées les unes aux autres, comme les marches d'un escalier du ciel; seulement, chaque marche a trois mille pieds de haut; puis, derrière tout cela apparaît le front neigeux du Mont-Blanc, géant curieux qui regarde le lac par-dessus la tête des autres montagnes, qui, près de lui, ne sont que des collines, et dont, à chaque échappée de vue, on aperçoit les robustes flancs.

Aussi a-t-on peine à détacher le regard de la rive méridionale du lac pour le porter sur la rive septentrionale : c'est cependant de ce côté que la nature a secoué le plus prodigalement ces fleurs et ces fruits de la terre qu'elle porte dans un coin de sa robe : ce sont des parcs, des vignes, des moissons, un village de dix-huit lieues de long, étendu d'un bout à l'autre de la rive; des châteaux bâtis dans tous les sites, variés comme la fantaisie, et portant sur leurs fronts sculptés la date précise de leur naissance; à Nyon, des constructions romaines bâties par César; à Vuflans, un manoir gothique élevé par Berthe, la reine fileuse; à Morges, des villas en terrasses qu'on croirait transportées toutes construites de Sorrente ou de Baïa; puis, au fond, Lausanne, avec ses clochers élancés, Lausanne, dont les maisons blanches semblent de loin une troupe de cygnes qui se sèchent au soleil, et qui a placé au bord du lac la petite ville d'Oulchy, sentinelle chargée de faire signe aux voyageurs de ne point passer sans venir rendre hommage à la reine vaudoise; notre bateau s'approcha d'elle comme un tributaire, et déposa une partie de ses passagers sur le rivage. A peine avais-je mis le pied sur le port, que j'aperçus un jeune républicain, nommé Allier, que j'avais connu à l'époque de la Révolution de juillet, et qui, condamné pour une brochure à cinq ans de prison, s'était réfugié à Lausanne; depuis un mois il habitait la ville; c'était une bonne fortune pour moi, mon cicérone était tout trouvé.

Il vint se jeter dans mes bras aussitôt qu'il me reconnut, quoique nous n'eussions jamais été liés ensemble; je devinai à cet embrassement tout ce qu'il y avait de douleur dans cette pauvre âme errante : en effet, il était atteint du mal du pays. Ce beau lac aux rives merveilleuses, cette ville située dans une des positions les plus ravissantes du monde, ces montagnes pittoresques, tout cela était sans mérite et sans charme à ses yeux : l'air étranger l'étouffait.

Comme ce pauvre garçon n'était guère en état de satisfaire ma curiosité, et que, lorsque je parlais Suisse, il répondait France, il offrit de me présenter à un excellent patriote, député de la ville de Lausanne, qui l'avait reçu comme un frère en religion, et qui ne l'avait pas consolé, par la seule raison qu'on ne console pas de l'exil.

M. Pellis est l'un des hommes les plus distingués que j'aie rencontrés dans tout mon voyage, par son instruction, son obligeance et son patriotisme; du moment où nous nous fûmes serré la main, nous devînmes frères; et, pendant les deux jours que je passai à Lausanne, il eut la bonté de me donner, sur l'histoire, la législation et l'archéologie du canton, les renseignements les plus précieux. Il s'était lui-même beaucoup occupé de ces trois choses.

Le canton de Vaux, qui touche à celui de Genève, doit sa prospérité à une cause tout opposée à celle de son voisin. Ses richesses, à lui, ne sont point industrielles, mais territoriales; le sol est divisé de manière à ce que chacun possède : de sorte que,

sur ses cent quatre-vingt mille habitants, il compte trente-quatre mille propriétaires. On a calculé que c'était quatre mille de plus que dans toute la Grande-Bretagne.

Le canton est, militairement parlant, l'un des mieux organisés de la confédération, et, comme tout Vaudois est soldat, il a toujours, tant en troupes disponibles qu'en troupes de réserve, trente mille hommes à peu près sous les armes : c'est le cinquième de la population. L'armée française, établie sur cette proportion, serait composée de six millions de soldats.

Les troupes suisses ne reçoivent aucune solde : c'est un devoir de citoyen qu'elles acquittent, et qui ne leur paraît pas onéreux. Tous les ans, elles passent trois mois au camp, pour s'exercer à toutes les manœuvres et s'endurcir à toutes les fatigues; de cette manière, la Suisse entière trouverait prête, à son premier appel de guerre, une armée de cent quatre-vingt mille hommes, qui ne coûte pas une obole au gouvernement. Le budget de la nôtre, qui présente, je crois, un effectif de quatre cent mille hommes, s'élève à environ trois cent six millions.

Nul ne peut être officier s'il n'a servi deux ans; les candidats sont proposés par le corps d'officiers, et nommés par le conseil d'État; celui qui atteint l'âge de vingt-cinq ans sans avoir servi dans l'élite sert dans un corps de dépôt jusqu'à l'âge de cinquante, et est frappé d'incapacité pour devenir officier. Un citoyen ne peut se marier s'il ne possède son uniforme, ses armes et sa Bible.

Quant au pouvoir législatif, il est établi sur des bases aussi solides et aussi claires : tous les cinq ans, la chambre des députés est soumise à un renouvellement intégral, et le conseil exécutif à un renouvellement partiel. Tout citoyen est électeur; les élections se font dans l'église, et les députés prêtent aussitôt serment devant l'écusson fédéral, où sont inscrits ces deux mots : *Liberté. — Patrie.*

La cathédrale de Lausanne paraît avoir été commencée vers la fin du quinzième siècle; elle allait être terminée, et la partie supérieure de l'un de ses clochers restait seule à achever, lorsque la réformation interrompit ses travaux en 1536. L'intérieur, comme celui des temples protestants, est nu et dépouillé de tout ornement; un grand prie-Dieu s'élève au milieu du chœur : c'est là que, à l'époque où le calvinisme fit de si rapides progrès, les catholiques venaient prier Dieu de rendre la lumière à leurs frères égarés. Ils y vinrent si longtemps et en si grand nombre, que le marbre, creusé par le frottement, a conservé l'empreinte de leurs genoux.

Le chœur est entouré de tombeaux presque tous remarquables, soit sous le rapport de l'art, soit à cause des restes illustres qui leur ont été confiés, soit enfin à cause des particularités qui se rattachent à la mort de ceux qu'ils renferment.

Cathédrale de Lausanne. — PAGE 31.

Les tombeaux gothiques dignes de quelque attention sont ceux du pape Félix V, et d'Othon de Granson, à la statue duquel les mains manquent. Voici la cause de cette mutilation

En 1393, Gérard d'Estavayer, jaloux des soins que rendait à sa femme, la belle Catherine de Belp, le sire Othon de Granson, prit le parti, pour se venger de lui, et pour dissimuler la véritable cause de cette vengeance, de l'accuser d'être l'auteur d'un empoisonnement dont le comte Amédée VIII, de Savoie, avait manqué d'être victime.

En conséquence, il fit solennellement sa plainte par-devant Louis de Joinville, bailli de Vaux, et, la renouvelant avec de grandes formalités devant le comte Amédée VIII, il offrit à son ennemi le combat à outrance, comme témoignage de la vérité de son accusation. Othon de Granson, quoique affaibli par une blessure encore mal fermée, crut de son honneur de ne point demander un délai, et accepta le défi : il fut donc convenu que le combat aurait lieu le 9 août 1393, à Bourg en Bresse, et que chacun des combattants serait armé d'une lance, de

JA. BEAUCE.   POUGET

Othon fut vaincu : Gérard d'Estavayer lui cria d'avouer qu'il était coupable.

deux épées et d'un poignard ; il fut convenu, en outre, que le vaincu perdrait les deux mains, à moins qu'il n'avouât, si c'était Othon, le crime dont il était accusé, et, si c'était Gérard d'Estavayer, la fausseté de l'accusation.

Othon fut vaincu : Gérard d'Estavayer lui cria d'avouer qu'il était coupable ; Othon répondit en lui tendant les deux mains, que Gérard abattit d'un seul coup.

Voilà pourquoi les mains manquent à la statue comme elles manquent au cadavre, car elles furent brûlées par le bourreau, comme étant les mains d'un traître.

Lorsqu'on ouvrit le tombeau d'Othon, afin de transporter ses restes dans la cathédrale de Lausanne, on trouva le squelette revêtu de son armure de combat, casque en tête et éperons aux pieds ; la cuirasse, brisée à la poitrine, indiquait l'endroit où avait frappé la lance de Gérard.

(1) L'artiste qui a fait le tombeau a sculpté deux petites mains sur le coussin de marbre qui soutient la tête d'Othon.

Les tombeaux modernes sont ceux de la princesse Catherine Orlow et de lady Strafford Canning : lord Strafford obtint, à cause de sa profonde douleur, que sa femme fût enterrée dans le temple. Il écrivit à Canova pour lui commander un tombeau, recommandant au sculpteur de faire le plus de diligence possible. Le tombeau arriva au bout de cinq mois, le lendemain du jour où lord Strafford venait de convoler en secondes noces.

De là, M. Pellis, notre savant et aimable cicérone, nous offrit de nous faire voir la prison pénitentiaire : en sortant, nous admirâmes la merveilleuse vue que l'on découvre du plateau de la cathédrale, au-dessous de laquelle Lausanne, couchée, éparpille ses maisons, toujours plus distantes les unes des autres au fur et à mesure qu'elles s'éloignent du centre ; au delà de ces maisons, le lac bleu, uni comme un miroir ; à l'un des bouts de ce lac, Genève, dont les toits et les dômes de zinc brillent au soleil, comme les coupoles d'une ville mahométane ; enfin, à l'autre extrémité, la gorge sombre du Valais, que dominent de leurs arêtes neigeuses la Dent de Morcle et la Dent du Midi.

Ce plateau est le rendez-vous de la ville ; mais, comme il est exposé à l'occident, il y vient toujours, de la cime des monts couverts de glaces qui bornent l'horizon, un vent aigu, dangereux pour les enfants et les vieillards. Le conseil d'État vient de décider, en conséquence, qu'il sera fait, sur le versant méridional de la ville, une promenade destinée à la vieillesse et à l'enfance, qui, faibles toutes deux, ont toutes deux besoin de soleil et de chaleur. Cette promenade coûtera cent cinquante mille francs : ne dirait-on pas une décision des éphores de Sparte?

La Suisse n'a ni galères ni bagnes, mais seulement des maisons pénitentiaires. C'était l'une d'elles que nous allions visiter ; ainsi, les hommes que nous allions voir, c'étaient des forçats. Nous y entrâmes avec cette pensée ; mais cela ressemblait si peu à nos prisons de France, que nous nous crûmes tout simplement dans un hospice.

Les détenus étaient en récréation, c'est-à-dire qu'ils pouvaient se promener une heure dans une belle cour qui leur est consacrée ; nous les vîmes par une fenêtre, causant par groupes. On nous fit remarquer que quelques-uns avaient les habits rayés vert et blanc, et portaient une espèce de ferrement au cou : ceux-là étaient les galériens.

Nous allâmes à une fenêtre en face et nous vîmes dans un jardin des femmes qui se promenaient : c'était le jardin des Madelonnettes et du Saint-Lazare vaudois.

Nous visitâmes ensuite les petites chambres isolées dans lesquelles couchent les détenus ; c'étaient de jolies cellules, dont les grilles faisaient seules des prisons : chaque cellule était garnie des meubles nécessaires à l'usage d'une personne. Quel-

ques-unes même avaient une petite bibliothèque, car il est loisible aux détenus de consacrer à la lecture les heures de la récréation.

Le but de ces maisons pénitentiaires est non-seulement de séparer de la société les individus qui pourraient lui porter préjudice, mais elles ont encore pour résultat d'améliorer le moral de ceux qu'elles séquestrent. En général, nos jeunes condamnés français sortent des prisons ou des bagnes plus corrompus qu'ils n'y sont entrés ; les condamnés vaudois, au contraire, en sortent meilleurs. Voilà sur quelle base logique le gouvernement a fait reposer cette amélioration.

La plus grande partie des crimes a pour cause la misère ; cette misère dans laquelle l'individu est tombé vient de ce que, ne connaissant aucun état, il n'a pu, à l'aide de son travail, se créer une existence au milieu de la société. Le séquestrer de cette société, le retenir emprisonné un temps plus ou moins long et le relâcher au milieu d'elle, ce n'est pas le moyen de le rendre meilleur : c'est le priver de la liberté, et voilà tout ; rejeté au milieu du monde dans la même position qui a causé sa première chute, cette même position en causera naturellement une seconde : le seul moyen de la lui épargner est donc de le rendre aux hommes qui vivent de leur industrie, sur un pied égal au leur, c'est-à-dire avec une industrie et de l'argent.

En conséquence, les maisons pénitentiaires ont pour premier règlement que tout condamné qui ne saurait pas un état en apprendra un à son choix ; et, pour second, que les deux tiers de l'argent que rapportera cet état, pendant la détention du coupable, seront pour lui. Un article ajouté depuis complète cette mesure philanthropique. Il autorise les prisonniers à faire passer un tiers de cet argent à leur père ou à leur mère, à leur femme ou à leurs enfants.

Ainsi la chaîne de la nature, violemment brisée pour le condamné par un arrêt juridique, se renoue à des relations nouvelles. L'argent qu'il envoie à sa famille lui prépare au milieu d'elle un retour joyeux. L'intérieur, dont son cœur a tant besoin après en avoir été si longtemps privé, lui est ouvert, puisqu'au lieu d'y revenir flétri, pauvre et nu, le membre absent de cette famille y rentre lavé du crime passé, par la punition même, et assuré de sa vertu à venir par l'argent qu'il possède et l'état qu'il a appris.

Plusieurs exemples sont venus à l'appui de cette merveilleuse institution, et ont récompensé ses auteurs. Voici des notes copiées sur le registre de la maison, qui attestent ce résultat :

B..., né en 1807, à Bellerive, — garçon meunier, — pauvre ; — il a volé trois mesures de méteil, et a été condamné à deux ans de fers. — Son bénéfice, à la fin de son temps, outre les secours envoyés à sa famille, était de soixante-dix francs de Suisse (cent francs de France, à peu près). Il est sorti, de plus, tisserand très-habile.

Au-dessous de ces lignes, le pasteur du village où retournait B.... a écrit de sa main :

« Lors de son retour à Bellerive, ce jeune homme, « extrêmement humilié de sa détention, se cachait « chez son père, et n'osait sortir de la maison. Les « jeunes gens du village allèrent le prendre un « dimanche chez lui, et le conduisirent au milieu « d'eux à l'église. »

L..., prévenue de divers vols, — trois ans de réclusion; — elle est sortie dans de bonnes dispositions, et est allée dans sa commune, où, sur les renseignements favorables qui étaient parvenus dans son village, relativement à son excellente conduite pendant sa détention, les jeunes filles sont allées à sa rencontre, et, après l'avoir embrassée, l'ont ramenée au milieu d'elles dans le village, — son bénéfice, cent treize francs de Suisse (cent quatrevingts francs de France environ). — Fileuse et sachant lire et écrire.

D..., condamnée à dix ans de réclusion, pour infanticide sans préméditation, — entrée ne sachant rien, — sortie instruite, — excellente ouvrière en linge, — son bénéfice de neuf cents francs de Suisse (mille deux cent cinquante francs de France, à peu près). Aujourd'hui gouvernante dans une des meilleures maisons du canton.

N'y a-t-il pas quelque chose de patriarcal dans ce gouvernement qui instruit le coupable, et dans cette jeunesse qui lui pardonne? n'est-ce pas la sublime devise fédérale mise en pratique : *Un pour tous, tous pour un !*

Je pourrais citer cent exemples pareils inscrits sur le registre d'une seule maison pénitentiaire. Que l'on consulte les registres de tous nos bagnes et de toutes nos prisons, et je porte le défi, même à M. Appert, de me citer quatre faits qui balancent moralement ce que je viens de rapporter.

En sortant de la maison pénitentiaire, nous allâmes prendre des glaces; elles coûtent trois batz (neuf sous de France), et sont les meilleures que j'aie mangées de ma vie. Je les recommande à tout voyageur qui passera à Lausanne.

Une seconde recommandation gastronomique, que les amateurs ne me pardonneraient pas d'avoir oubliée, est celle de la *ferra du lac Léman*. Cet excellent poisson ne se trouve que là, et, quoiqu'il ait une grande ressemblance avec le *lavaret* du lac de Neuchâtel, et l'*ombre chevalier* du lac du Bourget, il les surpasse tous deux en finesse. Je ne connais que l'alose de Seine qui lui soit comparable.

Lorsqu'on aura visité la promenade, la cathédrale et la maison d'arrêt de Lausanne; lorsqu'on aura mangé, au Lion-d'Or, de la ferra du lac, bu

du vin blanc de Vevay, et pris, au café qui se trouve dans la même rue que cette auberge, des glaces à la neige, on n'aura rien de mieux à faire que de louer une voiture et de partir pour Villeneuve. Chemin faisant, on traversera Vevay, où demeurait Claire; le château de Blonay, qu'habitait le père de Julie; Clarens, où l'on montre la maison de Jean-Jacques; et enfin, en arrivant à Chillon, on apercevra à une lieue et demie, sur l'autre rive, les rochers escarpés de la Meilleraie, du sommet desquels Saint-Preux contemplait le lac profond et limpide dans les eaux duquel étaient la mort et le repos.

Chillon, ancienne prison d'État des ducs de Savoie, aujourd'hui l'arsenal du canton de Vaux, fut bâti en 1250. La captivité de Bonnivard l'a tellement rempli de son souvenir, qu'on a oublié jusqu'au nom d'un prisonnier qui s'en échappa en 1798 d'une manière presque miraculeuse. Ce malheureux parvint à faire un trou dans le mur à l'aide d'un clou arraché à la semelle de ses souliers; mais, sorti de son cachot, il se trouva dans un plus grand, et voilà tout. Il lui fallut alors, à la force du poignet, briser une barre de fer qui fermait une meurtrière de trois ou quatre pouces de large; la trace de ses souliers, restée sur le talus de cette meurtrière, atteste que les efforts qu'il fut obligé de faire dépassaient presque la puissance humaine. Ses pieds, à l'aide desquels il se roidissait, ont creusé la pierre à la profondeur d'un pouce. Cette meurtrière est la troisième à gauche en entrant dans le grand cachot.

À l'article de Genève, nous avons parlé de Bonnivard et de Berthelier. Le premier avait dit un jour que, pour l'affranchissement de son pays, il donnerait sa liberté; le second répondit qu'il donnerait sa vie. Ce double engagement fut entendu, et, lorsque les bourreaux vinrent en réclamer l'accomplissement, ils les trouvèrent prêts tous deux à l'accomplir. Berthelier marcha à l'échafaud. Bonnivard, transporté à Chillon, y trouva une captivité affreuse. Lié par le milieu du corps à une chaîne, dont l'autre bout allait rejoindre un anneau de fer scellé dans un pilier, il resta ainsi six ans, n'ayant de liberté que la longueur de cette chaîne, ne pouvant se coucher que là où elle lui permettait de s'étendre, tournant toujours comme une bête fauve à l'entour de son pilier, creusant le pavé avec sa marche forcément régulière, rongé par cette pensée que sa captivité ne servait peut-être en rien à l'affranchissement de son pays, et que Genève et lui étaient voués à des fers éternels. Comment, dans cette longue nuit, que nul jour ne venait interrompre, dont le silence n'était troublé que par le bruit des flots du lac battant les murs du cachot, comment, ô mon Dieu! la pensée n'a-t-elle pas tué la matière, ou la matière la pensée? Comment, un matin, le geôlier ne trouva-t-il pas son prisonnier mort ou fou, quand une seule idée, une idée éternelle, devait lui briser

J.A BEAUCÉ.   PISAN.

Lié par le milieu du corps à une chaîne, il resta ainsi six ans. — Page 35.

le cœur et lui dessécher le cerveau? Et pendant ce temps, pendant six ans, pendant cette éternité, pas un cri, pas une plainte, dirent ses geôliers, excepté sans doute quand le ciel déchaînait l'orage, quand la tempête soulevait les flots, quand la pluie et le vent fouettaient les murs; car alors sa voix se perdait dans la grande voix de la nature; car alors, vous seul, ô mon Dieu! vous pouviez distinguer ses cris et ses sanglots; et ses geôliers, qui n'avaient pas joui de son désespoir, le retrouvaient le lendemain calme et résigné, car la tempête alors s'était

calmée dans son cœur comme dans la nature. Oh! sans cela, sans cela, ne se serait-il pas brisé la tête à son pilier? ne se serait-il pas étranglé avec sa chaîne? aurait-il attendu le jour où l'on entra en tumulte dans sa prison, et où cent voix lui dirent à la fois :

— Bonnivard, tu es libre!
— Et Genève?
— Libre!

Depuis lors, la prison du martyr est devenue un temple, et son pilier un autel. Tout ce qui a un cœur

Il en descendit un homme au te... pâle, au front découvert et hautain... C'était Byron.

noble et amoureux de la liberté se détourne de sa route et vient prier là où il a souffert. On se fait conduire droit à la colonne où il a été si longtemps enchaîné ; on cherche sur sa surface granitique, où chacun veut inscrire un nom, les caractères qu'il y a gravés ; on se courbe vers la dalle creusée pour y trouver la trace de ses pas ; on se cramponne à l'anneau auquel il était attaché, pour éprouver s'il est solidement scellé encore avec son ciment de huit siècles ; toute autre idée se perd dans cette idée : c'est ici qu'il est resté enchaîné six ans... six

ans, c'est-à-dire la neuvième partie de la vie d'un homme.

Un soir, c'était en 1816, par une de ces belles nuits qu'on croirait que Dieu a faites pour la Suisse seule, une barque s'avança silencieusement, laissant derrière elle un sillage brillanté par les rayons brisés de la lune ; elle cinglait vers les murs blanchâtres du château de Chillon, et toucha au rivage sans secousse, sans bruit, comme un cygne qui aborde ; il en descendit un homme au teint pâle, aux yeux perçants, au front découvert et hautain ; il était enveloppé d'un grand manteau noir qui cachait ses pieds, et cependant on s'apercevait qu'il boitait légèrement.

Il demanda à voir le cachot de Bonnivard, il y resta seul et longtemps, et, lorsqu'on rentra après lui dans le souterrain, on trouva, sur le pilier même auquel avait été enchaîné le martyr, un nouveau nom dont voici la copie exacte :

BYRON.

UNE PÊCHE DE NUIT.

N ous arrivâmes à midi à Villeneuve.

Villeneuve, que les Romains appelaient *Penilucus*, est située à l'extrémité orientale du lac Léman. Le Rhône, qui descend de la Furca, où il prend sa source, passe à une demi-heure de chemin de ce petit bourg, marque les limites du canton de Vaux, qui, s'avançant en pointe, s'étend encore cinq lieues au delà, et sépare le canton de Vaux du pays valaisan. Un célérifère, qui attend les passagers du bateau à vapeur, les conduit le même soir à Bex, où l'on couche ordinairement. L'heure d'avance que j'avais gagnée en venant par terre me permit de courir jusqu'à l'endroit où le Rhône se jette en se bifurquant, gris et sablonneux, dans le lac, pour y laisser son limon, et ressortir, pur et azuré, à Genève, après l'avoir traversé dans toute sa longueur.

Lorsque je revins à Villeneuve, la voiture était près de partir; chacun avait pris sa place, et l'on m'avait gratifié, comme absent, de celle que l'on jugeait la plus mauvaise, et que j'eusse choisie, moi, comme la meilleure. On m'avait mis près du conducteur dans le cabriolet de devant, où rien ne devait me garantir du vent du soir, mais aussi où rien ne m'empêchait de voir le paysage.

C'était un beau coup d'œil, à travers cet horizon bleuâtre des Alpes, que cette vallée qui s'ouvre sur le lac, dans une largeur de deux lieues, et qui va toujours se rétrécissant, à tel point, qu'arrivée à Saint-Maurice, une porte la ferme, tant elle est resserrée entre le Rhône et la montagne. A droite et à gauche du fleuve, et de demi-lieue en demi-lieue, de jolis villages vaudois et valaisans paraissaient et disparaissaient presque aussitôt, sans que la rapidité de notre course nous permit d'en voir autre chose que la hardiesse de leur situation sur la pente de la montagne, les uns prêts à glisser sur un talus rapide où s'échelonnent des ceps de vigne, les autres arrêtés sur une plate-forme, entourés de sapins noirs, et pareils à des nids d'oiseaux cachés dans les branches; quelques-uns dominant un précipice et ne laissant pas même deviner à l'œil la place du chemin qui y conduit. Puis, au fond du paysage et dominant tout cela, à gauche, la Dent de Morcle, rouge comme une brique qui sort de la fournaise, s'élevant à sept mille cinq cent quatre-vingt-dix pieds au-dessus de nos têtes; à droite, sa sœur, la Dent du Midi, portant sa tête toute blanche de neige à huit mille cinq cents pieds dans les nues; toutes deux diversement coloriées par les derniers rayons du soleil couchant, toutes deux se détachant sur un ciel bleu d'azur, la Dent du Midi par une nuance d'un rose tendre, la Dent de Morcle par sa couleur sanglante et foncée. Voilà ce que je voyais en punition de ma tardive arrivée, tandis que ceux du dedans, les stores chaudement fermés, se réjouissaient d'échapper à cette atmosphère froide, que je ne sentais pas, et à travers laquelle m'apparaissait ce pays de fées.

A la nuit tombante, nous arrivâmes à Bex. La voiture s'arrêta à la porte d'une de ces jolies auberges qu'on ne trouve qu'en Suisse; en face était une église, dont les fondations, comme celles de presque tous les monuments religieux du Valais, paraissent, par leur style roman, avoir été l'œuvre des premiers chrétiens.

Le dîner nous attendait. Nous trouvâmes le poisson si délicat, que nous en demandâmes pour notre déjeuner du lendemain. Je cite ce fait insignifiant, parce que cette demande me fit assister à une pêche qui m'était complètement inconnue, et que je n'ai vu faire que dans le Valais.

A peine eûmes-nous exprimé ce désir gastronomique, que la maîtresse de la maison appela un grand garçon de dix-huit ou vingt ans, qui paraissait cumuler dans l'hôtellerie les différentes fonctions de commissionnaire, d'aide de cuisine et de cireur de bottes. Il arriva à moitié endormi, et reçut l'ordre, malgré des bâillements très-expressifs, seule espèce d'opposition que le pauvre diable osât faire à l'injonction de sa maîtresse, d'aller pêcher quelques truites pour le déjeuner de monsieur; et elle m'indiquait du doigt. Maurice, — c'était le nom du pêcheur, — se retourna de mon côté avec un regard si paresseux, si plein d'un indicible reproche, que je fus ému du combat qu'il était forcé de se livrer pour obéir sans se laisser aller au désespoir. — Cependant, dis-je, si cette pêche doit donner trop de peine à ce garçon (la figure de Maurice s'épanouissait au fur et à mesure que ma phrase prenait un sens favorable à ses désirs), si cette pêche, continuai-je... La maîtresse m'interrompit : — Bah! bah! dit-elle, c'est l'affaire d'une heure, la rivière est à deux pas; allons, paresseux, prends ta lanterne et ta serpe, ajouta-t-elle en s'adressant à Maurice, qui était retombé dans cette apathie résignée habituelle aux gens que leur position a faits pour obéir; — et dépêche-toi.

Ta lanterne et ta serpe pour aller à la pêche!... Ah! dès lors Maurice fut perdu, car il me prit une envie irrésistible de voir une pêche qui se faisait comme un fagot.

Maurice poussa un soupir, car il pensa bien qu'il n'avait plus d'espoir qu'en Dieu, et Dieu l'avait vu si souvent en pareille situation sans songer à l'en tirer, qu'il n'avait guère de chance qu'il fît un miracle en sa faveur.

Il prit donc, avec une énergie qui tenait du désespoir, une serpe pendue au milieu des instruments de cuisine, et une lanterne d'une forme si singulière, qu'elle mérite une description détaillée.

C'était un globe de corne, rond comme ces lampes que nous suspendons aux plafonds de nos boudoirs ou de nos chambres à coucher, auquel on avait adapté un conduit de fer-blanc de trois pieds de long; de la forme et de la grosseur d'un manche à balai. Comme ce globe était hermétiquement fermé, la mèche huilée, qui brûlait à l'intérieur de la lanterne, ne recevait d'air que par le haut du conduit, et ne risquait d'être éteinte ni par le vent ni par la pluie.

— Vous venez donc? me dit Maurice, après avoir fait ses préparatifs, et voyant que je m'apprêtais à le suivre.

— Certes, répondis-je; cette pêche me paraît originale.....

— Oui, oui, grommela-t-il entre ses dents; c'est fort original de voir un pauvre diable barboter dans l'eau jusqu'au ventre, quand il devrait à la même heure dormir, enfoncé dans son foin jusqu'au cou.

Voulez-vous une serpe et une lanterne? vous pêcherez aussi, vous, et ce sera une fois plus original.

Un *Tu n'es pas encore en route, musard!* qui partit de la chambre voisine, me dispensa de répondre par un refus à cette offre de Maurice, dans laquelle il y avait au moins autant d'amertume ironique que de désir de me procurer un passe-temps agréable. Au même instant, on entendit se rapprocher le pas de la maîtresse de l'auberge; elle accompagnait sa venue d'une espèce de grognement sourd, qui ne présageait rien de bon pour le retardataire. Il le sentit si bien, qu'à tout événement il ouvrit rapidement la porte, sortit et la referma sans m'attendre, tant il était pressé de mettre deux pouces de bois de sapin entre sa paresse et la colère de notre gracieuse hôtelière.

— C'est moi, dis-je en ouvrant la porte et en suivant des yeux la lanterne qui s'enfuyait à quarante pas de moi; c'est moi qui ai retenu ce pauvre garçon, en lui demandant des détails sur la pêche; ainsi ne le grondez pas. — Et je m'élançai à toutes jambes à la poursuite de la lanterne, qui allait disparaître.

Comme mes yeux étaient fixés sur une ligne horizontale, tant je craignais de perdre de vue mon précieux falot, à peine eus-je fait dix pas, que mes pieds accrochèrent les chaînes pendantes de notre célérifère, et que j'allai, avec un bruit horrible, rouler au milieu du chemin au bout duquel brillait mon étoile polaire. Cette chute, dont le retentissement arriva jusqu'à Maurice, loin de l'arrêter, parut donner une nouvelle impulsion à la vélocité de sa course, car il sentait que maintenant il avait deux colères à redouter au lieu d'une. La malheureuse lanterne semblait un follet, tant elle s'éloignait rapidement, et tant elle sautait en s'éloignant; j'avais perdu près d'une minute, tant à tomber qu'à me relever, et à tâter si je n'avais rien de rompu. Maurice, pendant ce temps, avait gagné du terrain, je commençai à perdre l'espoir de le rattraper; j'étais maussade de ma chute, tout endolori du contact forcé que mes genoux et la pommette de ma joue gauche avaient eu avec le pavé; je sentais la nécessité d'aller plus doucement, si je ne voulais m'exposer à un second accident du même genre. Toutes ces réflexions instantanées, cette honte, cette douleur, ce sang qui me portait à la tête, me firent sortir de mon caractère; je m'arrêtai au milieu du chemin frappant du pied et jetant devant moi, d'une voix sonore, quoique émue, ces terribles paroles qui étaient ma dernière ressource.

— Mais... s... d...! Maurice, attendez-moi donc.

Il paraît que le désespoir avait donné à cette courte, mais énergique injonction, un accent de menace qui résonna formidablement aux oreilles de Maurice, car il s'arrêta tout court, et la lanterne passa de son état d'agitation à un état d'immobilité qui lui donna l'aspect d'une étoile fixe.

— Voilà ce que c'est que d'aller à la pêche à neuf heures et demie du soir.

—Pardieu! lui dis-je tout en me rapprochant de lui et en étendant les mains et les pieds avec précaution devant moi, vous êtes un drôle de corps ; vous entendez que je tombe… un coup à fendre les pavés de votre village, et cela parce que je n'y vois pas, et vous ne vous en sauvez que plus vite avec la lanterne. Tenez, voyez, — je lui montrais mon pantalon déchiré ; — tenez, regardez, — et je lui faisais voir ma joue éraflée ; — je me suis fait un mal horrible avec vos chaînes de célérifère que vous laissez traîner devant la porte de l'auberge ; c'est inouï ;

on met des lampions au moins. Tenez, tenez, je suis beau, là !…

Maurice regarda toutes mes plaies, écouta toutes mes doléances, et, quand j'eus fini de secouer la poussière amassée sur mes habits, d'extirper une douzaine de petits cailloux incrustés en mosaïque dans le creux de mes deux mains : — Voilà ce que c'est, me dit-il, que d'aller à la pêche à neuf heures et demie du soir. — Et il se remit flegmatiquement en chemin.

Il y avait du vrai au fond de cette réponse égoïste ;

La ravine du mont Cheville.

aussi je ne jugeai pas à propos de rétorquer l'argument, quoiqu'il me parût attaquable de trois côtés. Nous continuâmes donc, pendant dix minutes à peu près, de marcher, sans proférer une seule parole, dans le cercle de lumière tremblante que projetait autour de nous la lanterne maudite. Au bout de ce temps, Maurice s'arrêta.

— Nous sommes arrivés, dit-il.

En effet, j'entendais se briser dans une espèce de ravine les eaux d'une petite rivière, qui descendait du versant occidental du mont Cheville,
et qui, traversant la grande route sous un pont que je commençais à distinguer, allait se jeter dans le Rhône, qui n'était lui-même qu'à deux cents pas de nous.

Pendant que je faisais ces remarques, Maurice faisait ses préparatifs. Ils consistaient à quitter ses souliers et ses guêtres, à mettre bas son pantalon et à relever sa chemise, en la roulant et en l'attachant avec des épingles autour de sa veste ronde. Cet accoutrement mi-partie lui donnait l'air d'un portrait en pied d'après Holbein ou Albert Durer.

Tandis que je le considérais, il se retourna de mon côté.

— Si vous voulez en faire autant? me dit-il.

— Vous allez donc descendre dans l'eau?

— Et comment voulez-vous avoir des truites pour votre déjeuner, si je ne vais pas vous les chercher?

— Mais je ne veux pas pêcher, moi!

— Mais vous venez pour me voir pêcher, n'est-ce pas?

— Sans doute.

— Alors défaites votre pantalon. A moins que vous n'aimiez mieux venir avec votre pantalon; vous êtes libre. — Il ne faut pas disputer des goûts.

Alors il descendit dans le ravin pierreux et escarpé, au fond duquel grondait le torrent, et où se devait accomplir la pêche miraculeuse.

Je le suivis en chancelant sur les cailloux qui roulaient sous mes pieds, me retenant à lui, qui était debout et ferme comme un bâton ferré. Nous avions à peu près trente pieds à descendre dans ce chemin rapide et mouvant. Maurice vit combien j'aurais de peine à faire ce trajet sans son aide. — Tenez, me dit-il, portez la lanterne. — Je la pris sans me le faire répéter. Alors, de la main que je lui laissais libre, il me saisit le bras sous l'épaule, avec une force dont je croyais son corps grêle incapable, force de montagnard que j'ai retrouvée en pareille circonstance dans des enfants de dix ans, me soutint et me guida dans cette descente dangereuse, son instinct de guide bon et fidèle l'emportant sur la rancune qu'il m'avait conservée jusque-là; si bien que, grâce à son aide, j'arrivai sans accident au bord de l'eau. — J'y trempai la main, elle était glacée.

— Vous allez descendre là-dedans, Maurice? lui dis-je.

— Sans doute, répondit-il en me prenant la lanterne des mains et en posant un pied dans le torrent.

— Mais cette eau est glacée! repris-je en le retenant par le bras.

— Elle sort de la neige à une demi-lieue d'ici, me répondit-il sans comprendre le véritable sens de mon exclamation.

— Mais je ne veux pas que vous entriez dans cette eau, Maurice!

— N'avez-vous pas dit que vous vouliez manger des truites demain à votre déjeuner?

— Oui, sans doute, je l'ai dit, mais je ne savais pas qu'il fallait, pour me passer cette fantaisie, qu'un homme... que vous, Maurice! entrassiez jusqu'à la ceinture dans ce torrent glacé, au risque de mourir dans huit jours d'une fluxion de poitrine. Allons, venez, venez, Maurice.

— Et la maîtresse, qu'est-ce qu'elle dira?

— Je m'en charge, allons, Maurice, allons-nous-en.

— Cela ne se peut pas. — Et Maurice mit sa seconde jambe dans l'eau.

— Comment, cela ne se peut pas!

— Sans doute, il n'y a pas que vous qui aimez les truites. — Je ne sais pas pourquoi même, mais tous les voyageurs aiment les truites, un mauvais poisson plein d'arêtes! Enfin il ne faut pas disputer des goûts.

— Eh bien! qu'est-ce que cela veut dire?

— Cela veut dire que s'il n'en faut pas pour vous, il en faudra pour d'autres, et qu'ainsi, puisque m'y voilà, autant que je fasse ma pêche tout de suite. Voyez-vous, il y a d'autres voyageurs qui aiment le chamois, et ils disent quelquefois: — Demain soir, en arrivant des salines, nous voudrions bien manger du chamois. — Du chamois! une mauvaise chair noire! autant vaudrait manger du bouc. Enfin n'importe! — Alors, quand ils ont dit cela, la maîtresse appelle Pierre, comme elle a appelé Maurice quand vous avez dit: Je veux manger des truites; — car Pierre, c'est le chasseur, comme moi je suis le pêcheur; et elle dit à Pierre: Pierre, il me faudrait un chamois, — comme elle m'a dit, à moi: Maurice, il me faudrait des truites. — Pierre dit: C'est bon, — et il part avec sa carabine à deux heures du matin. Il traverse des glaciers dans les fentes desquels le village tout entier tiendrait; il grimpe sur des rochers où vous vous casseriez le cou vingt fois, si j'en juge par la manière dont vous avez descendu tantôt cette rigole-ci; et puis, à quatre heures de l'après-midi, il revient avec une bête au cou, jusqu'à ce qu'un jour il ne revienne pas!

— Comment cela?

— Oui, Jean, qui était avant Pierre, s'est tué, — et Josephi qui était avant moi, est mort d'une maladie comme vous l'appeliez tout à l'heure, d'une fluxion... — Eh bien! ça ne m'empêche pas de pêcher des truites, et ça n'empêche pas Pierre de chasser le chamois.

— Mais j'avais entendu dire, repris-je avec étonnement, que ces exercices étaient des plaisirs pour ceux qui s'y livraient, des plaisirs qui devenaient un besoin irrésistible; qu'il y avait des pêcheurs et des chasseurs qui allaient au-devant de ces dangers, comme on va à des fêtes; qui passaient la nuit dans les montagnes pour y attendre les chamois à l'affût, qui dormaient sur la rive des fleuves pour y jeter leurs filets à la pointe du jour.

— Ah! oui, dit Maurice avec un accent profond dont je l'aurais cru incapable: oui, cela est vrai, il y en a qui sont comme vous le dites.

— Mais lesquels donc?

— Ceux qui chassent et qui pêchent pour eux.

Je laissai tomber ma tête sur ma poitrine, sans cesser de regarder cet homme qui venait de jeter, sans s'en douter, un si amer argument dans le bassin inégal de la justice humaine. Au milieu de ces montagnes, dans ces Alpes, dans ce pays des hautes neiges, des aigles et de la liberté, se plaidait donc aussi, sans espoir de le gagner, ce grand procès de ceux qui ne possèdent pas contre ceux qui possèdent. — Là aussi, il y avait des hommes dressés, comme les cormorans et les chiens de chasse, à rapporter à leurs maîtres le poisson et le gibier, en échange desquels on leur donnait un morceau de pain. — C'était bien bizarre, car qui empêchait ces hommes de pêcher et de chasser pour eux? — L'habitude d'obéir... C'est dans les hommes mêmes qu'elle veut faire libres que la liberté trouve ses plus grands obstacles.

Pendant ce temps, Maurice, qui ne se doutait guère à quelles réflexions m'avait conduit sa réponse, était descendu dans l'eau jusqu'à la ceinture, et commençait une pêche dont je n'avais aucune idée, et que j'aurais peine à croire possible si je ne l'avais pas vue. Je compris alors à quoi lui servaient les instruments dont je l'avais vu s'armer au lieu de ligne ou de filet.

En effet, cette lanterne avec son long tuyau était destinée à explorer le fond du torrent, tandis que le haut du conduit, sortant de l'eau, laissait pénétrer dans l'intérieur du globe la quantité d'air suffisante à l'alimentation de la lumière. De cette manière, le lit de la rivière se trouvait éclairé circulairement d'une grande lueur trouble et blafarde, qui allait s'affaiblissant au fur et à mesure qu'elle s'éloignait de son centre lumineux. Les truites qui se trouvaient dans le cercle qu'embrassait cette lueur ne tardaient pas à s'approcher du globe, comme font les papillons et les chauves-souris attirés par la lumière, se heurtant à la lanterne, et tournant tout autour. Alors Maurice levait doucement la main gauche qui tenait le falot; les étranges phalènes, fascinées par la lumière, la suivaient dans son mouvement d'ascension; puis, dès que la truite paraissait à fleur d'eau, sa main droite, armée de la serpe, frappait le poisson à la tête, et toujours si adroitement, que, étourdi par la violence du coup, il tombait au fond de l'eau, pour reparaître bientôt mort et sanglant, et passer incontinent dans le sac suspendu au cou de Maurice comme une carnassière.

J'étais stupéfait : cette intelligence supérieure, dont j'étais si fier il n'y avait que cinq minutes, était confondue; car il est évident que si, la veille encore, je m'étais trouvé dans une île déserte avec des truites au fond d'une rivière pour toute nourriture, et n'ayant pour les pêcher qu'une lanterne et une serpe, cette intelligence supérieure ne m'aurait probablement pas empêché de mourir de faim.

Maurice ne soupçonnait guère l'admiration qu'il venait de m'inspirer, et continuait d'augmenter mon enthousiasme par les preuves renouvelées de son habileté, choisissant, comme un propriétaire dans son vivier, les truites qui lui paraissaient les plus belles, et laissant tourner impunément autour de la lanterne le menu fretin qui ne lui semblait pas digne de la sauce au bleu. Enfin je n'y tins plus, je mis bas pantalon, bottes et chaussettes, je complétai mon accoutrement de pêcheur sur le modèle de celui de Maurice, et, sans penser que l'eau avait à peine deux degrés au-dessus de zéro, sans faire attention aux cailloux qui me coupaient les pieds, j'allai prendre de la main de mon acolyte la serpe et la lanterne au moment où une superbe truite venait se mirer; je l'amenai à la surface avec les précautions que j'avais vu employer à mon prédécesseur, et, au moment où je la jugeai à portée, je lui appliquai au milieu du dos, de peur de la manquer, un coup de serpe à fendre une bûche.

La pauvre bête remonta en deux morceaux.

Maurice la prit, l'examina un instant, et la rejeta avec mépris à l'eau, en disant : C'est une truite déshonorée.

Déshonorée ou non, je comptais bien manger celle-là et non une autre; en conséquence, je repêchai mes deux fragments, qui s'en allaient chacun de leur côté, et je revins au bord; il était temps. Je grelottais de tous mes membres, et mes dents cliquetaient.

Maurice me suivit. Il avait son contingent de poisson, trois quarts d'heure lui avaient suffi pour pêcher huit truites.

Nous nous rhabillâmes, et nous prîmes rapidement le chemin de l'auberge.

— Pardieu! me disais-je en revenant, si une de mes trente mille connaissances parisiennes fût passée, ce qui eût été possible, sur la route en vue de laquelle je me livrais, il y a un instant, à l'exercice de la pêche, et qu'elle m'eût reconnu au milieu d'un torrent glacé, dans le singulier costume que j'avais été forcé d'adopter, une serpe d'une main et une lanterne de l'autre, je suis bien certain que, jour pour jour, au bout du temps nécessaire à son retour de Bex à Paris, et à l'arrivée des journaux de Paris à Bex, j'aurais eu la surprise de lire dans la première gazette qui me serait tombée entre les mains, que l'auteur d'*Antony* avait eu le malheur de devenir fou pendant son voyage dans les Alpes, *ce qui*, n'eût-on pas manqué d'ajouter, *est une perte irréparable pour l'art dramatique!*

Et, tout en me faisant ces réflexions, qu'entretenait ma congélation croissante, je pensais à un escabeau que j'avais remarqué dans la cheminée de la cuisine, et sur lequel, au moment où j'avais quitté l'auberge, s'épanouissait, à quarante-cinq degrés de chaleur, un énorme chat de gouttière dont j'avais admiré l'incombustibilité, et je me disais : Aussitôt que je serai arrivé, j'irai droit à la cheminée de la cuisine, je chasserai le chat, et je me mettrai sur son escabeau.

En effet, dominé par cette idée, qui me donnait du courage en me donnant de l'espoir, je précipitai

— Je crois qu'il a froid, répondit Maurice.

le pas, et, comme, pour me réchauffer provisoirement les doigts, je m'étais muni de la lanterne, j'arrivai sans accident, malgré ma course accélérée, à la porte de l'auberge, dans l'intérieur de laquelle je devais trouver le bienheureux escabeau qui, pour le moment, était l'objet de tous mes désirs. Je sonnai en homme qui n'a pas le temps d'attendre. L'hôtesse vint nous ouvrir elle-même, je passai auprès d'elle comme une apparition, je traversai la salle à manger comme si j'avais été poursuivi, et je me précipitai dans la cuisine.

Le feu était éteint!...

Au même instant, j'entendis la maîtresse de l'hôtel, qui m'avait suivi aussi vite qu'elle avait pu le faire, demander à Maurice : — Qu'est-ce qu'il a donc, ce monsieur?

— Je crois qu'il a froid, répondit Maurice.

Dix minutes après, j'étais dans un lit bassiné, et j'avais à la portée de ma main un bol de vin chaud, les symptômes m'ayant paru assez inquiétants pour combattre le mal par les toniques et les révulsifs.

Sites du Valais.

Grâce à ce traitement énergique, j'en fus quitte pour un rhume abominable.

Mais aussi j'ai eu l'honneur de découvrir et de constater le premier un fait important pour la science, et dont l'Institut et la *Cuisinière bourgeoise* me sauront gré, je l'espère,

C'est que, dans le Valais, les truites se pêchent avec une serpe et une lanterne.

LES SALINES DE BEX.

e lendemain, après avoir mangé le train de devant de ma truite, je me mis en route pour les salines.

Maurice, avec lequel j'étais tout à fait raccommodé, m'indiqua un petit chemin qui part du jardin même de l'auberge, et qui conduit à l'établissement d'exploitation par une route plus courte et plus pittoresque. La première montée, qui est assez fatigante, mais où chaque pas que l'on fait élargit le paysage, une fois gravie, on arrive à un sentier qui traverse un bois de beaux châtaigniers, que rien ne protège contre la gourmandise des voyageurs. A cette vue, je me rappelai aussitôt mon ancien métier de maraudeur, et, à l'aide d'une grosse pierre, que je jetai de toute ma force contre le tronc de l'arbre qui se trouva le plus à ma portée, je fis tomber une véritable pluie de châtaignes. Comme elles étaient encore renfermées dans leurs coques, je procédai incontinent à l'extraction d'icelles par le procédé connu de tout collégien, procédé qui consiste à les faire rouler délicatement entre le gazon et la semelle de la botte, jusqu'à ce que la pression combinée avec la rotation amène un résultat satisfaisant. Au bout de dix minutes, j'avais mes poches pleines, et je m'étais remis en route, grignotant les *castaneœ molles*, comme aurait pu le faire un écureuil, ou un berger de Virgile.

J'arrivai aux salines sans trop savoir le temps que je mis à faire la route. Ce sont les mineurs eux-mêmes qui, à tour de rôle et dans leurs heures de repos, se chargent de conduire les voyageurs Je m'adressai à l'un d'eux; il fit aussitôt ses dispositions pour notre petit voyage ; elles consistaient à nous mettre à chacun entre les mains une lampe allumée ; et dans la poche un briquet, des allumettes et de l'amadou. Ces précautions prises, nous nous avançâmes vers une entrée taillée dans la montagne, et dont l'orifice, surmonté d'une inscription indiquant le jour où le premier coup de pioche avait été donné dans la montagne, présentait une ouverture de huit pieds de haut sur cinq de large.

Mon guide entra le premier dans le souterrain, et je le suivis : la galerie dans laquelle nous marchions s'enfonce hardiment et en droite ligne dans la montagne, taillée partout dans la même proportion de largeur et de longueur que nous avons citée; de place en place, des inscriptions indiquent les progrès annuels des ouvriers mineurs, qui tantôt ont eu à percer le roc vif, où s'émoussaient les outils les mieux trempés, et tantôt une terre friable, qui, à chaque minute, menaçait les travailleurs d'un éboulement qu'ils ne prévenaient qu'à l'aide d'un revêtement de charpente soutenu par des étais. Cette avenue est bordée, de chaque côté, de deux ruisseaux coulant dans des ornières de bois : celui que j'avais à ma main droite contenait de l'eau salée, et celui que j'avais à ma main gauche de l'eau sulfureuse, dont la montagne fournit une certaine quantité que l'on sépare avec soin de l'autre. Quant au terrain sur lequel on marche, c'est un prolongement de planches glissantes, larges de dix-huit pouces et mises bout à bout.

A peine a-t-on fait cent pas dans cette galerie, qu'on trouve à sa droite un petit escalier composé de quelques marches : il conduit au premier réservoir, qui a neuf pieds de hauteur sur quatre-vingts pieds de circonférence : le liquide qu'il renferme contient cinq ou six parties de matières salines sur cent parties d'eau.

Vingt-cinq pas plus loin, et toujours en suivant la même galerie, on arrive au deuxième réservoir; on y monte comme au premier, à l'aide de quelques marches de bois rendues glissantes par l'humidité ; celui-là, comme l'autre, a neuf pieds de profondeur, mais une circonférence double ; l'eau qu'il renferme contient vingt-six parties de matières salines au lieu de cinq.

Un des échos les plus remarquables que j'aie entendus de ma vie, après celui de la Simonetta, près de Milan, qui répète cinquante-trois fois les paroles qu'on lui jette, est, sans contredit, celui du second réservoir. Au moment de descendre dans la seconde galerie, mon guide m'arrêta par le bras, et, sans me prévenir, poussa un cri : je crus que la montagne s'abîmait sur nous, tant la caverne s'emplit aussitôt de bruit et de rumeur ; une minute au moins s'écoula avant que le dernier frémissement de cet écho réveillé si violemment consentit à s'éteindre; on entendait gronder sourdement, se heurtant aux cavités du roc, comme un ours surpris qui s'enfonce dans les dernières profondeurs de sa tanière. Il y a quelque chose d'effrayant dans cette répercussion bruyante du bruit de la voix humaine dans un lieu où elle n'était pas destinée à parvenir, et où celle de Dieu même **devrait arriver qu'au** jour du jugement dernier.

Nous nous remîmes en **route; bientôt mon guide** ouvrit une balustrade ronde **située à notre droite,** et, mettant le pied sur le **premier degré d'une** échelle qui s'enfonçait presque perpendiculairement dans un gouffre, il me demanda si je voulais le suivre. Je l'invitai à descendre le premier, afin que je pusse un peu me rendre compte des facilités du chemin; il descendit, en conséquence, le long d'une première échelle dont le pied reposait sur une pointe de terrain, contre laquelle une seconde échelle qui conduisait plus bas venait s'appuyer. C'est de ce premier plateau qu'il m'apprit que le puits dans lequel il m'avait précédé contenait une source d'eau saline que les voyageurs avaient l'habitude de visiter. Je n'éprouvais pas une curiosité bien vive pour le phénomène qu'on me promettait : je trouvais la route qui y conduisait assez mal éclairée et le chemin passablement ardu. Cependant une mauvaise honte me poussa, je posai à mon tour le pied sur le premier échelon; le guide, qui vit mon mouvement, l'imita aussitôt, nous nous mîmes à descendre, lui la seconde, et moi la première échelle, lui avec l'insouciance d'un homme habitué au trajet, et moi comptant scrupuleusement un à un les degrés que je descendais.

Au bout de cinq minutes de cet exercice, et arrivé à mon deux cent soixante-quinzième degré, je m'arrêtai au beau milieu de mon échelle, et, jetant les yeux au-dessous de moi, je vis mon guide, réglant toujours sa descente sur la mienne et se maintenant à la distance où nous étions lors du départ. La lampe qu'il portait éclairait autour de lui la paroi humide et brillante du rocher; mais, au-dessous de ses pieds, tout rentrait dans l'obscurité, et j'apercevais seulement la pointe d'une autre échelle qui m'indiquait, à n'en pouvoir douter, que nous n'étions pas au bout de notre course. En me voyant arrêté, le guide s'était arrêté aussi; moi regardant en bas, lui regardant en haut.

— Eh bien? me dit-il.

— Dites-donc, l'ami, repris-je, lui faisant une question en même qu'une réponse, est-ce que nous ne sommes pas bientôt au bout de la plaisanterie?

— Nous avons fait un peu plus du tiers du chemin.

— Ah! ainsi nous avons encore quatre cent cinquante échelons à peu près à descendre? — Le guide abaissa la tête pour compter plus à son aise, puis, après un instant, il la releva.

— Quatre cent cinquante-sept, dit-il. Il y a cinquante-deux échelles à la suite les unes des autres,

les cinquante-une premières ont chacune quatorze pieds, et la dernière dix-huit.

— Ce qui me fait, dites-vous, une profondeur de quatre cent cinquante-sept pieds au-dessous de moi?

— En droite ligne.

— De sorte que si mon échelle cassait?...

— Vous tomberiez de cent pieds plus haut que si vous tombiez de la flèche du clocher de Strasbourg.

Il n'avait pas achevé ces mots, que, convaincu que je n'avais pas trop de mes deux mains pour prévenir, autant qu'il était en moi, cet accident, je lâchai, pour me cramponner à l'échelle pliante au milieu de laquelle j'étais juché comme un scarabée sur un brin d'herbe, ma lampe, que j'eus le plaisir de suivre des yeux tant que son lumignon brûla, puis ensuite d'entendre heurter les unes après les autres les échelles qu'elle rencontrait sur sa route, jusqu'à ce qu'enfin un bruit sourd, produit par son contact avec l'eau, m'annonça qu'elle venait d'arriver où nous allions.

— Qu'est-ce que c'est? me dit le guide.

— Un étourdissement, voilà tout.

— Ah! diable, il faut vous en défaire, ça n'est pas sain dans nos pays.

Sous ce rapport, j'étais parfaitement de son avis : en conséquence, je secouai la tête ainsi que fait un homme qui se réveille, et je me remis à descendre avec plus de précaution encore qu'auparavant, si cela était possible; comme j'étais privé de ma lumière, je rejoignis mon guide, qui brillait fièrement sur son échelle comme un ver luisant sur une haie, et nous continuâmes à descendre. Au bout de dix minutes, nous étions arrivés au bas de la cinquante-deuxième échelle, sur un rebord glaiseux, un pied au-dessous duquel était l'eau; je cherchai à sa surface ma malheureuse lampe; elle avait plongé, à ce qu'il paraît.

Arrivé là, je m'aperçus d'une chose à laquelle la préoccupation antérieure de mon esprit m'avait empêché de songer, c'est que je pouvais respirer à peine; il me semblait que ces parois étroites me pressaient la poitrine comme dans un rêve, et m'étouffaient. En effet, l'air extérieur ne pénétrait jusqu'à nous que par l'ouverture de la porte d'entrée, et nous étions, comme je l'ai déjà dit, à sept cent trente-deux pieds au-dessous du niveau de la galerie; et, comme la galerie elle-même est à neuf cents pieds à peu près du sommet de la montagne, je me trouvais avoir pour le moment quinze ou seize cents pieds de terre par-dessus la tête : on étoufferait à moins.

Le malaise que j'éprouvais nuisit beaucoup à l'attention que je prêtai à mon guide, qui m'expliqua les divers travaux de mine à l'aide desquels on était arrivé où nous étions. Je me rappelle cependant qu'il me dit que l'espoir de trouver une source plus abondante avait encore déterminé une fouille plus

Intérieur des Salines de Bex.

profonde, qu'on exécutait à l'aide d'une sonde, qui était déjà parvenue à cent cinquante pieds lorsqu'elle se trouva arrêtée par un obstacle qu'elle ne put vaincre, et contre lequel tous les instruments d'acier vinrent s'émousser. Les ouvriers pensèrent qu'un ennemi de l'exploitation avait, pendant que les mineurs dînaient ou prenaient du repos, jeté un boulet dans le tuyau, et que c'était ce boulet qui faisait obstacle.

Cependant, telle qu'elle est, cette source, qui est la plus forte de toutes, puisqu'elle contient vingt-huit parties de matières salines sur cent parties d'eau, est assez abondante. Tous les cinq ans on vide le puits, on réduit par le mélange de l'eau ordinaire le liquide que l'on en tire à vingt-deux parties de matière saline seulement, degré auquel il faut que cette eau soit parvenue pour être soumise à l'ébullition.

Les autres sources, au contraire, qui, plus faibles, ne contiennent que six parties de matière saline sur cent parties d'eau, renforcent leur principe salin, en coulant à travers des épines, où s'opère

La porte de Saint-Maurice. — Page 50.

une évaporation de la partie aqueuse qui augmente d'autant la matière saline:

Ces explications données, mon guide remit le pied sur l'échelle, et j'avoue que ce fut avec un certain plaisir que je le vis commencer son ascension, qui fut suivie immédiatement de la mienne. Toutes deux s'accomplirent sans accident, et je me retrouvai avec plaisir sur le terrain plus solide de la galerie.

Nous continuâmes de nous enfoncer dans cet immense corridor percé en ligne si droite, que, cha-

que fois que nous nous retournions, nous pouvions voir l'entrée illuminée par les rayons du soleil, diminuant graduellement de largeur et de hauteur au fur et à mesure que nous nous éloignions d'elle. A quatre mille pieds de l'entrée, la galerie fait un coude; avant de m'engager dans ce premier détour, je me retournai une dernière fois; le jour intérieur brillait encore à l'extrémité de ce long tuyau, mais faible et isolé comme une étoile dans la nuit; je fis un pas et il disparut.

Au bout de quatre mille autres pieds à peu près,

on arrive au filon de sel fossile; là, le souterrain s'élargit, et l'on se trouve bientôt dans une immense cavité circulaire : tout ce que les hommes ont pu arracher aux larges flancs de la montagne, ils l'ont fait : tant que la terre a conservé un principe salin, ils ont creusé avaricieusement pour arriver au bout : aussi voit-on partout de nouvelles galeries commencées, puis abandonnées, qui ressemblent à des niches de saints ou à des cellules d'ermites. Il y a quelque chose de profondément triste dans cette pauvre carrière vide, comme une maison pillée dont on a laissé toutes les portes ouvertes.

A quelques pas de là, un rayon de jour extérieur illumine une grande roue verticale de trente-six pieds de diamètre, mise en mouvement par un courant d'eau douce qui tombe du haut de la montagne. Cette roue fait agir des pompes destinées à extraire du puits l'eau salée et l'eau sulfureuse et à les amener à la hauteur des rigoles qui conduisent hors de la mine. Ce rayon de jour arrivait jusqu'à nous par un soupirail presque circulaire pratiqué dans le but de renouveler l'air intérieur de la mine, et qui va aboutir verticalement au sommet de la montagne. Mon guide m'assura qu'à l'aide de cet immense télescope on pouvait, quand le temps était beau, distinguer les étoiles en plein midi. Ce jour-là justement il n'y avait pas un nuage au ciel; je regardai en conséquence avec l'attention la plus scrupuleuse pendant l'espace de dix minutes, au bout desquelles je demeurai convaincu qu'il y avait dans l'assertion de mon Valaisan beaucoup d'amour-propre national.

Ma situation sous le soupirail avait du moins produit un résultat, c'était celui de me remplir la poitrine d'un air un peu plus respirable que celui que je humais depuis une demi-heure; aussi, ma provision faite, je me remis en route avec un nouveau courage. Bientôt mon guide s'arrêta pour me demander si je préférais m'en aller par le fondement d'en haut ou le fondement d'en bas; je lui demandai quelle différence il faisait entre ces deux sorties; il me répondit que, par le premier, il y avait quatre cents marches à monter, et, par le second, sept cents marches à descendre. Je me décidai incontinent pour les quatre cents marches à monter; je me rappelais mon puits, et j'avais assez d'une expérience comme celle-là pour un jour.

Arrivés au haut de l'escalier, nous aperçûmes la lumière du jour au bout de la galerie dans laquelle nous nous trouvions. J'avoue que cette vue me fut assez agréable : j'avais fait trois quarts de lieue dans la mine, et je trouvais le chemin fort curieux, mais un peu trop accidenté.

La sortie par laquelle nous marchions débouche dans un vallon étroit et sauvage. Un sentier assez rapide nous ramena en une demi-heure à la porte par laquelle nous étions entrés; c'était le moment de régler mes comptes avec mon guide; j'avais une

course et une lampe à lui payer; j'évaluai les deux choses à six francs, et je reconnus à ses remercîments qu'il se regardait comme largement rétribué.

J'étais de retour à Bex à onze heures du matin; c'était d'assez bonne heure encore pour que je continuasse ma journée. Martigny, où je comptais aller coucher, n'étant qu'à cinq lieues et demie de pays de distance, je ne m'arrêtai donc à l'auberge que pour charger mon sac et prendre mon bâton. La première ville que l'on rencontre en sortant de Bex est Saint-Maurice : ce nom est celui du chef de la légion Thébéenne, qui y subit le martyre avec ses six mille six cents soldats, plutôt que de renier la religion du Christ.

Saint-Maurice fut regardé de tout temps comme la porte du Valais; en effet, les deux chaînes de montagnes au milieu desquelles s'étend la vallée se rapprochent tellement sur ce point, que tous les soirs on peut fermer ce défilé avec une porte. César avait si bien compris l'importance de ce passage, qu'il avait fait ajouter des fortifications à sa force naturelle, afin d'avoir toujours à sa disposition ce passage des Alpes. A cette époque, Saint-Maurice se nommait Tarnade, du nom d'un château voisin, *Castrum Tauredunense*, qui fut enseveli en 562 sous l'éboulement du mont *Tauredunum*.

Plusieurs inscriptions funéraires attestent l'antiquité de Saint-Maurice, en même temps qu'elles constatent la force de sa position, puisque les Romains, qui craignaient avant tout la violation des tombeaux, avaient toujours soin de placer les cendres des personnes qui leur étaient chères à l'abri de la vengeance de leurs ennemis. La famille des *Sévères* surtout paraissait avoir adopté ce lieu pour sa demeure mortelle : plusieurs inscriptions font foi de ce que nous avançons; l'une d'elles constate qu'Antoine Sévère avait fait transporter de Narbonne à Tarnade le corps de son fils.

Tarnade était restée place forte et importante sous les empereurs, puisque la légion Thébéenne, commandée par saint Maurice, et forte de six mille six cents soldats, s'y trouvait en garnison lorsque Maximilien voulut la faire sacrifier aux faux dieux, et que, ferme dans la foi naissante, elle préféra le supplice à l'abjuration. Bientôt après, comme ces vierges païennes qui adoptaient le christianisme, Tarnade, baptisée du sang des martyrs, change de nom et s'appelle *Agaune* : l'époque précise de ce changement remonte à la fin du quatrième siècle, puisque la carte théodosienne, qui parut vers l'an 580, lui conserve encore son ancien nom, et que, dix ans après, saint Martin étiquetait le reliquaire où étaient les ossements des Thébéens, reliques des *Martyrs d'Agaune*. Du reste, la conversion de Tarnade remonte encore plus haut que l'époque que nous indiquons ici, puisque, s'il faut en croire une inscription qui est devenue la devise de sa maison de ville, elle était chrétienne depuis l'an 58 : « *Christiana sum ab anno 58.* »

Les miracles opérés par les reliques des martyrs les mirent en telle réputation, que ceux des évêques des Gaules qui manquaient de saints dans leur diocèse en envoyaient chercher à Agaune; bientôt les curés, jaloux du privilége de leurs supérieurs, poussèrent l'indiscrétion jusqu'à demander pour leur église, l'un un bras, l'autre une jambe; les saints ossements, quelque nombreux qu'ils fussent, eussent probablement disparu jusqu'au dernier dans ce pillage, si l'empereur Théodose n'eût rendu un édit qui défendit, sous les peines les plus rigoureuses, d'ouvrir leurs tombeaux. De cette manière, on sauva de la déprédation un millier de martyrs, et plusieurs bouteilles de leur sang. Karl le Grand, pour conserver ce précieux dépôt, fit cadeau à Saint-Maurice d'une fiole d'agate que le trésor de la ville a conservée jusqu'à nos jours. Il lui donna en même temps une table d'or pesant soixante marcs et enrichie de diamants, destinée à la communion : elle servit à faire les frais du voyage en Terre-Sainte d'Amédée III, comte de Savoie.

A peine sorti de Saint-Maurice, j'aperçus, en jetant les yeux à ma droite, le petit ermitage de Notre-Dame-de-Bex, bâti ou plutôt cloué à la hauteur de huit cents pieds contre la paroi d'un rocher. On y monte par un petit sentier sans parapet, large en quelques endroits de moins de dix-huit pouces. Il est habité par un aveugle.

Mille pas plus loin, et à la droite de la grande route, après dix minutes de marche, on trouve la petite chapelle de Véroliez, bâtie à la place même où saint Maurice a subi le martyre. A l'époque où cet événement eut lieu, le Rhône passait au pied du petit monticule sur lequel eut lieu le supplice, et la tête du saint, détachée du corps, roula jusque dans le fleuve, où elle disparut.

Il était trois heures de l'après-midi, et je voulais arriver à Martigny pour dîner. Je désirais consacrer quelque temps à la cascade de Pissevache, qu'on m'avait vantée comme une des merveilles de la Suisse. En effet, après une heure et demie de marche, en tournant un coude, j'aperçus de loin se découpant sur son rocher noir, comme un fleuve de lait qui se précipiterait de la montagne. L'eau est toujours une admirable chose dans un point de vue : c'est à un paysage ce qu'une glace est à un appartement; c'est le plus animé des objets inanimés; mais une cascade l'emporte sur tout : c'est véritablement de l'eau vivante; on est tenté de lui donner une âme. On s'intéresse aux efforts écumeux qu'elle fait en se heurtant contre les rochers; on écoute sa voix bruyante qui se plaint quand elle tombe; on gémit de sa chute, dont ne la console pas l'écharpe brillante que lui jette en passant le soleil; puis enfin on la suit avec intérêt dans son cours plus tranquille au milieu de la vallée, comme on suit dans le monde l'existence paisible d'un ami dont le matin a été agité par de violentes passions.

Pissevache descend d'une des plus belles montagnes du Valais nommée Salanf; sa chute est d'environ quatre cents pieds.

Ancien château de Martigny.

LES BIFTECKS D'OURS.

J'arrivai à l'hôtel de la poste à Martigny vers les quatre heures du soir.

— *Pardieu!* dis-je au maître de la maison en posant mon bâton ferré dans l'angle de la cheminée, et en ajustant mon chapeau de paille au bout de mon bâton, — il y a une rude trotte de Bex ici!

— Six petites lieues de pays, monsieur.
— Oui, qui en font douze de France à peu près Et d'ici à Chamouny?
— Neuf lieues.
— Merci. — Un guide demain à six heures du matin.
— Monsieur va à pied?
— Toujours.
Et je vis que si mes jambes gagnaient quelque chose en considération dans l'esprit de notre hôte,

— Monsieur dîne-t-il? — Tous les jours et religieusement.

c'était certainement aux dépens de ma position.
— Monsieur est artiste? continua mon hôte.
— A peu près.
— Monsieur dîne-t-il?
— Tous les jours, et religieusement.

En effet, comme les tables d'hôte sont assez chères en Suisse, et que chaque dîner coûte quatre francs, prix fait d'avance, et sur lequel on ne peut rien rabattre, j'avais longtemps, dans mes projets d'économie, essayé de rattraper quelque chose sur cet article. Enfin, après de longues méditations,

j'étais parvenu à trouver un terme moyen entre la rigidité scrupuleuse des hôteliers et le cri de ma conscience : c'était de ne me lever de table qu'après avoir mangé pour une valeur comparative de six francs; de cette manière, mon dîner ne me coûtait que quarante sous. Seulement, en me voyant acharné à l'œuvre et en m'entendant dire : *Garçon, le second service!* — l'hôte marmottait entre ses dents : Voilà un Anglais qui parle fort joliment le français.

Vous voyez que le maître de l'auberge de Martigny n'était pas doué de la science physiognomonique de son compatriote Lavater, puisqu'il osait me faire cette question au moins impertinente : — Monsieur dîne-t-il ?

Lorsqu'il eut entendu ma réponse affirmative : — Monsieur est bien tombé aujourd'hui, continua-t-il ; nous avons encore de l'ours.

— Ah ! ah ! fis-je, médiocrement flatté du rôti. — Est-ce que c'est bon votre ours ?

L'hôtelier sourit en secouant la tête avec un mouvement de haut en bas, qui pouvait se traduire ainsi : Quand vous en aurez goûté, vous ne voudrez plus manger d'autre chose.

— Très-bien, continuai-je. Et à quelle heure votre table d'hôte ?

— A cinq heures et demie.

Je tirai ma montre, il n'était que quatre heures dix minutes.

— C'est bon, dis-je à part moi, j'aurai le temps d'aller voir le vieux château.

— Monsieur veut-il quelqu'un pour le conduire et pour lui expliquer de quelle époque il est ? me dit l'hôte, répondant à mon aparté.

— Merci, je trouverai mon chemin tout seul ; quant à l'époque à laquelle remonte votre château, ce fut Pierre de Savoie, surnommé le Grand, qui, si je ne me trompe, le fit élever vers la fin du douzième siècle.

— Monsieur sait notre histoire aussi bien que nous.

Je le remerciai pour l'intention, car il était évident qu'il croyait me faire un compliment.

— Oh ! reprit-il, c'est que notre pays a été fameux autrefois ; il avait un nom latin, il a soutenu de grandes guerres, et il a servi de résidence à un empereur de Rome.

— Oui, repris-je en laissant, comme le professeur du *Bourgeois gentilhomme*, tomber négligemment la science de mes lèvres ; oui, Martigny est l'*Octodurum* des Celtes, et ses habitants actuels sont les descendants des Véragrians, dont parlent César, Pline, Strabon et Tite-Live, qui les appellent même demi-Germains. Cinquante ans environ avant Jésus-Christ, Sergius Galba, lieutenant de César, y fut assiégé par les Sédunois : l'empereur Maximien y voulut faire sacrifier son armée aux faux dieux, ce qui donna lieu au martyre de saint Maurice et de toute la légion Thébéenne ; enfin, lorsque Petronius, préfet du prétoire, fut chargé de diviser les Gaules en dix-sept provinces, il sépara le Valais de l'Italie, et fit de votre ville la capitale des Alpes Pennines, qui devaient former avec la Tarentaise la septième province viennoise. — N'est-ce pas cela, mon hôte ?

Mon hôte était stupéfait d'admiration. — Je vis que mon effet était produit ; je m'avançai vers la porte, il se rangea contre le mur, le chapeau à la main, et je passai fièrement devant lui, fredonnant aussi faux que cela m'est possible :

> Viens, gentille dame,
> Viens, je t'attends !...

Je n'avais pas descendu dix marches, que j'entendis mon homme crier à tue-tête au garçon :

— Préparez, pour monseigneur, le n° 3. — C'était la chambre où avait couché Marie-Louise lorsqu'elle passa à Martigny en 1829.

Ainsi, mon pédantisme avait porté le fruit que j'en espérais. Il m'avait valu le meilleur lit de l'auberge, et, depuis que j'avais quitté Genève, les lits faisaient ma désolation.

C'est qu'il faut vous dire que les lits suisses sont composés purement et simplement d'une paillasse et d'un sommier sur lequel on étend, en la décorant du titre de drap, une espèce de nappe, si courte qu'elle ne peut ni se replier à l'extrémité inférieure, sous le matelas, ni se rouler à l'extrémité supérieure autour du traversin, de sorte que les pieds ou la tête en peuvent jouir alternativement, il est vrai, mais jamais tous deux à la fois. Ajoutez à cela que, de tous côtés, le crin sort roide et serré à travers la toile, ce qui produit sur la peau du voyageur le même effet à peu près que s'il était couché sur une immense brosse à tête.

C'est donc bercé par l'espérance d'une bonne nuit, que je fis dans la ville et dans les environs une tournée d'une heure et demie, espace de temps suffisant pour voir tout ce qu'offre de remarquable l'ancienne capitale des Alpes Pennines.

Lorsque je rentrai, les voyageurs étaient à table : je jetai un coup d'œil rapide et inquiet sur les convives ; toutes les chaises se touchaient et toutes étaient occupées, je n'avais pas de place !...

Un frisson me courut par tout le corps, je me retournai pour chercher mon hôte. Il était derrière moi. Je trouvai à sa figure une expression méphistophélique. — Il souriait.

— Et moi, lui dis-je, et moi, malheureux !...

— Tenez, me dit-il en m'indiquant du doigt une petite table à part ; — tenez, voici votre place, un homme comme vous ne doit pas manger avec tous ces gens-là.

— Oh ! le digne Octodurois ! — et je l'avais soupçonné !...

C'est qu'elle était merveilleusement servie, ma petite table ! — Quatre plats formaient le premier service, et, au milieu, était un bifteck d'une mine à faire honte à un bifteck anglais !... Mon hôte vit qu'il absorbait mon attention. Il se pencha mystérieusement à mon oreille :

— Il n'y en aura pas de pareil pour tout le monde, me dit-il.

— Qu'est-ce donc que ce bifteck ?

— Du filet d'ours ! rien que cela !

J'aurais autant aimé qu'il me laissât croire que c'était du filet de bœuf.

Je regardais machinalement ce mets si vanté, qui me rappelait ces malheureuses bêtes, que, tout petit, j'avais vues, rugissantes et crottées, avec une chaîne au nez et un homme au bout de la chaîne, danser lourdement, à cheval sur un bâton, comme l'enfant de Virgile ; j'entendais le bruit mat du tambour sur lequel l'homme frappait, le son aigu du flageolet dans lequel il soufflait ; et tout cela ne me donnait pas, pour la chair tant vantée que j'avais devant les yeux, une sympathie bien dévorante.

J'avais pris le bifteck sur mon assiette, et j'avais senti, à la manière triomphante dont ma fourchette s'y était plantée, qu'il possédait au moins cette qualité qui devait rendre les moutons de mademoiselle Scudéry si malheureux. Cependant j'hésitais toujours, le tournant et retournant sur ses deux faces rissolées, lorsque mon hôte, qui me regardait sans rien comprendre à mon hésitation, me détermina par un dernier : *Goûtez-moi cela, et vous m'en direz des nouvelles.*

En effet, j'en coupai un morceau gros comme une olive, je l'imprégnai d'autant de beurre qu'il était capable d'en éponger, et, en écartant mes lèvres, je le portai à mes dents plutôt par mauvaise honte que dans l'espoir de vaincre ma répugnance. Mon hôte, debout derrière moi, suivait tous mes mouvements, avec l'impatience bienveillante d'un homme qui se fait un bonheur de la surprise que l'on va éprouver. La mienne fut grande, je l'avoue. Cependant, je n'osai tout à coup manifester mon opinion, je craignais de m'être trompé ; je recoupai silencieusement un second morceau d'un volume double à peu près du premier, je lui fis prendre la même route avec les mêmes précautions, et, quand il fut avalé :

— Comment! c'est de l'ours? dis-je.

— De l'ours.

— Vraiment ?

— Parole d'honneur.

— Eh bien! c'est excellent.

Au même instant, on appela à la grande table mon digne hôte, qui, rassuré par la certitude que j'avais fait honneur à son mets favori, me laissa en tête à tête avec mon bifteck. — Les trois quarts avaient déjà disparu lorsqu'il revint, et, reprenant la conversation où il l'avait interrompue :

— C'est, me dit-il, que l'animal auquel vous avez affaire était une fameuse bête. — J'approuvai d'un signe de tête.

— Pesant trois cent vingt.

— Beau poids! — Je ne perdais pas un coup de dent.

— Qu'on n'a pas eu sans peine, je vous en réponds.

— Je crois bien ! — Je portai mon dernier morceau à ma bouche.

— Ce gaillard-là a mangé la moitié du chasseur qui l'a tué.

Le morceau me sortit de la bouche comme repoussé par un ressort.

— Que le diable vous emporte, dis-je en me retournant de son côté, de faire de pareilles plaisanteries à un homme qui dîne !...

— Je ne plaisante pas, monsieur, c'est vrai comme je vous le dis.

Je sentais mon estomac se retourner.

— C'était, continua mon hôte, un pauvre paysan du village de Fouly, nommé Guillaume Mona. L'ours, dont il ne reste plus que ce petit morceau que vous avez là sur votre assiette, venait toutes les nuits voler ses poires, car à ces bêtes tout est bon. Cependant il s'adressait de préférence à un poirier chargé de crassanes. Qui est-ce qui se douterait qu'un animal comme ça a les goûts de l'homme, et qu'il ira choisir dans un verger justement les poires fondantes? Or, le paysan de Fouly préférait aussi, par malheur, les crassanes à tous les autres fruits. Il crut d'abord que c'étaient des enfants qui venaient faire du dégât dans son clos ; il prit, en conséquence, son fusil, le chargea avec du gros sel de cuisine et se mit à l'affût. Vers les onze heures, un rugissement retentit dans la montagne. — Tiens, dit-il, il y a un ours dans les environs. Dix minutes après un second rugissement se fit entendre, mais si puissant, si rapproché, que Guillaume pensa qu'il n'aurait pas le temps de gagner sa maison, et se jeta à plat ventre contre terre, n'ayant plus qu'une espérance, que c'était pour ses poires et non pour lui que l'ours venait. Effectivement, l'animal parut presque aussitôt au coin du verger, s'avança en droite ligne vers le poirier en question, passa à dix pas de Guillaume, monta lestement sur l'arbre dont les branches craquaient sous le poids de son corps, et se mit à y faire une consommation telle qu'il était évident que deux visites pareilles rendraient la la troisième inutile. Lorsqu'il fut rassasié, l'ours descendit lentement, comme s'il avait du regret d'en laisser, repassa près de notre chasseur, à qui le fusil chargé de sel ne pouvait pas être, dans cette circonstance, d'une grande utilité, et se retira tranquillement dans la montagne. Tout cela avait duré une heure à peu près, pendant laquelle le temps avait paru plus long à l'homme qu'à l'ours.

Cependant, l'homme était un brave... et il avait dit tout bas en voyant l'ours s'en aller : — C'est bon, va-t'en ; mais ça ne se passera pas comme ça ; nous nous reverrons. Le lendemain, un de ses voisins, qui le vint visiter, le trouva occupé à scier en lingots les dents d'une fourche. — Qu'est-ce que tu fais donc là? lui dit-il. — Je m'amuse, répondit Guillaume.

Le voisin prit les morceaux de fer, les tourna et

— Tiens ! je te laisserai la peau à toi tout seul.

les retourna dans sa main en homme qui s'y connaît, et après avoir réfléchi un instant :

— Tiens, Guillaume, dit-il, si tu veux être franc, tu avoueras que ces petits chiffons de fer sont destinés à percer une peau plus dure que celle d'un chamois.

— Peut-être, répondit Guillaume.

— Tu sais que je suis bon enfant, reprit François. — C'était le nom du voisin. — Eh bien ! si tu veux, à nous deux l'ours ; deux hommes valent mieux qu'un.

— C'est selon, dit Guillaume ; et il continua de scier son troisième lingot.

— Tiens, continua François, je te laisserai la peau à toi tout seul, et nous ne partagerons que la prime (1) et la chair.

— J'aime mieux tout, dit Guillaume.

— Mais tu ne peux pas m'empêcher de chercher la trace de l'ours dans la montagne, et, si je la

(1) Le gouvernement accorde une prime de quatre-vingts francs pour chaque ours tué.

La monstrueuse bête foulait aux pieds le corps de Guillaume et le déchirait par lambeaux. — PAGE 58.

trouve, de me mettre à l'affût sur son passage.

— Tu es libre. — Et Guillaume, qui avait achevé de scier ses trois lingots, se mit, en sifflant, à me surer une charge de poudre double de celle que l'on met ordinairement dans une carabine.

— Il paraît que tu prendras ton fusil de munition, dit François.

— Un peu! trois lingots de fer sont plus sûrs qu'une balle de plomb.

— Cela gâte la peau.

— Cela tue plus roide.

— Et quand comptes-tu faire ta chasse?

— Je te dirai cela demain.

— Une dernière fois, tu ne veux pas?

— Non.

— Je te préviens que je vais chercher la trace.

— Bien du plaisir.

— A nous deux, dis?

— Chacun pour soi.

— Adieu, Guillaume!

— Bonne chance, voisin!

Et le voisin, en s'en allant, vit Guillaume mettre

sa double charge de poudre dans son fusil de munition, y glisser ses trois lingots et poser l'arme dans un coin de sa boutique. Le soir, en repassant devant la maison, il aperçut, sur le banc qui était près de la porte, Guillaume assis et fumant tranquillement sa pipe. Il vint à lui de nouveau.

— Tiens, lui dit-il, je n'ai pas de rancune. J'ai trouvé la trace de notre bête; ainsi, je n'ai plus besoin de toi. Cependant, je viens te proposer encore une fois de faire à nous deux.

— Chacun pour soi, dit Guillaume.

C'est le voisin qui m'a raconté cela avant hier, continua mon hôte, et il me disait : — Concevez-vous, capitaine, — car je suis capitaine dans la milice, — concevez-vous ce pauvre Guillaume? Je le vois encore sur son banc, devant sa maison, les bras croisés, fumant sa pipe, comme je vous vois. Et quand je pense, enfin!...

— Après? dis-je intéressé vivement par ce récit qui réveillait toutes mes sympathies de chasseur.

— Après, continua mon hôte, le voisin ne peut rien dire de ce que fit Guillaume dans la soirée.

A dix heures et demie, sa femme le vit prendre son fusil, rouler un sac de toile grise sous son bras et sortir. Elle n'osa lui demander où il allait; car Guillaume n'était pas homme à rendre des comptes à une femme.

François, de son côté, avait véritablement trouvé la trace de l'ours; il l'avait suivie jusqu'au moment où elle s'enfonçait dans le verger de Guillaume, et, n'ayant pas le droit de se mettre à l'affût sur les terres de son voisin, il se plaça entre la forêt de sapins qui est à mi-côte de la montagne et le jardin de Guillaume.

Comme la nuit était assez claire, il vit sortir celui-ci par sa porte de derrière. Guillaume s'avança jusqu'au pied d'un rocher grisâtre qui avait roulé de la montagne jusqu'au milieu de son clos, et qui se trouvait à vingt pas tout au plus du poirier, s'y arrêta, regarda autour de lui si personne ne l'épiait, déroula son sac, entra dedans, ne laissant sortir par l'ouverture que sa tête et ses deux bras, et, s'appuyant contre le roc, se confondit bientôt tellement avec la pierre, par la couleur de son sac et l'immobilité de sa personne, que le voisin, qui savait qu'il était là, ne pouvait pas même le distinguer. Un quart d'heure se passa ainsi dans l'attente de l'ours. Enfin un rugissement prolongé l'annonça Cinq minutes après François l'aperçut.

Mais, soit par ruse, soit qu'il eût éventé le second chasseur, il ne suivait pas sa route habituelle; il avait, au contraire, décrit un circuit, et, au lieu d'arriver à la gauche de Guillaume, comme il avait fait la veille, cette fois il passait à sa droite, hors de la portée de l'arme de François, mais à dix pas tout au plus du bout du fusil de Guillaume.

Guillaume ne bougea pas. On aurait pu croire qu'il ne voyait pas même la bête sauvage qu'il était

venu guetter, et qui semblait le braver en passant si près de lui. L'ours, qui avait le vent mauvais, parut, de son côté, ignorer la présence d'un ennemi, et continua lestement son chemin vers l'arbre. Mais au moment où, se dressant sur ses pattes de derrière, il embrassa le tronc de ses pattes de devant, présentant à découvert sa poitrine que ses épaisses épaules ne protégeaient plus, un sillon rapide de lumière brilla tout à coup contre le rocher, et la vallée entière retentit du coup de fusil chargé à double charge; et du rugissement que poussa l'animal mortellement blessé.

Il n'y eut peut-être pas une seule personne dans tout le village qui n'entendît le coup de fusil de Guillaume et le rugissement de l'ours.

L'ours s'enfuit, repassant, sans l'apercevoir, à dix pas de Guillaume, qui avait rentré ses bras et sa tête dans son sac, qui se confondait de nouveau avec le rocher.

Le voisin regardait cette scène, appuyé sur ses genoux et sur sa main gauche, serrant sa carabine de la main droite, pâle et retenant son haleine. — Pourtant c'est un crâne chasseur. Eh bien! il m'a avoué que, dans ce moment-là, il aurait autant aimé être dans son lit qu'à l'affût.

Ce fut bien pis quand il vit l'ours blessé, après avoir fait un circuit, chercher à reprendre sa trace de la veille, qui le conduisait droit à lui. Il fit un signe de croix, car ils sont pieux, nos chasseurs, recommanda son âme à Dieu, et s'assura que sa carabine était armée. L'ours n'était plus qu'à cinquante pas de lui, rugissant de douleur, s'arrêtant pour se rouler et se mordre le flanc à l'endroit de sa blessure, puis reprenant sa course.

Il approchait toujours. Il n'était plus qu'à trente pas. Deux secondes encore, et il venait se heurter contre le canon de la carabine du voisin, lorsqu'il s'arrêta tout à coup, aspira bruyamment le vent qui venait du côté du village, poussa un rugissement terrible, et rentra dans le verger.

— Prends garde à toi, Guillaume, prends garde! s'écria François en s'élançant à la poursuite de l'ours et oubliant tout pour ne penser qu'à son ami; car il vit bien que, si Guillaume n'avait pas eu le temps de recharger son fusil, il était perdu; l'ours l'avait éventé.

Il n'avait pas fait dix pas qu'il entendit un cri. Celui-là, c'était un cri humain, un cri de terreur et d'agonie tout à la fois; un cri dans lequel celui qui le poussait avait rassemblé toutes les forces de sa poitrine, toutes ses prières à Dieu, toutes ses demandes de secours aux hommes : — A moi!!!...

Puis rien, pas même une plainte, ne succéda au cri de Guillaume.

François ne courait pas, il volait; la pente du terrain précipitait sa course. Au fur et à mesure qu'il approchait, il distinguait plus clairement la monstrueuse bête qui se mouvait dans l'ombre, foulant aux pieds le corps de Guillaume et le déchirant par lambeaux.

François était à quatre pas d'eux, et l'ours était si acharné à sa proie, qu'il n'avait pas paru l'apercevoir. Il n'osait tirer de peur de tuer Guillaume, s'il n'était pas mort; car il tremblait tellement, qu'il n'était plus sûr de son coup. Il ramassa une pierre et la jeta à l'ours.

L'animal se retourna furieux contre son nouvel ennemi; ils étaient si près l'un de l'autre, que l'ours se dressa sur ses pattes de derrière pour l'étouffer; François le sentit bourrer avec son poitrail le canon de sa carabine. Machinalement il appuya le doigt sur la gachette, le coup partit.

L'ours tomba à la renverse, la balle lui avait traversé la poitrine et brisé la colonne vertébrale.

François le laissa se traîner en hurlant sur ses pattes de devant et courut à Guillaume. Ce n'était plus un homme, ce n'était plus même un cadavre. C'était des os et de la chair meurtrie, la tête avait été dévorée presque entièrement.

Alors, comme il vit, au mouvement des lumières qui passaient derrière les croisées, que plusieurs habitants du village étaient réveillés, il appela, à plusieurs reprises, désignant l'endroit où il était. Quelques paysans accoururent avec des armes, car ils avaient entendu les cris et les coups de feu. Bientôt tout le village fut assemblé dans le verger de Guillaume.

Sa femme vint avec les autres. Ce fut une scène horrible. Tous ceux qui étaient là pleuraient comme des enfants.

On fit pour elle, dans toute la vallée du Rhône, une quête qui rapporta sept cents francs. François lui abandonna sa prime, fit vendre à son profit la peau et la chair de l'ours. Enfin chacun s'empressa de l'aider et de la secourir. Tous les aubergistes ont même consenti à ouvrir une liste de souscription, et si monsieur veut y mettre son nom...

— Je crois bien! donnez vite.

Je venais d'écrire mon nom et d'y joindre mon offrande lorsqu'un gros gaillard blond, de moyenne taille, entra : c'était le guide qui devait me conduire le lendemain à Chamouny, et qui venait me demander l'heure du départ et le mode du voyage. Ma réponse fut aussi courte que précise.

— A cinq heures du matin et à pied.

Le col de Balme.

LE COL DE BALME.

Mon guide fut exact comme une horloge à réveil A cinq heures et demie, nous traversions le bourg de Martigny, où je ne vis rien de remarquable que trois ou quatre crétins, qui, assis devant la porte de la maison paternelle, végétaient stupidement au soleil levant. En sortant du village, nous traversâmes la Drance, qui descend du mont Saint-Bernard par le val d'Entremont, et va se jeter dans le Rhône, entre Martigny et la Batia. Presque aussitôt nous quittâmes la route, et nous prîmes un sentier qui s'enfonçait dans la vallée en s'appuyant à droite sur le versant oriental de la montagne.

Lorsque nous eûmes fait une demi-lieue à peu près, mon guide m'invita à me retourner et à remarquer le paysage qui se déroulait sous nos yeux.

Je compris alors, à la première vue, quelle im-

Nous arrivâmes à l'entrée d'un bois de sapins où j'avais vu se perdre la route. — Page 62

portance politique César devait attacher à la possession de Martigny, ou, pour me servir du nom qu'il lui donne dans ses commentaires, d'Octodure. Placée comme elle l'est, cette ville devait devenir le centre de ses opérations sur l'Helvétie, par la vallée de Tarnade; sur les Gaules, par le chemin que nous suivions et qui mène à la Savoie; enfin sur l'Italie, par l'*Ostiolum Montis Jovis*, aujourd'hui le Grand-Saint-Bernard, où il avait fait tracer une voie romaine qui allait de Milan à Mayence.

Nous nous trouvions au centre de ces quatre chemins, et nous pouvions les voir fuir chacun de leur côté, en les suivant plus ou moins longtemps des

yeux, selon que nous le permettaient les accidents fantasques de la grande chaîne des Alpes au milieu de laquelle nous voyagions.

Le premier objet qui attirait la vue comme point central de ce vaste tableau était d'abord cette vieille ville de Martigny, où vivaient, du temps d'Annibal, ces demi-Germains dont parlent César, Strabon, Tite-Live et Pline, et qui dut à l'avantage de sa position topographique le terrible honneur de voir passer au milieu de ses murs les armées de ces trois colosses du monde moderne : César, Karl le Grand, Napoléon.

L'œil ne se détache de Martigny que pour suivre

le chemin du Simplon, qui, s'enfonçant hardiment dans la vallée du Rhône, suit, de Martigny à Riddes, une ligne, si droite qu'il semble une corde tendue, dont les clochers de ces deux villes font les deux piquets. A sa gauche, le Rhône, encore enfant, serpente au fond de la vallée, onduleux et brillant comme le ruban argenté qui flotte à la ceinture d'une jeune fille, tandis qu'au-dessus de lui s'élève de chaque côté cette double chaîne d'Alpes qui s'ouvre au col de Ferret, s'élargit pour enfermer le Valais dans toute sa longueur, et qui va se joindre à cinquante lieues plus loin, à l'endroit où la Furca, point intermédiaire entre ces deux rameaux granitiques, réunit à sa droite et à sa gauche les larges bases du Gallenstock et du Mutthorn.

En ramenant la vue de l'horizon à la place que nous occupions, nous apercevions à gauche, mais pour le perdre aussitôt derrière le vieux château de Martigny, le chemin qui conduit à Genève par la vallée de Saint-Maurice ; à droite, visible pendant l'espace d'une lieue à peu près, côtoyant la Drance, torrent bruyant et caillouteux, qu'elle enjambe de temps en temps pour passer capricieusement d'un côté de la rive à l'autre, la route du Grand Saint-Bernard, et à laquelle succède, en sortant de Saint-Pierre, un sentier qui mène à l'hospice. Enfin, derrière nous, et en nous remettant en marche, nous trouvions le chemin escarpé et rapide que nous gravissions, et que semble au premier abord dominer sans solution de continuité le sombre pic de la Tête-Noire, tandis que, arrivé au haut de la Forclas, convaincu qu'il va falloir escalader immédiatement cette espèce de Pélion entassé sur Ossa, vous vous arrêtez étonné qu'une distance de deux lieues sépare ces deux sommités qui semblaient se toucher d'abord, et entre lesquelles s'ouvre inopinément une vallée dont vous ne pouviez pas même soupçonner l'existence.

Quelque habitué que je fusse déjà à ne me faire, au milieu de ces masses colossales, aucune idée des distances d'après le témoignage de mes yeux, je n'en fus pas moins étonné en découvrant tout à coup à mes pieds, et comme si le sol se dérobait à leurs pas, cette ride profonde de la terre. Immédiatement au-dessous de moi, à deux mille pieds de profondeur, je voyais se tordre et reluire, mince comme un de ces fils que le vent emporte à la fin de l'été, le torrent qui, s'échappant du beau glacier de Trient, serpente capricieusement dans toute la longueur de la vallée, et va fendre une montagne, de sa cime à sa base, pour se jeter et se perdre dans le Rhône entre la Verrerie et Vernaya. Quelques maisons éparses sur ses bords, couvertes de leurs toits gris, semblaient de gros scarabées se promenant lourdement dans la plaine, tandis que les extrémités opposées de cette espèce de village s'échappaient, à peine visibles à l'œil nu, les deux chemins qui conduisent indifféremment à Chamouny, l'un par la Tête-Noire

et l'autre par le col de Balme. C'était ce dernier que nous devions prendre.

Nous descendîmes dans la vallée. Mon guide me conseilla de faire halte à une petite baraque oubliée par le village au bord du chemin et pompeusement décorée du nom d'auberge. Ce repos était nécessaire, me dit-il, pour nous préparer à faire les deux autres tiers de la route, la seule maison que nous devions rencontrer après celle-là étant distante de trois lieues et située dans l'échancrure même du col de Balme. Ce que je compris de plus clair dans tout cela, c'est qu'il avait soif.

On nous donna, au prix du bordeaux, une bouteille de vin du cru, avec lequel un Parisien n'aurait pas voulu assaisonner une salade, et que mon Valaisan vida voluptueusement jusqu'à la dernière goutte. Heureusement je trouvai ce que l'on trouve partout en Suisse, une tasse d'excellent lait, dans laquelle je versai quelques gouttes de kirchenwasser. C'était un assez pauvre déjeuner pour un homme auquel il restait encore six lieues de pays à faire. Mon guide, qui s'aperçut de ma préoccupation et qui en devina la cause, en me voyant piteusement tremper dans ce mélange acidulé une croûte de pain dure et grise comme de la pierre ponce, me rendit un peu de courage en m'assurant qu'à l'auberge du Col de Balme nous trouverions à manger quelque chose de plus restaurant. Je priai Dieu de l'entendre, et nous nous remîmes en route.

Après une demi-heure de marche, nous arrivâmes à l'entrée d'un bois de sapins où j'avais vu se perdre la route. Mon guide ne m'avait pas trompé ! là devait commencer la véritable fatigue. Cependant j'aurai tant à parler dans la suite de passages escarpés et dangereux, que je ne cite celui-ci que pour mémoire.

Nous commençâmes à côtoyer la pente rapide du col, ayant à notre droite un précipice de cinq à six cents pieds de profondeur, et au delà de ce précipice une montagne à pic que les gens du pays appellent l'Aiguille d'Illiers, et qui venait d'acquérir une célébrité récente par la chute mortelle qu'y avait faite en 1831 un Anglais qui avait voulu parvenir à son sommet. Mon guide me fit voir, aux deux tiers de la hauteur de l'Aiguille, l'endroit où le pied avait manqué à ce malheureux, l'espace effrayant qu'il avait parcouru, bondissant de rocher en rocher comme une avalanche vivante ; puis enfin, au fond du précipice, la place où il s'était arrêté, masse de chair informe et hideuse à laquelle il ne restait aucune apparence humaine.

Ces sortes d'histoires, peu gracieuses par elles-mêmes, le sont encore moins racontées sur le terrain où elles sont arrivées ; il est peu réconfortant pour un voyageur, si flegmatique qu'il soit, d'apprendre qu'à l'endroit même où il est le pied glissa à un autre, et que cet autre s'est tué. Au reste, les guides ne sont guère avares de tels récits ; c'est un avis indirect qu'ils donnent aux voyageurs de ne point se hasarder sans eux.

Cependant, là où cet Anglais s'était tué, un pâtre, suivi de son troupeau de chèvres, courait à toutes jambes, sautant de rocher en rocher, ébranlant à chaque bond quelque pierre qui, dans sa chute, en entraînait d'autres. Celles-ci détachaient en roulant de petits rochers qui à leur tour en déracinaient de plus gros; enfin toute cette avalanche descendait avec une vitesse croissante sur le talus de la montagne, cliquetant comme la grêle sur un toit; puis, après un intervalle de silence, elle allait se précipiter avec un bruit sourd dans l'eau qui coulait au fond du ravin coupé à pic qui séparait les deux montagnes. Il nous accompagna ainsi sur le versant opposé à celui que nous suivions, redoublant d'adresse et de vélocité pendant l'espace d'une demi-lieue, sans autre motif apparent que celui de prolonger le plaisir qu'il voyait bien que me donnaient son adresse et sa témérité montagnarde.

Depuis quelque temps l'air se rafraîchissait; nous montions toujours, et déjà nous étions arrivés à sept mille pieds à peu près au-dessus du niveau de la mer; çà et là de grandes plaques de neige annonçaient que nous approchions des régions glacées où elle ne fond plus. Nous avions laissé au-dessous de nous, dans la montée du bois Magnen, les hêtres et les sapins; les pâturages seuls poussaient à l'endroit où nous étions parvenus. Une bise froide passait de temps en temps, et glaçait tout à coup sur mon front la sueur que la fatigue y rappelait bientôt. Ce fut avec une véritable joie que j'appris de mon guide que nous allions apercevoir l'auberge du Col de Balme; quelques minutes après je vis effectivement, au milieu de l'échancrure de la montagne qui sépare la vallée de Chamouny de celle du Trient, poindre, en se découpant sur un ciel bleu, le toit rouge de cette bienheureuse maison, puis ses murailles blanches, qui semblaient sortir de terre au fur et à mesure que nous montions; enfin les degrés de sa porte, sur lesquels était assis un chien roux, qui vint gracieusement vers nous les yeux brillants et la queue flamboyante pour nous inviter à venir nous reposer chez son maître. — Merci, mon chien, merci! nous y allons.

J'étais si pressé de trouver du feu et une chaise, que je me précipitai dans l'auberge sans prendre le temps de jeter un regard sur cette fameuse vallée de Chamouny, qui, du seuil de la porte, se déroulait à la vue dans toute son étendue et toute sa beauté.

Lorsque le froid et la faim, ces deux grands ennemis du voyageur, furent un peu calmés, la curiosité reprit le dessus. Je me fis conduire les yeux fermés, par mon guide, à l'endroit le plus favorable pour embrasser d'un coup d'œil la double chaîne des Alpes, et bientôt je me trouvai placé sur un point assez élevé pour ne rien perdre de son étendue. Alors j'ouvris les yeux, et, comme si une toile se le-

vait sur une magnifique décoration, je saisis, avec un plaisir mêlé d'effroi de me voir si petit au milieu de si grandes choses, tout l'ensemble de cet immense panorama, dont les dômes neigeux, dominant la riche végétation de la vallée, semblent le palais d'été du dieu de l'hiver.

En effet, aussi loin que la vue pouvait s'étendre, ce n'étaient que pics décharnés, à chacun desquels pendaient, comme la queue traînante d'un manteau, les scintillantes ondulations d'une mer de glace. C'était à qui s'élancerait le plus près du ciel, de l'Aiguille du Tour, de l'Aiguille Verte ou du Pic du Géant; c'était à qui descendrait le plus menaçant dans la vallée, des glaciers d'Argentières, des Bossons ou de Taconnay. Puis à l'horizon, qu'il ferme comme s'il était la dernière sommité de cette chaîne que sa masse nous dérobe et qui fuit vers les Pyrénées, dominant pics et aiguilles, couché comme un ours blanc sur les glaçons d'une mer polaire, le frère du Chimboraço et de l'Immaüs, le roi des montagnes de l'Europe, le mont Blanc, cette dernière marche de l'escalier de la terre à l'aide duquel l'homme se rapproche du ciel.

Je restai une heure anéanti dans la contemplation de ce tableau, sans m'apercevoir qu'il faisait quatre degrés de froid.

Quant à mon guide, qui avait vu cent fois déjà ce splendide spectacle, il courait, pour se réchauffer, à quatre pattes avec le chien, et le faisait aboyer en lui tirant la queue.

Enfin, il vint à moi pour me faire part d'une idée dont il venait d'être frappé:

— Si monsieur veut coucher ici, me dit-il avec l'accent d'un homme qui ne serait pas fâché de doubler son bénéfice en dédoublant ses journées, monsieur trouvera un bon souper et un bon lit.

Le maladroit! s'il m'eût laissé tranquille, ce souper et ce lit, j'aurais bien été obligé de les prendre, et Dieu sait quel repas et quel sommeil l'un et l'autre me promettaient.

Je me levai tout effrayé à l'idée du danger que j'avais couru. — Non, non, lui dis-je, partons.

— C'est que nous ne sommes qu'à moitié chemin tout juste de Martigny à Chamouny.

— Je ne suis pas fatigué.

— C'est qu'il est quatre heures.

— Trois heures et demie.

— C'est que nous avons encore près de cinq lieues à faire et trois heures de jour seulement.

— Nous ferons les deux dernières lieues de nuit.

— C'est que vous perdrez un beau paysage.

— Je gagnerai un bon lit et un bon souper. Allons, en route.

Mon guide, qui avait épuisé ses meilleures raisons, me tint quitte des autres et se remit en marche en soupirant. Nous partîmes.

Toutes les choses que je vis, tant que le jour me permit de distinguer les objets, ne furent plus que

— Merci, mon chien, merci! Nous y allons. — Page 63.

des détails du grand tableau dont l'ensemble m'a-
vait tant frappé, détails merveilleux pour qui les
voit, mais fatigants, je crois, pour ceux à qui on es-
sayerait de les peindre.

Il était nuit noire lorsque nous arrivâmes à Chamouny. Nous avions fait neuf lieues du pays, qui,
sans exagération, en valent bien douze ou quatorze
de France : c'était une bonne journée.

Aussi je ne m'occupai que de trois choses, que je
recommande à tous ceux qui feront la route que je
venais de parcourir : la première, de prendre un

bain; la seconde, de souper; la troisième, de faire
remettre à son adresse une lettre contenant une invitation à dîner pour le lendemain, et cette suscrip-
tion : — *A monsieur Jacques Balmat, dit Mont-
Blanc.*

Puis je me couchai.

Maintenant, je vais vous dire en deux mots et de
mon lit, si toutefois sa célébrité n'est point arrivée
jusqu'à vous, ce que c'est que M. Jacques Balmat,
dit Mont-Blanc.

C'est le Christophe Colomb de Chamouny.

Le pic du Géant.

JACQUES BALMAT, DIT MONT-BLANC.

I y a deux choses consacrées que le voyageur qui passe à Chamouny ne peut se dispenser de voir : c'est la Croix de Flegère et la Mer de glace. Ces deux merveilles sont placées en face l'une de l'autre, à droite et à gauche de Chamouny; on ne parvient à chacune de ces sommités qu'en gravissant la base de l'une ou l'autre des deux chaînes de montagnes au milieu desquelles est situé le village; et, arrivé au bout de l'ascension, on domine la vallée à la hauteur de quatre mille cinq cents pieds à peu près.

La Mer de glace, qu'alimente le sommet neigeux du mont Blanc, descend entre l'aiguille des Charmoz et le pic du Géant, et s'avance jusqu'au milieu de la vallée. Là, après avoir rempli, comme un serpent immense, l'intervalle qui sépare ces deux montagnes entre lesquelles elle rampe, elle ouvre sa gueule verdâtre, de laquelle sort en bouillonnant à grand bruit le torrent glacé de l'Arveyron. L'ascension qui conduit le voyageur sur sa croupe immense se fait donc, comme on le voit, au flanc même du mont Blanc, dont on ne peut plus embrasser du regard la masse colossale, par cela même qu'on le touche.

La Croix de Flegère est au contraire placée au versant de la chaîne de montagnes opposée à celle du mont Blanc. Aussi, au fur et à mesure qu'on s'élève, on croirait, si ce n'était la fatigue, que c'est le colosse que l'on a en face de soi qui s'abaisse graduellement et avec la complaisance d'un éléphant qui se couche à l'ordre de son cornac pour se faire voir de lui-même. Enfin, arrivé au plateau où se trouve la croix, le voyageur découvre devant lui, et aussi distinctement que si quelques centaines de pas seulement l'en séparaient, tous les accidents de glaces, de neiges, de rochers et de forêts, que la nature capricieuse ou tourmentée des montagnes peut accumuler dans son désordre ou sa fantaisie.

La première ascension que l'on fait est ordinairement celle de la Croix de Flegère. Voilà du moins ce que me dit le guide que m'envoya le syndic, car à Chamouny les guides sont soumis à un syndicat qui règle leurs tours de service ; de cette manière, aucun d'eux ne fait fortune aux dépens de ses confrères en intriguant auprès des voyageurs. Comme je n'avais aucune prédilection particulière pour la Mer de glace, je remis au lendemain la visite que je comptais lui faire, et nous partîmes.

Le chemin de la Croix de Flegère est assez facile : il y a bien par-ci par-là quelque passage escarpé, quelque précipice à pic, quelque pente rapide ; mais, quoique je ne sois pas un montagnard bien habile, comme on le verra en temps et lieu, je m'en tirai à mon honneur. Quant à la distance à parcourir, c'était une promenade en comparaison des courses que j'avais faites, et trois heures de marche nous suffirent pour atteindre le plateau. Arrivé à son sommet, on découvre de face le même tableau qu'on a vu la veille de profil en arrivant par le col de Balme, qui lui-même sert alors de point de départ pour la vue dans le vaste panorama qu'elle a à parcourir.

J'ai déjà parlé de la difficulté de calculer les distances dans les montagnes et des illusions d'optique qui résultent de la proportion exagérée des objets que l'on a sous les yeux. De la Croix de Flegère nous apercevions, comme si une heure de chemin seulement nous en séparait, la petite maison blanche au toit rouge qui s'élève dans l'échancrure du col de Balme, et qui cependant est éloignée de quatre lieues à peu près, distance à laquelle il serait impossible de la distinguer dans nos plaines. La première aiguille et le premier glacier qu'on aperçoit, en commençant l'inventaire des sommités que

l'on a devant soi, sont le glacier et l'aiguille du Tour. L'aiguille du Tour s'élève de sept ou huit mille pieds au-dessus du niveau de la mer.

Viennent immédiatement après le glacier d'Argentières et l'aiguille du même nom, qui s'élance, noire et aiguë, à la hauteur de douze mille quatre-vingt-dix pieds ; puis l'aiguille Verte, dont la tête, toute couverte de neige, semble le géant de la ballade qui arrête les aigles dans leur vol et heurte les nuages de son front. Elle dépasse de six cents pieds la tête de sa sœur, l'aiguille d'Argentières.

Après elle et en face de vous, s'appuyant au pied de l'aiguille rougeâtre du Dru et aux flancs du Montanvert, la Mer de glace déroule son vaste tapis, dont les ondulations solides, à peine visibles de la place où l'on se trouve, deviennent de petites montagnes quand on les mesure de leur base.

Les cinq aiguilles qui se succèdent sont celles des Charmoz, du Grepont, de la Bletière, du Midi et du mont Maudit. La plus petite a neuf mille pieds.

Puis enfin vient la sommité la plus élevée du mont Blanc, haute, selon *Andry de Gy*, de quatorze mille huit cent quatre-vingt-douze ; selon Tralles, de quatorze mille sept cent quatre-vingt-treize, et, selon Saussure, de quatorze mille six cent soixante-seize pieds, et de laquelle pendent, jusque dans la vallée, les glaciers des Bossons et de Taconnay.

Lorsque j'eus contemplé à loisir cet immense tableau, nous redescendîmes vers Chamouny ; au milieu du chemin à peu près, je m'aperçus que j'avais perdu ma montre. Je voulus retourner sur mes pas, mais mon guide déclara que c'était son affaire, rien ne devant se perdre dans la vallée de Chamouny. Je m'établis sur un plateau, d'où la vue était presque aussi belle que celle de la Croix de Flegère, et j'attendis patiemment son retour : au bout d'une demi-heure, je le vis sortir, joyeux et triomphant, d'un bois de sapins que nous venions de traverser. Il avait retrouvé la montre et me la montrait en l'agitant au bout de sa chaîne : il était certes plus content que moi. Je lui offris une récompense, qu'il refusa. Cet incident nous fit perdre une quarantaine de minutes, et ce ne fut que vers les quatre heures que nous fûmes de retour au village. En approchant de l'hôtel, j'aperçus sur le banc placé devant la porte un vieillard de soixante-dix ans à peu près, qui se leva et vint à ma rencontre sur un signe que lui fit le garçon d'auberge qui causait avec lui. Je devinai que c'était mon convive, et j'allai au-devant de lui en lui tendant la main.

Je ne m'étais pas trompé : c'était Jacques Balmat, ce guide intrépide qui, au milieu de mille dangers, atteignant le premier la sommité la plus élevée du mont Blanc, avait frayé le chemin à de Saussure. Le courage avait précédé la science.

Je le remerciai de m'avoir fait l'honneur d'accepter mon invitation. Le brave homme crut que je me moquais de lui, il ne comprenait pas qu'il fût pour moi un être tout aussi extraordinaire que Colomb, qui trouva un monde ignoré, ou que Vasco, qui retrouva un monde perdu.

J'invitai mon guide à dîner avec son doyen; il accepta avec autant de simplicité qu'il en avait mis à refuser mon argent; nous prîmes place à table. J'avais commandé la carte au garçon : mes convives parurent contents.

Au dessert, je mis la conversation sur les exploits de Balmat. Le vieillard, que le vin de Montmeillan avait rendu gai et bavard, ne demandait pas mieux que de me les conter. Le surnom de Mont-Blanc, qu'il a conservé, prouve du reste qu'il est fier des souvenirs que j'invoquais.

Il ne se fit donc pas prier lorsque je l'invitai à me raconter tous les détails de sa périlleuse entreprise. Seulement il me tendit son verre; je le remplis ainsi que celui de mon guide.

— Avec votre permission, mon maître, me dit-il en se levant.

— Certes, et à votre santé, Balmat.

Nous trinquâmes.

— Pardieu! dit-il en se rasseyant, vous êtes un bon garçon.

Puis il vida son verre, fit claper sa langue, cligna des yeux en se renversant sur le dossier de sa chaise, essayant de rappeler ses idées, que le dernier verre qu'il venait d'avaler ne rendait probablement pas plus claires.

Mon guide, de son côté, fit des dispositions pour écouter le plus commodément possible un récit qu'il avait déjà probablement entendu plus d'une fois. Elles étaient aussi confortables simples, ne consistant qu'en un demi-tour qu'il fit décrire en même temps à sa chaise et à sa personne; de cette manière, il se trouva les pieds au feu, le coude sur la table, la tête sur la main gauche et le verre dans la main droite.

Quant à moi, je pris mon album et mon crayon, et je me préparai à écrire. C'est donc le récit pur et simple de Balmat que je vais mettre sous les yeux du lecteur.

— Hum! C'était, ma foi, en 1786; j'avais vingt-cinq ans, ce qui m'en fait aujourd'hui, tel que vous me voyez, soixante-douze bien comptés.

J'étais bon là... Un jarret du diable et un estomac d'enfer! J'aurais marché trois jours de suite sans manger. Ça m'est arrivé une fois que j'étais perdu dans le Buet. J'ai croqué un peu de neige, voilà tout.

Je me disais de temps en temps en regardant le mont Blanc de côté : — Oh! farceur, tu as beau faire et beau dire, va, je te grimperai dessus quelque jour. Enfin, c'est bon...

Voilà que ça me trottait toujours dans la tête, le jour comme la nuit. Le jour, je montais dans le Brévent, d'où l'on voit le mont Blanc comme je vous

vois, et je passais des heures entières à chercher un chemin :

— Bah! j'en ferai un, s'il n'y en a pas, que je disais, mais il faut que j'y monte.

La nuit, c'était bien autre chose, je n'avais pas plutôt les yeux fermés, que j'étais en chemin. Je montais d'abord comme s'il y avait eu une route royale, et je me disais : — Pardieu! j'étais bien bête de croire que c'était si difficile d'arriver au mont Blanc. Puis petit à petit le chemin se rétrécissait; mais c'était encore un joli sentier comme celui de Flégère; j'allais toujours. Enfin, j'arrivais à des endroits où le sentier s'effaçait, à des endroits inconnus, quoi! la terre mouvait, j'enfonçais dedans jusqu'aux genoux. C'est égal, je me donnais une peine! Qu'on est bête quand on rêve! C'est bien, j'en sortais à la longue; mais ça devenait si roide, que j'étais obligé d'aller à quatre pattes : c'était bien autre chose alors! Toujours de plus difficile en plus difficile. Je mettais mes pieds sur des bouts de rocher, et je les sentais remuer comme des dents qui vont tomber; la sueur me coulait à grosses gouttes; j'étouffais, que c'était un cauchemar! N'importe, j'allais toujours. J'étais comme un lézard le long d'un mur : je voyais la terre s'en aller sous moi : ça m'était égal, je ne regardais encore qu'en l'air, je voulais arriver; mais c'étaient les jambes!... moi, qui ai les jarrets solides, je ne pouvais plus les plier. Je me retournais les ongles sur les pierres, je sentais que j'allais tomber, et je disais : — Jacques Balmat, mon ami, si tu n'attrapes pas cette petite branche-là, qui est au-dessus de ta tête, ton compte est bon. La maudite branche, je la touchais du bout des doigts; je me raclais les genoux comme un ramoneur. Ah! la branche, ah! je la pinçais. Allons, ah!... Cette nuit-là, je me le rappellerai toujours, ma femme m'a réveillé par le plus vigoureux coup de poing! Imaginez-vous que je m'étais accroché à son oreille, et que je la tirais comme un morceau de gomme élastique. Ah! pour cette fois, je me dis : — Jacques Balmat, il faut que tu en aies le cœur net. Je sautai donc à bas du lit et je mis mes guêtres.

— Où vas-tu? me dit ma femme?

— Chercher du cristal, que je répondis : je ne voulais pas lui compter mon affaire. Et ne sois pas inquiète, continuai-je, si tu ne me vois pas revenir ce soir. Si je ne suis pas rentré à neuf heures, c'est que je coucherai dans la montagne. Je pris un bâton solide, bien ferré, double en grosseur et en longueur d'un bâton ordinaire; j'emplis ma gourde d'eau-de-vie, je mis un morceau de pain dans ma poche, et en route!

J'avais bien essayé déjà de monter par la mer de glace, mais le mont Maudit m'avait barré le passage. Alors je m'étais retourné par l'aiguille du Goûter; mais, pour aller de là au Dôme, il y avait une espèce d'arête d'un quart de lieue de long sur un ou deux pieds de large, **et puis au-dessous dix-huit cents pieds de profondeur. — Merci !**

Cette fois donc, **je résolus de changer de chemin :** je pris celui de la montagne de la côte ; au bout de trois heures j'étais arrivé au glacier des Bossons. Je le traversai : ce n'était pas là le difficile. Quatre heures après j'étais aux Grands-Mulets : c'était déjà quelque chose. J'avais gagné mon déjeuner ; je cassai une croûte, je bus un coup. — C'est bon.

A l'époque dont je vous parle, on n'avait point encore pratiqué aux Grands-Mulets le plateau qui y est aujourd'hui, si bien qu'on n'y était pas à son aise, je vous en réponds ; j'étais en outre assez inquiet de savoir si je trouverais plus haut un endroit où passer la nuit. J'avais beau chercher à droite et à gauche, je ne voyais rien. Enfin, je me remis en route à la grâce de Dieu.

Au bout de deux heures et demie, je trouvai une belle place nue et sèche ; le rocher perçait la neige et m'offrait une surface de six ou sept pieds : c'était tout ce qu'il me fallait, non pas pour dormir, mais pour attendre le jour d'une manière un peu moins dure que dans la neige. Il était sept heures du soir : je cassai mon second morceau de pain, je bus une seconde goutte, et je m'installai sur le rocher où j'allais passer la nuit : ça ne me prit pas grand temps, le lit n'était pas long à faire.

Sur les neuf heures, je vis venir l'ombre qui montait de la vallée comme une fumée épaisse, et s'avançait lentement vers moi. A neuf heures et demie elle m'atteignit et m'enveloppa : cependant je voyais encore au-dessus de moi les derniers rayons du soleil couchant, qui avaient peine à quitter la plus haute sommité du mont Blanc. Je les suivis des yeux tant qu'ils y restèrent. Enfin ils disparurent, et le jour s'en alla. Tourné comme je l'étais vers Chamouny, j'avais à ma gauche l'immense plaine de neige qui monte au dôme du Goûter (1), et à ma droite, à la portée de ma main, un précipice de huit cents pieds de profondeur. Je ne voulais pas m'endormir de peur de rouler dans la ruelle en rêvant ; je m'assis sur mon sac, et je me mis à battre des pieds et des mains pour entretenir la chaleur. Bientôt la lune se leva pâle et dans un cercle de nuages, qui la voilèrent tout à fait sur les onze heures. En même temps, je voyais descendre de l'aiguille du Goûter un coquin de brouillard qui ne m'eût pas plutôt atteint qu'il se mit à me cracher de la neige à la figure. Alors je m'enveloppai la tête avec mon mouchoir, et je lui dis : C'est bon, va ton train. A chaque minute, j'entendais la chute des avalanches qui grondaient en roulant comme le tonnerre. Les glaciers craquaient, et à chaque craquement je sentais la montagne remuer. Je n'avais ni faim ni soif et j'éprouvais un singulier mal de tête, qui me pre-

nait au haut du crâne, et qui descendait jusqu'aux sourcils. Pendant ce temps-là le brouillard n'arrêtait pas. Mon haleine s'était gelée contre mon mouchoir, la neige avait mouillé mes habits : il me sembla bientôt que j'étais tout nu. Je redoublai la rapidité de mes mouvements, et je me mis à chanter pour chasser un tas d'idées bêtes qui me venaient dans l'esprit. Ma voix se perdait sur cette neige, aucun écho ne me répondait : tout était mort au milieu de cette nature glacée ; ma voix me faisait à moi-même une drôle d'impression. Je me tus, j'avais peur.

A deux heures le ciel blanchit vers l'orient. Avec les premiers rayons du jour je sentis le courage me revenir. Le soleil se leva, luttant avec les nuages qui couvraient le mont Blanc ; j'espérais toujours qu'il les chasserait, mais sur les quatre heures les nuages s'épaissirent, et sur le soleil s'affaiblit, et je reconnus que ce jour-là il me serait impossible d'aller plus loin Alors, pour ne pas tout perdre, je me mis à explorer les environs, et je passai toute la journée à visiter les glaciers et à reconnaître les meilleurs passages. Comme le soir venait et le brouillard à sa suite, je redescendis jusqu'au Bec-à-l'Oiseau, où la nuit me prit. Je passai celle-là mieux que l'autre, car je n'étais plus sur la glace, et je pus dormir un peu. Je me réveillai transi, et aussitôt que le jour parut je redescendis vers la vallée, ayant dit à ma femme que je ne serais pas plus de trois jours. Au village de la Côte seulement mes habits dégelèrent.

Je n'avais pas fait cent pas hors des dernières maisons, que je rencontrai François Paccard, Joseph Carier et Jean-Michel Tournier : c'étaient trois guides ; ils avaient leur sac, leur bâton et leur costume de voyage. Je leur demandai où ils allaient : ils me répondirent qu'ils cherchaient des cabris (1) qu'ils avaient donnés en garde à de petits paysans. Comme ces animaux ne valent pas plus de quarante sous la pièce, leur réponse me donna l'idée qu'ils voulaient me tromper, et je pensai qu'ils tentaient le voyage que je n'avais pu faire ; d'autant plus que M. de Saussure avait promis une récompense au premier qui atteindrait le haut du mont Blanc. Une ou deux questions que me fit Paccard sur l'endroit où l'on pourrait coucher au Bec-à-l'Oiseau me confirmèrent dans mon opinion. Je lui répondis que tout était plein de neige, et qu'une station m'y paraissait impossible ; je le vis alors échanger avec les autres un signe d'intelligence que je fis semblant de ne pas apercevoir. Ils se retirèrent à l'écart, se consultèrent entre eux, et finirent par me proposer de monter tous ensemble ; j'acceptai, mais j'avais promis de rentrer, et je ne voulais pas manquer de parole à ma femme. Je revins donc chez moi pour lui dire de ne pas être inquiète, changer de bas et de guêtres et prendre quelques provisions. A onze heures du soir, je partis de nouveau sans me cou-

(1) Le dôme du Goûter est ainsi nommé parce que le soleil l'éclaire à l'heure où l'on fait ce repas.

(1) Des chevreaux.

— Ohé! les autres! attendez, nous voulons monter avec vous.

cher, et, à une heure, je rejoignis mes camarades au Bec-à-l'Oiseau, quatre lieues au-dessous de l'endroit où j'avais couché la veille ; ils dormaient comme des marmottes ; je les réveillai : en un instant ils furent sur pied, et nous nous mîmes tous les quatre en marche. Ce jour-là, nous traversâmes le glacier de Tacounay, nous montâmes jusqu'aux Grands-Mulets, où, l'avant-veille, j'avais passé une si fameuse nuit : puis, prenant à droite, nous arrivâmes vers les trois heures au dôme du Goûter. Déjà l'un de nous, Paccard, avait manqué d'air un peu au-dessus des Grands-Mulets, et il était resté couché sur l'habit de l'un de nos camarades.

Parvenu au sommet du dôme, nous vîmes, sur l'aiguille du Goûter, bouger quelque chose de noir que nous ne pouvions distinguer. Nous ne savions pas si c'était un chamois ou un homme. Nous criâmes, et l'on nous répondit ; puis, au bout d'un instant, comme nous faisions silence pour entendre un second cri, ces paroles nous arrivèrent :

— *Ohé! les autres! attendez, nous voulons monter avec vous.*

Nous les attendîmes en effet, et, en les attendant, nous vîmes arriver Paccard, qui avait repris force. Au bout d'une demi-heure ils nous rejoignirent : c'étaient Pierre Balmat et Marie Coutet, qui avaient fait le pari, avec les autres, d'être parvenus avant eux au dôme du Goûter; leur pari était perdu. Pendant ce temps, pour utiliser les moments, je m'étais aventuré à la découverte, et j'avais fait un quart de lieue à peu près à cheval sur l'arête en question, qui joint le dôme du Goûter au sommet du mont Blanc : c'était un chemin de danseur de corde; mais, c'est égal, je crois que j'aurais réussi à aller jusqu'au bout, si la pointe Rouge ne fût venue me barrer le chemin. Comme il était impossible d'avancer plus loin, je revins vers l'endroit où j'avais quitté les camarades; mais il n'y avait plus que mon sac : désespérant de gravir le mont Blanc, ils étaient partis en disant :

— Balmat est leste, il nous rattrapera.

Je me trouvai donc seul, et un instant je balançai entre l'envie de les rejoindre et le désir de tenter seul l'ascension. Leur abandon m'avait piqué; puis quelque chose me disait que cette fois je réussirais. Je me décidai donc pour ce dernier parti; je chargeai mon sac et me mis en route : il était quatre heures du soir.

Je traversai le grand plateau, et je parvins jusqu'au glacier de la Brinva, d'où j'aperçus Cormayeur et la vallée d'Aoste en Piémont. Le brouillard était sur le sommet du mont Blanc; je ne tentai pas d'y monter, moins dans la crainte de me perdre que dans la certitude que les autres, ne pouvant m'y voir, ne voudraient pas croire que j'y étais parvenu. Je profitai du peu de jour qui me restait pour chercher un abri; mais, au bout d'une heure, comme je n'avais rien trouvé et que je me rappelais l'autre nuit, vous savez, je résolus de revenir chez moi. Je me mis donc en marche; mais, arrivé au grand plateau, comme je ne savais pas encore me garantir la vue avec un voile vert, ainsi que je l'ai fait depuis, la neige me fatigua tellement les yeux, que je ne distinguais plus rien; j'avais des éblouissements qui me faisaient voir de grandes taches de sang. Je m'assis pour me remettre; je fermai les yeux et je laissai tomber ma tête entre mes mains. Au bout d'une demi-heure ma vue s'était remise, mais la nuit était venue; il n'y avait pas de temps à perdre. Je me levai, — et allez!

Je n'avais pas fait deux cents pas que je sentis, avec mon bâton, que la glace manquait sous mes pieds : j'étais au bord de la grande crevasse, tu sais Pierre Payot (c'était le nom de mon guide), — la grande crevasse où ils sont morts à trois, et d'où l'on a tiré Marie Coutet.

— Qu'est-ce que cette histoire? interrompis-je.

— Je vous conterai ça demain, me dit Payot. Allez, mon ancien, allez, continua-t-il en s'adressant à Balmat, on vous écoute.

Balmat reprit :

— Ah! je lui dis, je te connais. Au fait nous l'avions traversée le matin sur un pont de glace recouvert de neige. Je le cherchai; mais la nuit allait

toujours s'épaississant, ma vue se fatiguait de plus en plus, et je ne pus le retrouver. Le mal de tête dont j'ai déjà parlé m'avait repris : je ne me sentais aucun désir de boire ni de manger; de violents maux de cœur me labouraient l'estomac. Cependant il fallait se décider à demeurer jusqu'au jour près de la crevasse. Je posai mon sac sur la neige, je tirai mon mouchoir en rideau sur mon visage, et je me préparai de mon mieux à passer une nuit pareille à l'autre. Cependant, comme j'étais deux mille pieds plus haut à peu près, le froid était bien plus vif; une petite neige fine et aiguë me glaçait; je sentais une pesanteur et une envie de dormir irrésistibles, des pensées tristes comme la mort me venaient dans l'esprit, et je savais très-bien que ces pensées tristes et cette envie de dormir étaient un mauvais signe, et que, si j'avais le malheur de fermer les yeux, je pourrais bien ne plus les rouvrir. De l'endroit où j'étais, j'apercevais, à dix mille pieds au-dessous de moi, les lumières de Chamouny, où mes camarades étaient bien chaudement, bien tranquilles près de leur feu ou dans leur lit. Je me disais : Peut-être n'y en a-t-il pas un parmi eux qui pense à moi, ou, s'il y en a un qui pense à Balmat, il dit en tisonnant ses braises ou en tirant sa couverture sur ses oreilles :

— A l'heure qu'il est, cet imbécile de Jacques s'amuse probablement à battre la semelle. Bon courage, Balmat!

Ce n'était pas ce qui me manquait. le courage, mais la force. L'homme n'est pas de fer, et je sentais bien que je n'étais pas à mon aise, enfin. Dans les courts intervalles de silence qui interrompaient de minute en minute la chute des avalanches et le craquement des glaciers, j'entendais aboyer un chien à Cormayeur, quoiqu'il y eût à peu près une lieue et demie de ce village à l'endroit où j'étais; cela me distrayait. C'était le seul bruit de la terre qui arrivât jusqu'à moi.

Vers minuit, le maudit chien se tut, et je retombai dans ce diable de silence comme il en fait un dans les cimetières, car je ne compte pas le bruit des glaciers et des avalanches; ce bruit-là, c'est la voix de la montagne qui se plaint, et, bien loin de rassurer l'homme, elle l'épouvante.

Sur les deux heures, je vis reparaître à l'horizon la même ligne blanche dont je vous ai déjà parlé. Le soleil la suivait comme la première fois : comme la première fois aussi, le mont Blanc avait mis sa perruque; c'est ce qui lui arrive quand il est de mauvaise humeur, et alors il ne faut pas s'y frotter. Je connaissais son caractère; aussi je me tins pour averti et je redescendis dans la vallée, attristé, mais non découragé par ces deux tentatives inutiles, car maintenant j'étais bien certain que la troisième fois je serais plus heureux. Au bout de cinq heures j'étais de retour au village; il en était huit. Tout allait bien chez moi. Ma femme m'offrit à manger; j'avais plus sommeil que je n'avais faim; elle voulut aussi me faire coucher dans la chambre, mais je craignais d'y être tourmenté par les mouches; j'allai m'enfermer dans la grange, je m'étendis sur le foin, et je dormis vingt-quatre heures sans me réveiller.

Trois semaines se passèrent sans amener de changement favorable dans le temps, et sans diminuer mon envie de faire une troisième tentative. Le docteur Paccard, parent du guide dont j'ai parlé, désirait m'accompagner dans celle-ci; il fut convenu, en conséquence, qu'au premier beau jour nous partirions ensemble. Enfin, le 8 août 1786, le temps me parut assez sûr pour risquer le voyage. J'allai trouver Paccard et je lui dis : Voyons, docteur, êtes-vous bon? N'avez-vous peur ni du froid ni de la neige, ni des précipices? Parlez comme un homme.

— Je n'ai peur de rien avec toi, Balmat, répondit Paccard.

— Eh bien! repris-je, le moment est venu de grimper sur la taupinière.

Le docteur me dit qu'il était tout prêt; mais, au moment de fermer sa porte, je crois que son grand courage lui manqua un peu, car la clef ne sortait pas de la serrure; il tournait le double tour, le détournait, le retournait.

— Tiens, Balmat, ajouta-t-il, si nous faisions bien, nous prendrions deux autres guides.

— Non pas, lui répondis-je, je monterai seul avec vous, ou vous y monterez avec d'autres; je veux être le premier et pas le second.

Il réfléchit un instant, tira sa clef, la mit dans sa poche, et me suivit machinalement et la tête baissée. Au bout d'un instant, il secoua les oreilles.

— Eh bien! dit-il, je me fie à toi, Balmat. En route, et à la grâce de Dieu.

Puis il se mit à chanter, mais pas très-juste. Ça le tracassait, le docteur. Alors je lui pris le bras.

— Ce n'est pas tout, lui dis-je, il faut que personne ne sache notre projet, excepté nos femmes.

Une troisième personne fut cependant mise dans cette confidence : c'est la marchande chez laquelle nous avions été obligés d'acheter du sirop pour mêler avec notre eau, le vin ou l'eau-de-vie étant trop forts pour un pareil voyage. Comme elle s'était doutée de quelque chose, nous lui dîmes tout, en l'invitant à regarder le lendemain à neuf heures du matin du côté du dôme du Goûter; c'était l'heure à laquelle nous devions y être si rien ne dérangeait nos calculs.

Toutes nos petites affaire arrangées et nos adieux faits à nos femmes, nous partîmes vers les cinq heures du soir, prenant l'un du côté gauche, et l'autre du côté droit de l'Arve, afin que nul ne se doutât de notre projet, et nous nous réunîmes au village de la Côte. Le même soir nous allâmes coucher au sommet de la Côte, entre le glacier des Bossons et celui de Taconnay. J'avais emporté une couverture, je m'en servis pour envelopper le docteur comme on emmaillotte un enfant, et, grâce à

cette précaution, il passa une assez bonne nuit; quant à moi, je dormis tout d'un trait jusqu'à une heure et demie à peu près. A deux heures la ligne blanche parut, et bientôt le soleil se leva sans nuage, sans brouillard, beau et brillant, enfin nous promettant une fameuse journée; je réveillai le docteur, et nous nous mîmes en route.

Au bout d'un quart d'heure, nous nous engageâmes dans le glacier de Taconnay; les premiers pas du docteur sur cette mer, au milieu de ces immenses gerçures dans les profondeurs desquelles l'œil se perd, sur ces ponts de glace que l'on sent craquer sous soi, et qui, s'ils s'abîmaient, vous abîmeraient avec eux, furent un peu chancelants; mais, peu à peu, il se rassura en me voyant faire, et nous nous en tirâmes sains et saufs. Nous nous mîmes aussitôt à gravir les Grands-Mulets, que nous laissâmes bientôt derrière nous. Je montrai au docteur la place où j'avais passé la première nuit. Il fit une grimace très-significative, garda le silence dix minutes; puis, s'arrêtant tout à coup :

— Crois-tu, Balmat, me dit-il, que nous arriverons aujourd'hui au haut du mont Blanc?

Je vis bien de quoi il retournait, et je le rassurai en riant, mais sans rien lui promettre. Nous montâmes encore ainsi l'espace de deux heures; depuis le plateau, le vent nous avait pris, et devenait de plus en plus vif; enfin, arrivés à la saillie du rocher qu'on appelle le Petit-Mulet, un coup d'air plus violent enleva le chapeau du docteur. Au juron qu'il proféra, je me retournai, et j'aperçus son feutre qui décampait du côté de Cormayeur. Il le regardait s'en aller, les bras tendus.

— Oh! il faut en faire votre deuil, docteur, que je lui dis, nous ne le reverrons jamais. Il s'en va dans le Piémont. Bon voyage!

Il paraît que le vent avait pris goût à la plaisanterie, car, à peine avais-je la bouche, qu'il nous en arriva une bouffée si violente, que nous fûmes obligés de nous coucher à plat ventre pour ne pas aller rejoindre le chapeau; de dix minutes nous ne pûmes nous relever; le vent fouettait la montagne, et passait en sifflant sur nos têtes, emportant des tourbillons de neige gros comme la maison. Le docteur était découragé. Moi, je ne pensais pendant ce temps qu'à la marchande, qui, à cette heure, devait regarder le dôme du Goûter; aussi, au premier répit que nous donna la bise, je me relevai; mais le docteur ne consentit à me suivre qu'en marchant à quatre pattes. Nous parvînmes ainsi à une pointe d'où l'on pouvait découvrir le village; arrivé là, je tirai ma lunette, et, à douze mille pieds au-dessous de nous dans la vallée, je distinguai notre commère à la tête d'un rassemblement de cinquante personnes, qui s'arrachaient les lunettes pour nous regarder. Une considération d'amour-propre détermina le docteur à se remettre sur ses jambes, et, à l'instant où il fut debout, nous nous aperçûmes que nous

Ceux de la vallée nous firent des signes avec leurs chapeaux.

étions reconnus, lui à sa grande redingote, et moi à mon costume habituel ; ceux de la vallée nous firent des signes avec leurs chapeaux. J'y répondis avec le mien. Celui du docteur était absent par congé définitif.

Cependant Paccard avait usé toute son énergie à se remettre sur pied, et ni les encouragements que nous recevions, ni ceux que je lui donnais, ne pouvaient le déterminer à continuer son ascension. Après que j'eus épuisé toute mon éloquence, et que je vis que je perdais mon temps, je lui dis de se tenir le plus chaudement possible, et de se donner du mouvement ; il m'écoutait sans m'entendre, et répondait *oui, oui,* pour se débarrasser de moi. Je comprenais qu'il devait souffrir du froid. J'étais moi-même tout engourdi. Je lui laissai la bouteille, et je partis seul en lui disant que je reviendrais le chercher.

— *Oui, oui,* me répondit-il.

Je lui recommandai de nouveau de ne pas se tenir en place, et je partis. Je n'avais pas fait trente pas que je me retournai, et je vis qu'au lieu de courir et de battre la semelle, il s'était assis le dos au vent : c'était déjà une précaution.

— Prenez la bretelle de mon sac, et marchez derrière moi, voilà un moyen. — PAGE 75.

A compter de ce moment, la route ne présentait pas une grande difficulté, mais, à mesure que je m'élevais, l'air devenait de moins en moins respirable. De dix pas en dix pas j'étais obligé de m'arrêter comme un phthisique. Il me semblait que je n'avais plus de poumons et que ma poitrine était vide; je pliai alors mon mouchoir comme une cravate, je le nouai sur ma bouche, et je respirai à travers, ce qui me soulagea un peu. Cependant le froid me gagna de plus en plus, je mis une heure à faire un petit quart de lieue; je marchais le front baissé; mais, voyant que j'étais sur une pointe que je ne connaissais pas, je relevai la tête, et je m'aperçus que j'étais enfin arrivé sur la sommité du mont Blanc.

Alors je retournai les yeux tout autour de moi, tremblant de me tromper et de trouver quelque aiguille, quelque pointe nouvelle, car je n'aurais pas eu la force de la gravir; les articulations de mes jambes me semblaient ne tenir qu'à l'aide de mon pantalon. Mais non, non. J'étais au terme de mon voyage. J'étais arrivé là où personne n'était venu encore, pas même l'aigle et le chamois; j'y étais arrivé seul, sans autre secours que celui de ma force et de ma volonté; tout ce qui m'entourait semblait m'appartenir; j'étais le roi du mont Blanc, j'étais la statue de cet immense piédestal; — ah!

Alors, je me tournai vers Chamouny, agitant mon chapeau au bout de mon bâton, et je vis, à l'aide de ma lunette, qu'on répondait à mes signes. Mes sujets de la vallée m'avaient aperçu. Tout le village était sur la place.

Ce premier moment d'exaltation passé, je pensai à mon pauvre docteur. Je redescendis vers lui aussi vite que je le pus, l'appelant par son nom, et tout effrayé de ne pas l'entendre me répondre : au bout d'un quart d'heure, je l'aperçus de loin, rond comme une boule, mais ne faisant aucun mouvement, malgré les cris que je poussais, et qui arrivaient certainement jusqu'à lui. Je le trouvai la tête entre les genoux et tout racorni sur lui-même comme un chat qui fait le manchon. Je lui frappai sur l'épaule, il leva machinalement la tête. Je lui dis que j'étais parvenu au haut du mont Blanc ; cela parut médiocrement l'intéresser, car il ne répondit que pour me demander où il pourrait se coucher et dormir. Je lui dis qu'il était venu pour monter au plus haut de la montagne, et qu'il y monterait. Je le secouai, le pris sous ses épaules, et lui fis faire quelques pas; il était comme abruti, et il lui paraissait aussi égal d'aller d'un côté que de l'autre, de monter que de redescendre. Cependant, le mouvement que je le forçais de prendre rétablit un peu la circulation du sang, alors il me demanda si je n'aurais point, par hasard, dans ma poche, des gants pareils à ceux que je portais à mes mains ; c'étaient des gants en poils de lièvre, que je m'étais faits exprès pour mon excursion, sans séparation entre les doigts. Dans la situation où je me trouvais moi-même, je les eusse refusés tous les deux à mon frère; je lui en donnai un.

A six heures passées nous étions sur le sommet du mont Blanc, et, quoique le soleil jetât un vif éclat, le ciel nous paraissait bleu foncé, et nous y voyions briller quelques étoiles. Lorsque nous reportions les yeux au-dessous de nous, nous n'apercevions que glaces, neiges, rocs, aiguilles, pics décharnés. L'immense chaîne de montagnes qui parcourt le Dauphiné et s'étend jusqu'au Tyrol nous étalait ses quatre cents glaciers resplendissants de lumière. A peine si la verdure nous paraissait occuper une place sur la terre. Les lacs de Genève et de Neufchâtel n'étaient que des points bleus presque imperceptibles. A notre gauche s'étendait la Suisse des montagnes toute moutonneuse, et, au delà, la Suisse des prairies, qui semblait un riche tapis vert; à notre droite, tout le Piémont et la Lombardie jusqu'à Gênes; en face, l'Italie. Paccard ne voyait rien, je lui racontais tout; quant à moi, je ne souffrais plus, je n'étais plus fatigué; à peine si je sentais cette difficulté de respirer qui, une heure auparavant, avait failli me faire renoncer à mon entreprise. Nous restâmes ainsi trente-trois minutes.

Il était sept heures du soir; nous n'avions plus que deux heures et demie de jour; il fallait partir. Je repris Paccard par-dessous le bras; j'agitai de nouveau mon chapeau, pour faire un dernier signe à ceux de la vallée, et nous commençâmes à redescendre. Aucun chemin tracé ne nous dirigeait; le vent était si froid, que la neige n'était pas même dégelée à sa surface; nous retrouvions seulement sur la glace les petits trous qu'y avait faits la pointe de nos bâtons ferrés. Paccard n'était plus qu'un enfant sans énergie et sans volonté, que je guidais dans les bons chemins, et que, dans les mauvais, je portais. La nuit commençait à tomber lorsque nous traversâmes la crevasse; au bas du grand plateau, elle nous prit tout à fait; à chaque instant Paccard s'arrêtait, déclarant qu'il n'irait pas plus loin, et, à chaque instant, je le forçais de reprendre sa marche, non par la persuasion, il n'entendait rien, mais par la force. A onze heures, nous sortîmes enfin des régions des glaces, et mîmes le pied sur la terre ferme; il y avait déjà une heure que nous avions perdu toute réverbération du soleil; alors, je permis à Paccard de s'arrêter, et je me préparai à l'envelopper de nouveau dans des couvertures lorsque je m'aperçus qu'il ne s'aidait plus de ses mains. Je lui en fis l'observation. Il me répondit que cela se pouvait bien, vu qu'il ne les sentait pas. Je tirai ses gants, ses mains étaient blanches et comme mortes; moi-même j'étais bête de la main où j'avais mis son petit gant de peau à la place du mien; je lui dis que nous avions trois mains de gelées à nous deux, cela paraissait lui être fort égal; il ne demandait qu'à se coucher et à dormir : quant à moi, il me dit de me frotter la partie malade avec de la neige; le remède n'était pas loin.

Je commençai l'opération par lui, et je la terminai par moi. Bientôt le sang revint, et, avec le sang, la chaleur, mais avec des douleurs aussi aiguës que si on nous avait piqué chaque veine avec des aiguilles. Je roulai mon poupard dans sa couverture, je le couchai à l'abri d'un rocher, nous mangeâmes un morceau, bûmes un coup, nous nous serrâmes l'un contre l'autre le plus que nous pûmes, et nous nous endormîmes.

Le lendemain, à six heures, je fus réveillé par Paccard.

— C'est drôle, Balmat, me dit-il, j'entends chanter les oiseaux et je ne vois pas le jour; probablement que je ne peux pas ouvrir les yeux.

Notez qu'il les avait écarquillés comme ceux du grand-duc. Je lui répondis qu'il se trompait sans doute, et qu'il devait très-bien y voir. Alors il me demanda un peu de neige, la fit fondre dans le creux de sa main avec de l'eau-de-vie, et s'en frotta les paupières. Cette opération finie, il n'en voyait pas davantage, seulement les yeux lui cuisaient beaucoup plus.

— Allons, dit-il, il paraît que je suis aveugle,

Balmat? Comment vais-je faire pour descendre? continua-t-il.

— Prenez la bretelle de mon sac et marchez derrière moi, voilà un moyen.

C'est ainsi que nous descendîmes et arrivâmes au village de la Côte.

Là, comme je craignais que ma femme ne fût inquiète, je quittai le docteur qui regagnait sa maison en tâtonnant avec son bâton, et je revins chez moi; c'est alors seulement que je me vis.

Je n'étais pas reconnaissable; j'avais les yeux rouges, la figure noire et les lèvres bleues; chaque fois que je riais ou bâillais, le sang me jaillissait des lèvres et des joues. Enfin, je n'y voyais plus qu'à l'ombre.

Quatre jours après, je partis pour Genève, afin de prévenir M. de Saussure que j'avais réussi à escalader le mont Blanc; il l'avait déjà appris par des Anglais. Il vint aussitôt à Chamouny, et essaya avec moi la même ascension; mais le temps ne nous permit pas d'aller plus haut que la montagne de la Côte, et ce ne fut que l'année suivante qu'il put accomplir son grand projet.

— Et le docteur Paccard, dis-je, est-il resté aveugle?

— Ah! oui, aveugle! il est mort il y a onze mois, à l'âge de soixante et dix-neuf ans, et il lisait encore sans ses lunettes. Seulement, il avait les yeux diablement rouges.

— Des suites de son ascension?

— Oh! que non!

— Et de quoi alors?

— Le bonhomme levait un peu le coude...

En disant ces mots, Balmat vida sa troisième bouteille.

La mer de gl

LA MER DE GLACE.

'avais donné rendez-vous à Payot pour le lendemain à dix heures du matin seulement, la course que nous avions à faire n'étant que de six à sept lieues pour aller et revenir; il vint nous chercher comme nous achevions de déjeuner; il avait été la veille, en nous quittant, reconduire Balmat un bout de chemin, et l'avait laissé enchanté de moi; il me promettait sa visite pour le soir

En sortant du village, Payot resta en arrière pour causer avec une femme qu'il rencontra; comme le chemin se bifurquait cent pas plus loin, nous nous arrêtâmes, ignorant laquelle des deux routes il nous fallait prendre; dès que Payot nous vit indécis, il accourut a nous et nous dit, pour s'excuser de l'embarras momentané où il nous avait mis :

— C'est que je causais avec Maria.

— Qu'est-ce que Maria?. .

— C'est la seule femme de la terre qui soit jamais montée sur le mont Blanc.

— Comment, cette femme?

Je me retournai pour la regarder.

— Oui, c'est une luronne, allez; imaginez-vous qu'en 1811 les habitants de Chamouny se dirent un matin : Ma foi! c'est bel et bon de conduire toujours les étrangers au sommet du mont Blanc pour leur plaisir, si nous y montions un jour pour le nôtre! Qui fut dit fut fait; on convint que le dimanche suivant, si le temps était beau, ceux qui voudraient

faire partie de la caravane se réuniraient sur la place. A l'heure dite, Jacques Balmat, que nous avions fait notre capitaine, nous trouva rassemblés; nous étions sept en tout, lui compris : c'étaient Victor Terraz, Michel Terraz, Marie Frasseron, Édouard Balmat, Jacques Balmat et moi. Au moment de partir, nous ne sommes pas plus étonnés que de voir deux femmes qui arrivaient pour faire l'ascension avec les autres; l'une d'elles, nommée Euphrosine Ducrocq, nourrissait un enfant de sept mois. Balmat ne voulut point la recevoir dans la compagnie; l'autre, qui était celle que vous venez de voir, n'était pas encore mariée, et s'appelait Maria Paradis. Jacques Balmat alla à elle, lui prit les deux mains, et la regardant dans le blanc des yeux :

— Ah çà ! mon enfant, lui dit-il, êtes-vous bien décidée ?

— Oui !

— C'est qu'il ne nous faut pas de pleureuse, entendez-vous ?

— Je rirai tout le long du chemin.

— Je ne vous demande pas ça, vu que moi, qui suis un vieux loup de montagne, je ne m'engagerais pas à le faire : on vous demande seulement d'être brave fille et d'avoir bon courage; si vous vous sentez en aller, adressez-vous à moi, et, quand je devrais vous porter sur mon dos, je vous réponds que vous irez où iront les autres; est-ce dit ?

— Tope ! répondit Maria en lui frappant dans la main.

Cet arrangement fait, nous partîmes.

Le soir, comme d'habitude, on coucha aux Grands-Mulets : comme les jeunes filles ont le sommeil agité, et qu'en rêvant Maria aurait bien pu tomber dans le ravin dont vous a parlé Balmat, nous la mîmes au milieu de nous, nous la couvrîmes d'habits et de couvertures : elle passa donc une assez bonne nuit.

Le lendemain, au petit jour, tout le monde était sur pied : chacun se secoua les oreilles, souffla dans ses doigts et se remit en route : nous arrivâmes bientôt à un endroit escarpé, et nous nous trouvâmes devant une espèce de mur de douze à quatorze cents pieds de hauteur, et, quand je dis un mur, il suffira que je vous explique la manière dont nous le gravîmes pour que vous conveniez que je n'y mets pas d'exagération. Jacques Balmat, qui montait le premier, ne pouvait se plier assez pour donner la main au second de nous; alors il lui tendait la jambe, se soutenant à son bâton enfoncé dans la glace, jusqu'à ce que le second guide, se cramponnant à sa jambe, fût arrivé à son bâton; aussitôt Balmat prenait un autre bâton des mains du second guide, le plantait plus haut et recommençait la même manœuvre, qui, cette fois, s'étendait du second au troisième, et, au fur et à mesure que l'on montait, du troisième aux autres, jusqu'à ce qu'enfin chacun fût en route, collé contre la glace, comme une caravane de fourmis contre le mur d'un jardin.

— Et Maria, interrompis-je, à qui tendait-elle la jambe ?

— Oh! Maria montait la dernière, reprit Payot; d'ailleurs, pas un de nous ne pensait beaucoup à la chose. Nous nous faisions seulement la réflexion que, si le premier bâton venait à casser, nous dégringolerions tous, et, au fur et à mesure que nous montions, la réflexion devenait de plus en plus inquiétante; enfin n'importe, tout le monde s'en tira bien, jusqu'à Maria; mais, arrivée en haut, soit par fatigue

de la montée, soit par peur de réflexion, elle sentit que ses jambes s'en allaient à tous les diables; alors elle s'approcha en riant de Balmat, et lui dit tout bas, afin que les autres ne l'entendissent pas :

— Allez plus doucement, Jacques, l'air me manque, faites comme si c'était vous qui soyez fatigué.

Balmat ralentit sa marche; Maria profita de cela pour manger de la neige à poignée; nous avions beau lui dire que les crudités ne valaient rien à l'estomac, c'était comme si nous chantions; aussi, au bout de dix minutes, le mal de cœur s'en mêla; Balmat, qui s'en aperçut, vit que ce n'était pas le moment de faire de l'amour-propre; il appela un autre guide, ils la prirent chacun sous un bras, et l'aidèrent à marcher. Au même moment, Victor Terraz s'assit, en déclarant qu'il en avait assez et qu'il n'irait pas plus loin; alors Balmat me fit signe de venir prendre le bras de Maria à sa place, et, allant à Terraz, qui commençait déjà à s'endormir, il le secoua vigoureusement.

— Qu'est-ce que vous me voulez? dit Terraz.

— Je veux que tu viennes.

— Et moi je veux rester ici, je suis bien libre.

— C'est ce qui te trompe.

— Pourquoi cela, s'il vous plaît?

— Parce que nous sommes partis à sept, qu'on sait que nous sommes partis à sept, et qu'en arrivant au grand plateau, d'où l'on peut nous distinguer de Chamouny, les gens du village verront que nous ne sommes plus que six, ils croiront alors qu'il est arrivé malheur à l'un de nous, et, comme ils ne sauront pas auquel, cela mettra sept familles dans la désolation.

— Vous avez raison, père Balmat, dit Terraz; et il se remit sur ses jambes.

Ces deux retardataires ne nous rejoignirent que sur le dôme du mont Blanc; Maria était presque évanouie; cependant elle se remit un peu et porta les yeux sur l'horizon immense qu'on découvre; nous lui dîmes en riant que nous lui donnions pour sa dot tout le pays qu'elle pourrait apercevoir. Alors Balmat ajouta :

— Maintenant, puisqu'elle est dotée, il faut la marier. Messieurs, quel est le luron qui l'épouse ici ?

— Dame! nous ne faisions pas de crânes prétendus : aussi personne ne se présenta, excepté Michel Terraz, encore demanda-t-il une demi-heure.

Comme nous ne pouvions rester que dix minutes à peu près, la proposition n'était point acceptable; aussi, lorsque nous eûmes bien regardé le coup d'œil, Balmat nous dit :

— Ah çà! mes enfants, c'est bel et bon, mais il est temps de défiler.

En effet, le soleil s'en allait grand train, nous fîmes comme lui.

Le lendemain, lorsque nous descendîmes à Chamouny, nous trouvâmes toutes les femmes du village qui attendaient Maria pour lui demander des détails sur son voyage : elle leur répondit qu'elle avait vu tant de choses, que ce serait trop long à raconter; mais que, si elles étaient bien curieuses de les connaître, elles n'avaient qu'à faire le voyage elles-mêmes; pas une n'accepta.

Depuis ce temps, Maria est restée l'héroïne de Chamouny, comme Jacques en est le héros, et elle se partage avec lui la curiosité des étrangers et le sobriquet de *Mont-Blanc*. A chaque nouvelle ascension, elle va s'établir un peu au-dessus du village de la Côte; là, elle dresse un dîner que les voyageurs ne manquent jamais d'accepter en revenant, et, le verre à la main, hôtes et convives boivent aux dangers du voyage et à l'heureuse réussite des ascensions nouvelles.

— Est-ce que quelques-unes ont amené des accidents graves? repris-je.

— Dieu merci, me répondit Payot, il n'y a jamais eu que des guides de tués; Dieu a toujours préservé les voyageurs.

— Effectivement, Balmat parlait hier d'une crevasse dans laquelle était tombé Coutet; mais j'ai cru comprendre qu'on l'en avait retiré.

— Oui, lui, car quoiqu'il ait vu la mort de bien près, il est aujourd'hui sain et sauf comme vous et moi; mais trois autres y sont restés ensevelis avec deux cents pieds de neige sur le corps; aussi, dans les belles nuits, vous voyez voltiger trois flammes au-dessus de la crevasse où ils sont enterrés; ce sont leurs âmes qui reviennent, car ce n'est pas une sépulture chrétienne qu'un cercueil de glace et un linceul de neige.

— Et quels sont les détails de cet événement?

— Tenez, monsieur, me dit Payot avec une répugnance marquée, vous rencontrerez probablement Coutet avant de quitter Chamouny, et il vous les racontera lui-même; quant à moi, je n'étais pas du voyage.

Je vis que l'impression laissée par le souvenir de cet accident était si profonde et si triste, que je n'eus pas le courage d'insister; d'ailleurs, il s'empressa de distraire mon attention de ce sujet en me faisant remarquer une petite fontaine qui coule à droite du chemin.

— C'est la fontaine de Caillet, me dit-il.

Je la regardai avec attention, et, comme je n'y trouvais rien d'extraordinaire, j'y trempai la main, pensant que c'était une source thermale; elle était froide; je la goûtai alors, la croyant ferrugineuse: elle avait le goût de l'eau ordinaire.

— Eh bien! dis-je en me relevant, qu'est-ce que la fontaine de Caillet?

— C'est la fontaine que M. de Florian a *immortalisée*, en faisant passer sur ses bords la première scène de son roman de *Claudine*.

— Ah! ah! diable! et elle n'a pas d'autre titre à la curiosité des voyageurs?

— Non, monsieur, si ce n'est qu'elle est située à mi-chemin de la montée de Chamouny à la mer de glace.

— A mi-chemin?

— Juste.

— Mon ami, voulez-vous que je vous donne un conseil?

— Volontiers, monsieur.

— Eh bien! c'est de ne jamais oublier, dans l'intérêt de l'*immortalité* de votre fontaine, d'ajouter, comme vous venez de le faire, son second titre au premier; vous verrez auquel des deux vos voyageurs seront le plus sensibles. En effet, la route du Montanvert est une des plus exécrables que j'aie faites; vers la fin de l'année surtout, lorsque les gens de pied et les mulets l'ont dégradée, les parties étroites du chemin s'éboulent, et alors la surface plane disparaît et fait place à un plan incliné; or, c'est comme si l'on marchait à une hauteur de deux mille pieds sur un toit d'ardoises; un faux pas, une distraction, un point d'appui qui manque, et vous roulez jusque dans la source de l'Arveyron que vous entendez gronder au fond de ce précipice, et où vous précèdent, comme pour vous en montrer le chemin, les pierres à qui un simple déplacement fait perdre l'équilibre, et que dès lors leur poids seul suffit pour entraîner.

C'est par cet aimable chemin qu'on grimpe, plutôt qu'on ne monte, pendant l'espace de trois heures à peu près; puis l'on aperçoit une masure perdue dans les arbres : c'est l'auberge des Mulets; vingt pas plus loin, une petite maison s'élève dominant la mer de glace, c'est l'auberge des voyageurs; si je n'avais pas peur d'être taxé de partialité pour l'espèce humaine, j'ajouterais même que les quadrupèdes y sont beaucoup mieux traités que les bipèdes, attendu qu'ils trouvent dans leur écurie du son, de la paille, de l'avoine et du foin, ce qui équivaut pour eux à un dîner à quatre services, tandis que les bipèdes ne peuvent obtenir dans leur hôtel que du lait, du pain et du vin, ce qui n'équivaut pas même à un mauvais déjeuner.

D'ailleurs, le premier besoin qu'on éprouve en arrivant sur le plateau n'est point celui de la faim; c'est le désir d'embrasser d'un seul coup d'œil cette large nature qui vous environne; à votre droite et à votre gauche, le pic de Charmoz et l'aiguille du Dru, qui s'élancent vers le ciel comme des paratonnerres de la montagne; devant vous la mer, un océan de glace, gelé au milieu du bouleversement d'une tempête, avec ses vagues aux mille formes, qui s'élèvent à soixante ou quatre-vingts pieds de haut, et ses gerçures qui s'enfoncent à quatre ou cinq cents pieds de profondeur; au bout d'un instant de cette vue, vous n'êtes plus en France, vous n'êtes plus en Europe, vous êtes dans l'océan arctique, au delà

— Dites donc, mon brave, est—ce qu'il n'y a pas un autre chemin?

du Groenland ou de la Nouvelle-Zélande, sur une mer polaire, aux environs de la baie de Baffin ou du détroit de Behring.

Lorsque Payot crut que nous avions assez considéré de loin le tableau qui s'étendait au-dessous de nous, il jugea qu'il était temps de nous faire mettre les pieds sur la toile; en conséquence, il commença à descendre vers la mer de glace, que nous dominions d'une soixantaine de pieds, par un chemin bien autrement exigu que celui du Montanvert; c'est au point que j'eus un instant d'incertitude pour savoir s'il ne valait pas mieux me servir de mon bâ-

ton ferré comme d'un balancier que comme d'un appui; quant à Payot, il marchait là comme sur une grande route, et ne se retournait même pas pour savoir si je le suivais.

— Dites donc, mon brave, lui criai-je au bout d'une minute, lui donnant une épithète que dans ce moment je ne pouvais convenablement garder pour moi, dites donc, est-ce qu'il n'y a pas un autre chemin?

— Tiens, vous voilà assis, vous, me dit-il; que diable faites-vous là?

— Ah! ce que je fais, je dis que la tête me

Nous poussâmes deux cris qui n'en firent qu'un.

tourne, pardieu! est-ce que vous croyez que je suis venu au monde sur le coq du clocher, vous? Vous êtes encore un fameux farceur! allons, allons, venez me donner la main; je n'y mets pas d'amour-propre, moi.

Payot remonta aussitôt vers moi et me tendit le bout de son bâton; grâce à ce secours, je fis heureusement ma descente jusqu'au rocher situé à sept pieds à peu près au-dessus d'une espèce de bourrelet en sable fin qui environne la mer de glace; arrivé là, je poussai un — Ah! prolongé qui tenait autant au besoin de respirer qu'à la satisfaction que

je pouvais avoir de me trouver sur une plate-forme; puis, l'amour-propre me revenant, du moment où le danger s'était éloigné, je tins à prouver à Payot que, si je grimpais mal, je sautais bien, et, d'un air dégagé, sans rien dire à personne, et afin de jouir de l'effet que produirait sur lui mon agilité, je sautai du rocher sur le sable.

Nous poussâmes deux cris qui n'en firent qu'un: lui, parce qu'il me voyait enfoncer, et moi, parce que je me sentais enfoncer; cependant, comme je n'avais pas lâché mon bâton, je le mis en travers, comme cela m'était arrivé en pareille circonstance avec mon fusil, en chassant au marais; ce mouvement instinctif me sauva; Payot eut le temps de me tendre son bâton, que j'empoignai d'une main, puis de l'autre; et, me tirant comme un poisson au bout d'une ligne, il me réintégra sur mon rocher.

Lorsque je me trouvai sur mes pieds :

— Ah çà! êtes-vous fou? me dit Payot; vous allez sauter dans les moraines, vous!

— Et sacredieu! allez-vous-en au diable, vous et votre brigand de pays, où l'on ne peut faire un pas sans risquer de se casser le cou ou de s'ensabler! est-ce que je connais vos moraines, moi?

— Eh bien! une autre fois vous les connaîtrez, me dit tranquillement Payot; seulement je suis bien aise de vous dire que, si vous n'aviez pas mis votre bâton en travers, vous enfonciez sous le glacier, d'où vous ne seriez probablement sorti que l'été prochain par la source de l'Arveyron. Maintenant, voulez-vous venir au Jardin?

— Qu'est-ce que le Jardin?

— C'est une petite langue de terre végétale, en forme de triangle, qui est située dans le nord du glacier de Talèfre, et qui forme la partie la plus basse de ces hautes pointes de montagnes appelées les Rouges. Les voyez-vous, là-bas?

— Oui, très-bien; et que fait-on là?

— Rien au monde.

— Pourquoi y va-t-on, alors?

— Pour dire qu'on y a été.

— Eh bien! mon cher ami, je ne le dirai pas, et voilà tout.

— Vous viendrez au moins faire un petit tour sur la mer de glace?

— Oh! pour cela, tout à vous, je sais patiner.

— N'importe, donnez-moi toujours le bras, vous n'auriez qu'à faire quelque nouvelle imprudence...

— Moi! vous ne me connaissez guère, allez; j'en suis revenu, et je vous réponds que je ne marcherai pas autre part que sur votre ombre.

Je lui tins, ou plutôt je me tins religieusement parole; nous fîmes, lui marchant devant et moi derrière, à peu près un quart de lieue sur cette mer dont on ne peut mesurer la largeur que lorsqu'on se trouve au milieu de ses vagues, et dont les horribles craquements semblent des plaintes inconnues qui montent du centre de la terre jusqu'à sa surface. Je ne sais si cela tient à une organisation plus impressionnable et plus nerveuse que celle des autres; mais, au milieu des grands bouleversements de la nature, quoiqu'il me soit démontré qu'aucun danger réel n'existe, j'éprouve une espèce d'épouvante physique en me voyant si petit et perdu au milieu de si grandes choses; une sueur froide me monte au front, je pâlis, ma voix s'altère, et, si je n'échappais à ce malaise en m'éloignant des localités qui le produisent, je finirais certes par m'évanouir. Ainsi, je n'avais aucune crainte, puisqu'il n'y avait aucun danger, et cependant je ne pus rester au milieu de ces crevasses ouvertes sous mes pieds, de ces vagues suspendues sur ma tête; je pris le bras de mon guide, et je lui dis :

— Allons-nous-en.

Payot me regarda :

— En effet, vous êtes pâle, me dit-il.

— Je ne me sens pas bien.

— Qu'avez-vous donc?

— J'ai le mal de mer.

Payot se mit à rire, et moi aussi.

— Allons, ajouta-t-il, vous n'êtes pas bien malade, puisque vous riez; buvez un coup, cela vous remettra.

En effet, à peine eus-je posé le pied sur la terre, que cette indisposition passa. Payot me proposa de suivre le bord de la mer de glace jusqu'à la Pierre aux Anglais. Je lui demandai ce que c'était que cette pierre.

— Ah! me dit-il, nous l'avons appelée ainsi parce que les deux voyageurs qui sont parvenus les premiers jusqu'ici, surpris par la pluie, se sont réfugiés sous la voûte qu'elle forme et y ont dîné. Or, ces deux voyageurs étaient des Anglais, qui, dans une excursion, avaient découvert Chamouny, dont on ignorait l'existence, ce village étant renfermé dans une vallée où l'on trouve, sans le secours du commerce extérieur, tout ce qui est nécessaire à la vie. Ils ignoraient tellement quels hommes habitaient ce pays inconnu, qu'ils y entrèrent eux et leurs domestiques armés jusqu'aux dents, et croyant probablement avoir affaire à des sauvages; au lieu de cela, ils trouvèrent de braves gens qui les reçurent de tout leur cœur, et qui, ignorants eux-mêmes les beautés qui les environnaient, n'avaient jamais cherché à explorer le cours solide de cette mer de glace, dont l'extrémité descendait jusqu'à la vallée; la reconnaissance nous a fait leur consacrer cette pierre où ils ont trouvé un abri; car, en venant ici et en disant les premiers au monde entier ce qu'ils y avaient vu, ils ont f· · la fortune du pays.

En achevant ces mots, Payot me montra un rocher formant voûte, sur lequel était gravée cette inscription rappelant les noms des deux voyageurs et l'année de leur voyage :

POCOX ET WINDHEM. — 1741.

Après avoir fait le tour de la pierre, nous prîmes le chemin de l'auberge; en entrant dans la seule chambre dont elle se compose, j'aperçus un homme à genoux, soufflant le feu avec sa bouche. Payot m'arrêta sur la porte.

— Vous vouliez voir Marie Coutet? me dit-il.

— Qu'est-ce que c'est que Marie Coutet? repris-je, cherchant à rappeler mes souvenirs.

— Le guide qui a été emporté par une avalanche.

— Oui, certainement, je voulais le voir.

— Eh bien! c'est lui qui souffle le feu; depuis qu'il a manqué d'être gelé, il est devenu frileux comme une marmotte.

— Comment, c'est là l'homme qui est tombé dans la crevasse du grand plateau?

— Lui-même.

— Croyez-vous qu'il veuille me raconter son accident?

— Certainement; quoique ce ne soit pas une chose gaie, c'est une chose curieuse, et nous sommes ici pour satisfaire la curiosité des voyageurs.

Je ne parus pas faire attention à l'espèce d'amertume avec laquelle il prononça ces mots. J'appelai le maître de l'auberge, afin qu'il nous apportât une bouteille de son meilleur vin et trois verres; je les emplis, et, en prenant deux de chaque main, j'allai à Coutet.

En m'entendant venir à lui, il se releva. Je lui présentai le verre, qu'il accepta avec un sourire que je n'ai jamais trouvé plus cordial que sur la figure des habitants de la Savoie.

— A votre santé, mon maître, lui dis-je, et puisse-t-elle ne jamais se retrouver dans un danger pareil à celui qu'elle a couru!

— Ah! monsieur veut parler de ma cabriole dans la crevasse? répondit Coutet.

— Justement.

— Le fait est (Coutet interrompit sa phrase pour vider son verre) que j'ai passé un mauvais quart d'heure, continua-t-il en le posant sur la table et en s'essuyant la bouche du revers de la main.

— Auriez-vous la complaisance de me donner quelques détails sur cet événement? repris-je.

— Tous ceux que vous voudrez, monsieur.

— Alors asseyons-nous.

Je donnai l'exemple : il fut suivi. Je remplis les verres des deux guides, et Coutet commença.

MARIE COUTET.

E n 1820, le colonel anglais Anderson et le docteur Hamel (ce dernier envoyé par l'empereur de Russie pour faire des expériences météorologiques sur les montagnes les plus élevées du globe) arrivèrent à Chamouny : à peine arrivés, ils manifestèrent leur intention de gravir le mont Blanc, et ordonnèrent tous les préparatifs nécessaires à cette expédition : déjà neuf ascensions pareilles à celles qu'ils allaient faire avaient eu lieu sans accident.

Au jour fixé, les dix guides se trouvèrent prêts : c'était mon tour d'être guide-chef : je pris donc le commandement de la petite caravane ; ceux qui marchaient sous mes ordres étaient Julien Devoissou, David Folliguet, les deux frères Pierre et Mathieu Balmat, Pierre Carriez, Auguste Terre, David Coutet, Joseph Folliguet, Jacques Coutet et Pierre Favret : treize en tout, y compris les deux voyageurs.

Nous partîmes à huit heures du matin avec apparence de beau temps : arrivés aux Grands-Mulets à trois heures de l'après-midi, nous nous y arrêtâmes, car nous savions qu'il ne nous restait pas assez de jour pour arriver au sommet du mont Blanc, et que plus haut nous ne trouverions aucun endroit favorable à une halte de nuit. Nous nous assîmes en conséquence sur une espèce de plateau, où nous retrouvâmes encore les débris de la cabane qu'y avait fait bâtir M. de Saussure, et nous procédâmes au dîner, en invitant les voyageurs à faire en un seul repas leurs provisions de vivres pour vingt-quatre heures, attendu qu'au fur et à mesure qu'ils monteraient, ils perdraient non-seulement tout appétit, mais encore toute possibilité de manger. Après le dîner, on parla des ascensions précédentes, des difficultés heureusement surmontées. Ces antécédents nous donnaient de l'espoir et de la gaieté : le temps s'écoula vite, au milieu des récits de ceux de nous qui avaient déjà fait le voyage. Le soir vint sans qu'il y eût eu un instant de doute, de crainte ou d'ennui : alors on se pressa les uns contre les autres, on étendit les couvertures sur de la paille, on dressa une tente avec des draps, et chacun passa une nuit tant bonne que mauvaise.

Le lendemain, je me réveillai le premier, et, me levant aussitôt, je fis quelques pas hors de notre abri ; un coup d'œil me suffit pour voir que le temps était perdu pour tout le jour ; je rentrai aussitôt en secouant la tête.

— Qu'y a-t-il, Coutet? me dit Devoissou.

— Il y a, répondis-je, que le vent a changé et qu'il vient du midi.

En effet, le vent venait de ce côté, chassant devant lui la neige comme une poussière. A cette vue, nous nous regardâmes, et, d'un commun accord, nous résolûmes de ne pas aller plus loin. Cette résolution fut maintenue malgré les instances du docteur Hamel, qui voulait essayer de continuer le voyage; tout ce qu'il put obtenir de nous, fut que nous attendrions au lendemain pour redescendre au village. La journée se passa tristement ; la neige, qui ne tombait d'abord que sur la sommité du mont Blanc, descendait petit à petit vers l'endroit où nous étions, comme une amie qui croit devoir venir jusqu'à notre porte pour nous avertir du danger.

La nuit arriva. Les mêmes précautions furent prises, et nous la passâmes comme nous avions fait de la première. Le jour vint, il nous montra le temps aussi menaçant que la veille; nous nous réunîmes en conseil, et, au bout de dix minutes de délibération, nous résolûmes de retourner à Chamouny; nous fîmes part de cette décision au docteur Hamel, qui s'y opposa formellement. Nous étions à ses ordres; notre temps et notre vie étaient à lui, puisqu'il les payait; nous n'insistâmes donc point; seulement, nous tirâmes au sort pour savoir lesquels d'entre nous retourneraient à Chamouny pour y chercher des vivres : le sort désigna Joseph Folliguet, Jacques Coutet et Pierre Favret, qui partirent immédiatement.

A huit heures du matin, le docteur Hamel, fatigué de l'opiniâtreté du temps, non-seulement ne se contenta plus de rester où nous étions, mais encore voulut continuer le voyage. Si l'un de nous avait eu cette idée, nous l'aurions pris pour un fou et nous lui eussions lié les jambes, afin qu'il ne pût faire un pas ; mais le docteur était étranger, il ignorait les dangereux caprices de la montagne; nous nous contentâmes donc de lui répondre que faire seulement deux lieues, malgré les avertissements que le ciel donnait à la terre, c'était défier la Providence et tenter Dieu. Le docteur Hamel frappa du pied, se retourna vers le colonel Anderson et murmura le mot *lâches*.

Dès lors il n'y avait plus à hésiter; chacun de nous fit silencieusement ses préparatifs de départ, et, au bout de cinq minutes, je demandai au docteur s'il était prêt à nous suivre; il fit signe de la tête que oui, car il nous gardait rancune; nous partîmes donc sans attendre nos camarades qui étaient descendus au village.

Contre toute probabilité, le commencement de notre route se fit sans accident; nous arrivâmes ainsi au petit plateau, et, après avoir gravi le dôme du Goûter, nous redescendîmes vers le grand plateau. Arrivés là, nous avions à notre gauche la grande crevasse, qui a au moins soixante pieds de large et cent vingt pieds de long; à notre droite, la côte du mont Blanc s'élevant en talus rapide à la hauteur de mille pieds encore au-dessus de nos têtes; sous nos pas douze ou quinze pouces de neige nouvelle et fraîche, tombée pendant la nuit, et dans laquelle nous enfoncions jusqu'au genou. Nous venions d'entrer dans le vent, qui menaçait d'être toujours plus violent au fur et à mesure que nous monterions; notre marche, sur une seule ligne, s'opérait ainsi : Auguste Terre marchait le premier, Pierre Carriez le second, et Pierre Balmat le troisième; puis venaient après eux Mathieu Balmat, Julien Devoissou et moi; à six pas de distance à peu près, nous étions suivis par David Coutet et par David Folliguet; puis après eux s'avançaient, les derniers, afin qu'ils profitassent du chemin que nous leur traçions, le colonel Anderson et le docteur Hamel.

La précaution prise pour nous sauver fut probablement celle qui nous perdit; en marchant sur une seule ligne, nous tranchions, comme avec une charrue, cette neige molle et nouvelle qui n'avait point encore d'appui; dès lors, le talus étant trop rapide pour la retenir en équilibre, elle dut glisser.

En effet, nous entendîmes tout à coup comme le bruissement sourd d'un torrent caché; au même instant, depuis le haut de la côte jusqu'à l'endroit où nos pas avaient creusé une ornière de dix ou douze pouces de profondeur, la neige fit un mouvement; aussitôt je vis quatre des cinq hommes qui me précédaient renversés les pieds en l'air; l'un d'eux seul me parut rester debout; puis je sentis que les jambes me manquaient à moi-même, et je tombai en criant de toute ma force : « *L'avalanche! l'avalanche! nous sommes tous perdus!...* »

Je me sentis entraîné avec une telle rapidité, que, roulant comme un boulet, je dois avoir parcouru l'espace de quatre cents pieds dans l'intervalle d'une minute. Enfin, je sentis que le terrain manquait sous moi, et que ma chute devenait perpendiculaire; je me rappelle que je dis encore : « *Mon Dieu, ayez pitié de moi!* » et que je me trouvai au même instant au fond de la crevasse, couché sur un lit de neige, où, sans le reconnaître, j'entendis presque aussitôt se précipiter un autre de nos compagnons.

Je restai un instant étourdi de la chute ; puis j'entendis au-dessus de ma tête une voix qui se lamentait ; celle de David Coutet.

— O mon frère, mon pauvre frère! disait-il, mon frère est perdu !

— Non, lui criai-je, non, me voilà, David, et un autre avec moi ; Mathieu Balmat est-il mort?

— Non, mon brave, non, me répondit Balmat, je suis vivant, et me voilà pour t'aider à sortir. Au même instant, il se laissa glisser le long des parois de la crevasse, et tomba près de moi.

— Combien de perdus? lui dis-je.

— Trois, puisqu'il y en a un avec toi !

— Lesquels?

— Pierre Carriez, Auguste Terre et Pierre Balmat.

— Et ces messieurs ont-ils du mal ?

— Non, Dieu merci !

— Eh bien! essayons de tirer d'ici celui que j'y ai vu tomber avec moi, et qui ne doit pas être loin.

En effet, en nous retournant, nous aperçûmes un bras qui passait seul hors de la neige; c'était celui de notre pauvre camarade. Nous le tirâmes, afin de dégager la tête qui se trouvait couverte; il n'avait point encore perdu connaissance, seulement il ne pouvait plus parler, et avait la figure bleue comme un asphyxié; cependant, au bout de quelques secondes, il se remit sur ses jambes, mon frère nous jeta une petite hache avec laquelle nous nous taillâmes des escaliers dans la glace; puis, arrivés à une certaine hauteur, nos camarades nous tendirent leurs bâtons et nous tirèrent à eux.

A peine fûmes nous hors de la crevasse, que nous aperçûmes le docteur Hamel et le colonel Anderson, qui nous prirent les mains en nous disant :

— Allons, courage, en voilà toujours deux de sauvés, nous sauverons les autres de même.

— Les autres sont perdus, répondit Mathieu Balmat, car c'est ici que je les ai vus disparaître.

Il nous conduisit alors vers le milieu de la crevasse, et nous vîmes bien qu'il n'y avait aucun espoir de les sauver; nos pauvres amis devaient avoir plus de deux cents pieds de neige par-dessus la tête. Pendant que nous fouillions avec nos bâtons, chacun raconta ce qu'il avait éprouvé. Dans la chute commune, Mathieu Balmat seul était resté debout : c'était un gros garçon d'une force prodigieuse, de sorte que, au moment où il sentit la neige nouvelle se glisser sous lui, il enfonça son bâton dans la vieille neige, et, s'enlevant à la force des poignets, il vit passer sous ses pieds, en moins de deux minutes, cette avalanche d'une demi-lieue qui entraînait avec le bruit du tonnerre son frère et ses amis; un instant il se crut seul sauvé, car, de dix que nous étions, lui seul demeura debout

Ceux qui se relevèrent les premiers étaient les deux voyageurs.

Balmat leur cria :

— Et les autres ?.

Au même moment, David Coutet se remit sur ses pieds.

— Les autres, dit-il, je les ai vus rouler dans la crevasse.

En courant vers elle, il heurta du pied David Folliguet, qui était encore tout étourdi de sa chute.

— En voilà encore un, dit-il ; ainsi cinq seulement sont perdus, et parmi eux est mon frère, mon pauvre frère !

C'est à ce moment que, l'ayant entendu, je lui répondis du fond de ma crevasse :

— Me voilà, frère, me voilà !

Cependant toutes nos recherches étaient inutiles, nous le sentions bien ; et cependant nous ne pouvions nous déterminer à abandonner nos pauvres camarades, quoiqu'il y eût déjà deux heures que nous les cherchions. A mesure que la journée s'avançait, le vent devenait plus glacial ; nos bâtons, qui nous avaient servi à sonder, étaient couverts de glace, et nos souliers aussi durs que du bois.

Alors Balmat, désespéré de voir que tous nos efforts n'aboutissaient à rien, se tourna vers le docteur Hamel.

— Eh bien ! monsieur, lui dit-il, voyons maintenant, sommes-nous des lâches, et voulez-vous aller plus loin ? nous sommes prêts.

Le docteur répondit en donnant l'ordre de retourner à Chamouny. Quant au colonel Anderson, il se tordait les bras et pleurait comme un enfant.

— J'ai fait la guerre, disait-il, j'étais à Waterloo, j'ai vu les boulets enlever des rangs entiers d'hommes ; mais ces hommes étaient là pour mourir... tandis qu'ici !...

Les larmes lui coupaient la parole.

— Non, ajoutait ce brave militaire, non, je ne m'en irai pas avant qu'on ait du moins retrouvé leurs cadavres.

Nous l'entraînâmes de force, car la nuit s'approchait, et il était temps de descendre.

En arrivant aux Grands-Mulets, nous rencontrâmes les autres guides qui apportaient les provisions ; ils amenaient avec eux deux voyageurs qui comptaient se réunir au docteur Hamel et au colonel Anderson ; nous leur racontâmes l'accident qui nous était arrivé ; puis nous nous remîmes tristement en chemin pour redescendre vers le village. Nous y arrivâmes à onze heures du soir.

Les trois hommes qui avaient péri n'étaient heureusement pas mariés ; mais Carriez soutenait toute une famille par son travail.

Quant à Pierre Balmat, il avait une mère ; mais la pauvre femme ne fut pas longtemps séparée de son fils ; trois mois après sa mort elle mourut.

RETOUR A MARTIGNY.

orsque ce récit fut fini, je cherchai des yeux le maître de l'auberge, afin de lui payer la bouteille de vin qu'il nous avait fournie. Ne le trouvant pas, je donnai dix francs à Marie Coutet, et le chargeai de régler mon compte. Cinq minutes après, nous étions en route pour revenir.

Au bout d'une demi-heure de marche, Payot s'arrêta.

— Tenez, me dit-il en me montrant une pente très-rapide, c'est ici qu'on se laisse glisser à la *ramasse* lorsqu'il y a de la neige; alors on est au bas du Montanvert en deux minutes et demie, tandis que par le chemin ordinaire on met près de trois heures.

— Et comment l'opération se pratique-t-elle?

— Mon Dieu, c'est la chose du monde la plus facile; on coupe quatre branches de sapin, on les pose en croix, on s'assied dessus, puis on se laisse aller tranquillement, maître que l'on est de se servir de son bâton comme d'un gouvernail, pour éviter les arbres et les pierres.

— Ah diable! ce doit être une manière de voyager fort agréable, pour les fonds de culotte surtout?

— Dame! ils restent quelquefois en route, ça, c'est un fait.

— Et l'été, cette descente est-elle impraticable?

— Non. Vous voyez ce petit chemin?...

— Large comme une roue à la Marlborough?

— Oui, eh bien! il raccourcit la route d'une heure et demie.

— Et l'on peut le prendre?

— Certainement.

— Prenons-le alors.

Payot me regarda d'un air de doute.

— Ah çà! mais il paraît que le vin du Montanvert vous donne du courage!

— Non, il me creuse l'estomac, et je meurs de faim.

— Voulez-vous que je vous donne la main?

— Ce n'est point la peine; marchez devant, cela me suffira.

Payot se mit en route, ne comprenant pas ma témérité; elle était simple, cependant. Un précipice n'a sur moi de prise vertigineuse que lorsqu'il est coupé à pic; alors, et même lorsque je le regarde d'en bas, j'éprouve un malaise indéfinissable et dont je ne suis pas le maître; mais, le chemin fût-il beaucoup plus étroit, dès lors que ma vue se repose sur un talus, si rapide et si malaisé qu'il soit, j'échappe à son influence; j'en vins donc à mon honneur, et, un quart d'heure après, nous étions arrivés aux sources de l'Arveyron.

L'eau sort du pied du glacier des Bois, qui forme l'extrémité inférieure de la mer de glace, par une ouverture de quatre-vingts à cent pieds de haut; cette caverne a, comme nous l'avons déjà dit, l'apparence d'une gueule de poisson; les arcades de glace qui la soutiennent sont cambrées et ont la forme de plusieurs mâchoires qui, placées les unes à la suite des autres, s'enfoncent vers le gosier d'où sort la source, agile et agitée comme la langue fourchue d'un serpent; quelques-unes de ces arcades paraissent tenir à peine et menacent d'écraser par leur chute ceux qui s'engageraient dans la caverne, chose possible, l'eau ne remplissant pas entièrement sa cavité.

Un accident de ce genre arriva en 1830, à l'endroit même où nous étions. Plusieurs voyageurs s'étaient arrêtés en face de la caverne, lorsque l'un d'eux, pour détacher de la voûte une de ces arcades de glace, tira un coup de pistolet. En effet, l'une d'elles tomba avec un bruit terrible, obstruant par sa chute et par ses débris l'entrée de la caverne et fermant le passage à l'eau. Les voyageurs voulurent alors examiner le réservoir qui devait naturellement se former derrière cette digne; mais au moment où ils la gravissaient, l'eau, qui avait doublé sa force en s'amassant, rompit le mur de glace qui la retenait, entraînant avec elle la digue et les voyageurs qui l'avaient élevée; l'un d'eux fut repoussé violemment vers le bord et en fut quitte pour une cuisse cassée; l'autre, entraîné par le courant, se noya, sans que les guides pussent lui porter aucun secours.

Payot me donnait tous ces détails en me ramenant à Chamouny par le chemin le plus court. Nous avions déjà fait un quart de lieue à peu près depuis le lieu qui avait été témoin de cet accident, et nous nous trouvions dans une espèce d'île, entre l'Arve et l'Arveyron, lorsqu'il s'arrêta, cherchant des yeux

— Je vis mon homme qui tenait son chapeau d'une main, et qui se grattait l'oreille de l'autre. — Page 89.

avec inquiétude le pont qu'il avait l'habitude de trouver à l'endroit où nous étions. Dans les Alpes, ces sortes de passages sont, en général, fort mobiles, et surtout fort inconstants ; c'est le plus souvent un arbre jeté en travers d'un torrent ou d'un précipice, dont les deux bouts reposent sur les deux rives, sans y être autrement fixé que par son équilibre, ce qui, sur trois chances, en offre une pour arriver et deux pour tomber en route. Cette fois, nous n'avions pas même les deux dernières ; le pont avait probablement été précipité d'un coup de pied dans le torrent par quelque voyageur morose ou

ingrat ; mais, enfin, soit par cette cause, soit par toute autre, le fait est que le pont n'y était plus.

— Eh bien ! nous voilà bien ! dit Payot.

— Qu'y a-t-il donc ? lui répondis-je.

— Il y a, il y a, pardi...

Il continuait de chercher des yeux, tandis que, de mon côté, ignorant l'objet de sa recherche, mes yeux suivaient les siens avec inquiétude.

— Quoi donc, voyons ? qu'y a-t-il, enfin ?

— Il y a, qu'il n'y a plus de pont !

— Bah ! et ça vous inquiète, vous ?

— Ça ne m'inquiète pas précisément, parce qu'en

La gorge de Valorsine. — PAGE 91.

revenant sur nos pas!... Mais c'est une demi-heure de perdue.

— Mon cher ami, quant à moi, je vous déclare que j'ai trop faim pour la perdre.

— Alors, comment ferez vous?

— Vous savez que, si je grimpe mal, je saute bien!

— Vous sauterez dix pieds?

— La belle affaire!...

— Oh! bah!

— Pas de moraines, n'est-ce pas?

— Non, monsieur!

— Adieu, Payot.

En même temps, je pris mon élan et sautai par-dessus la petite rivière.

Je me retournai et vis mon homme qui tenait son chapeau d'une main et se grattait l'oreille de l'autre.

— Vous savez que je vous attends à dîner, lui dis-je; je vais devant et je ferai faire la carte; au revoir, mon brave.

Payot se remit silencieusement en route, remontant les bords de l'Arveyron que je descendais. Au pas dont nous marchions tous deux, il devait à peu près être arrivé au pont en même temps que j'arrivais à Chamouny.

En attendant le dîner, je jetai sur le papier les détails que m'avait donnés Marie Coutet sur l'accident arrivé lors de l'ascension du docteur Hamel; mon hôte était l'oncle de Michel Terre, l'un des trois qui avaient péri dans la crevasse.

Comme j'achevais, Payot entra; le pauvre diable était en nage; le dîner était prêt, nous nous mîmes à table.

Je vis pendant le repas que, grâce à l'exploit que je venais de faire, j'avais considérablement grandi dans l'esprit de mon guide; en général, les hommes de la nature ne font cas que des dons de la nature; peu leur importent les talents de nos villes, qui, dans un moment de danger, ne peuvent leur être d'aucun secours, et, dans la vie ordinaire, d'aucune utilité! La force, l'adresse, l'agilité, voilà les trois déesses de leur culte, et ceux qui les possèdent sont pour eux des hommes de génie.

Aussi, à part mes vertiges, qu'ils ne comprenaient pas, étais-je l'homme de leur sympathie: dès que j'avais eu l'occasion de donner devant eux une preuve quelconque de force ou d'adresse, ils se rapprochaient aussitôt de moi, plus familiers et cependant plus respectueux; certains dès lors que je pouvais les comprendre, ils me racontaient de ces choses intimes qu'ils n'avaient l'habitude de dire qu'aux hommes de leur nature; moins envieux sur les qualités physiques, qu'ils possèdent à un si haut degré cependant, que nous ne le sommes sur les qualités morales, ma supériorité sur eux, et il m'arrivait quelquefois d'en avoir, ne les humiliait pas; au contraire, elle faisait naître une espèce d'admiration naïve, dont le murmure, je l'avouerai, a parfois plus flatté mon amour-propre que les applaudissements d'une salle entière.

Vers la fin du dîner, Balmat arriva, comme il me l'avait promis; il m'apportait des cristaux trouvés par lui dans la montagne; il m'en donna pour une valeur d'une dizaine de francs: je voulus les lui payer, mais il s'y refusa avec tant d'obstination, que je vis que je lui ferais peine en insistant.

Pendant la soirée, il me parla des voyageurs illustres qu'il avait tour à tour conduits, et me nomma MM. de Saussure, Dolomieu, Chateaubriand et Charles Nodier; sa mémoire était très-fidèle, autant que j'ai pu en juger par le portrait qu'il me fit des deux derniers.

A dix heures, je quittai ces braves gens, que je ne reverrai probablement jamais, mais qui, j'en suis sûr, gardent un bon souvenir de moi; Payot ne pouvait me servir de guide le lendemain, étant de noce. Il m'offrit à sa place son fils, que j'acceptai.

Le lendemain, l'enfant me réveilla vers les cinq heures. La journée était dure, nous devions revenir à Chamouny par la Tête-Noire; c'étaient dix lieues de pays à faire. Le fils de Payot ne devait m'accom-

pagner que jusqu'aux frontières de la Savoie; mon guide valaisan, que j'avais gardé, mais qui avait perdu tous ses droits du moment où il avait mis le pied sur les États du roi de Sardaigne, reprenait son service en se retrouvant sur sa terre.

Le jeune garçon, trop faible pour une si longue course, m'amenait un mulet que je devais monter en allant, et lui en revenant; de cette manière, nous ne faisions que cinq lieues chacun de notre côté. Nous enfourchâmes nos bêtes et nous partîmes, nos grands bâtons ferrés nous donnant l'air de ces bouviers romains qui conduisent leur troupeau à cheval.

Au bout d'un quart de lieue, un douanier sortit d'une petite baraque près de laquelle nous allions passer, et nous attendit sur la route; lorsque nous l'eûmes joint, il demanda les passe-ports; nous allions obéir à cette injonction, lorsque le guide nous arrêta en nous disant que ce n'étaient pas les nôtres, mais ceux de nos mulets dont on demandait l'exhibition. Il tira de sa poche un certificat constatant que c'était le tour de *Dur-au-Trot* et de la *Grise* à marcher. J'étais monté sur le premier, et j'avouai, dès que je connus son sobriquet, que jamais surnom de bataille n'avait été mieux mérité. Quant à la *Grise*, on devine que la couleur de sa robe lui avait valu ce gracieux nom de baptême.

Pendant trois quarts d'heure à peu près, nous suivîmes la même route que nous avions déjà faite pour venir du col de Balme à Chamouny; enfin, nous tournâmes à gauche, et, après nous être retournés pour prendre congé de la magnifique vue que nous allions perdre, nous nous enfonçâmes dans la gorge des Montets. Au fur et à mesure que nous y entrions, le caractère du pays changeait complètement. Une terre nue, grisâtre et pierreuse, sillonnée de cent pas en cent pas par des lits de ravins, s'étendait devant nous; nous apercevions au loin, comme des groupes de pauvres déguenillés, les hameaux de Treluchan d'en bas et de Treluchan d'en haut; du reste, ces misérables chaumières ne prêtent d'asile à leurs habitants que trois ou quatre mois de l'année, après lesquels ils vont chercher un asile sur un plateau à l'abri des avalanches. De place en place, et semées sur la route, s'élèvent des croix, qui indiquent que, là où elles sont; un guide, un voyageur, quelquefois une famille tout entière, ont péri; ces symboles de la mort ne sont pas eux-mêmes à l'abri de la destruction; la plupart sont brisés par des pierres qui roulent de la montagne.

Bientôt nous entrâmes dans la gorge de Valorsine (val des Ours), ainsi nommée par opposition du val de Chamouny (val des Chamois); nous nous y arrêtâmes pour déjeuner, et nous vîmes que là aussi il devait y avoir de grandes craintes, aux grandes précautions qui sont prises; les couvertures des maisons, que le vent menace d'emporter, sont maintenues en place par d'énormes pierres posées sur leurs toits, comme des morceaux de marbre sur les papiers d'un bureau. L'église est entourée de contre-gardes, comme un château du seizième siècle, afin qu'elle puisse soutenir les assauts que les avalanches lui livrent chaque hiver ; enfin, plusieurs bâtiments, ainsi que certaines cases indiennes, sont supportés par des poteaux, de manière à ce que l'eau puisse monter jusqu'à la hauteur de plusieurs pieds sans les atteindre, et passer sous eux sans les emporter.

La gorge de Valorsine s'étend une lieue à peu près encore au delà du village de ce nom ; le chemin passe au milieu d'une forêt de sapins plus pressés que ne le sont ordinairement les forêts des montagnes, et côtoie un torrent que les paysans, dans leur langage toujours imagé, appellent l'eau noire. Effectivement, quoique cette eau fût parfaitement incolore et la plus limpide peut-être de toutes les eaux que j'avais vues, la voûte de sapins qui l'ombrage lui donne une teinte foncée qui justifie le nom qu'elle a reçu. Trois fois on passe sur des ponts différents ce torrent capricieux ; puis, enfin, on enjambe d'une montagne à l'autre, et l'on se trouve à la base de la Tête-Noire.

Quelques pas avant d'y arriver, on trouve sur la droite de la route un monument de l'originalité anglaise : c'est une énorme pierre, de la forme d'un champignon, dont la calotte s'appuie d'un côté au talus de la montagne, et, de l'autre, forme une espèce de voûte. Cette pierre appartient en toute propriété à une jeune miss et à un jeune lord qui l'ont achetée au roi de Sardaigne. Une inscription constatant cette acquisition est gravée sur le bourrelet de pierre qui surmonte sa base. Les armes des deux acheteurs, réunies sur une plaque de cuivre et surmontées d'une couronne de comte, avaient même été apposées au-dessous de l'écriture, comme un sceau sur une lettre patente ; mais il paraît que ce métal a une certaine valeur en Savoie, car depuis longtemps la plaque a disparu. Notre guide nous dit que du côté de Sierres ces mêmes Anglais avaient encore acheté deux arbres jumeaux, sous l'ombrage desquels ils s'étaient *reposés*. J'ai recours aux lettres italiques pour exprimer le sens que le sourire

de mon guide parut attacher à ce mot. Cette pierre s'appelle Balmarossa.

A mesure que l'on gravit la Tête-Noire, le chemin devient de plus en plus sauvage. Les sapins cessent d'être pressés en forêt et s'isolent comme des tirailleurs. On dirait une armée de géants, qui, voulant escalader la montagne, a été arrêtée par les rocs qu'une main invisible a fait rouler de sa cime. La plupart des arbres ont été brisés par ces avalanches de pierre, et des blocs énormes de granit sont arrêtés tout court aux pieds de ceux qui ont offert à ces masses une résistance proportionnée à leur pesanteur multipliée par l'impulsion.

Le chemin, de son côté, participe à cette nature sauvage ; il s'escarpe de plus en plus, et se rétrécit enfin pour passer sur un abîme, de manière à ne présenter, pendant cinq ou six pas, qu'une largeur d'un demi-pied. Cet endroit est appelé, par les gens même du pays, le Maupas, ou mauvais pas.

Cette espèce de défilé une fois franchi, la route devient praticable même pour les voitures, et descend par une pente assez douce vers le village du Trient. Nous nous y arrêtâmes pour dîner ; seulement, nous choisîmes une autre auberge que celle où nous avions stationné quatre jours auparavant. Ce fut, du reste, un changement de localités, et voilà tout ; quant au repas, il ne fut guère plus confortable que le premier.

Cent pas au delà du village, nous nous retrouvâmes dans la même route que nous avions suivie en venant de Martigny ; nous la prîmes pour y retourner. A sept heures du soir nous étions de retour dans la capitale du Valais.

Il paraît qu'il avait fait la veille, à Martigny, un orage épouvantable, dont nous n'avions pas même entendu le bruit à dix lieues de là. Cet accident atmosphérique parvint à ma connaissance pendant que je signais le registre de l'auberge où chaque voyageur inscrit son nom et la cause de son voyage. Le dernier signataire avait constaté le déluge qui en avait été la suite par cette boutade, qui aurait fait honneur à l'humour d'un Anglais.

« *M. Dumont, — négociant, — voyageant pour son plaisir, — cinq filles et une pluie battante!...* »

LE SAINT-BERNARD.

u moment où je venais, à mon tour, d'inscrire sur le registre mon nom, ma profession et mes motifs de voyage, je tournai la tête, et j'aperçus derrière moi mon ancien ami, le maître d'hôtel, qui me salua d'un air si comiquement triste, que je vis bien que quelque malheur nous menaçait l'un ou l'autre, ou peut-être tous deux. En effet, le pauvre homme avait tant de monde chez lui, qu'il ne savait où me loger : lui-même avait cédé son lit aux voyageurs et comptait coucher dans la grange. Il essaya timidement de me prouver que l'odeur du foin était fort saine, et que je serais mieux chez lui sur la paille que chez un autre dans un lit. Mais je venais de faire douze lieues à pied, circonstance qui me rendait l'esprit fort peu accessible à ce genre de raisonnement, quelque logique qu'il lui parût être : en conséquence, je dis à mon guide de me conduire à l'hôtel de la Tour.

Mon hôte tenta un dernier effort pour me retenir. Il lui restait une grande chambre où il avait empilé une société de cinq voyageurs, un de plus ne devait rien leur faire sur la quantité; il me demanda donc si je me contenterais comme eux et avec eux d'un matelas posé à terre; et, sur ma réponse affirmative, il s'achemina, moi le suivant, vers leur chambre, d'où sortait un vacarme épouvantable. Nos voyageurs se battaient à coups de traversins, pour conquérir les uns sur les autres chacun un emplacement de trois pieds de large sur six de long, la grandeur de la chambre n'ayant pas paru leur offrir au premier abord cinq fois cette mesure géométrique. Je jugeai, à part moi, que le moment était mal choisi pour la demande que nous venions faire : mon hôte fit probablement la même réflexion, car il se retourna de mon côté avec un air d'embarras si marqué, que je me décidai à faire ma commission moi-même. Je poussai doucement la porte, et je m'aperçus que provisoirement la bataille se passait dans la nuit, les projectiles ayant éteint les lumières : dès lors ma résolution fut prise.

Je soufflai la chandelle de mon hôte, ce qui fit rentrer le corridor dans une obscurité aussi complète que celle où était la chambre; je lui recommandai de ne retrouver sous aucun prétexte la deuxième clef de la porte, et je le priai de me laisser me tirer d'affaire tout seul. Il ne demandait pas mieux.

La petite guerre continuait toujours, et les éclats de rire des combattants faisaient un tel bruit, que j'entrai dans la chambre, refermai la porte à double tour, et mis la clef dans ma poche, sans qu'aucun d'eux s'aperçût qu'il venait de se glisser dans la place un surcroît de garnison.

Je n'avais pas fait deux pas que j'avais reçu sur la tête un coup de matelas qui m'avait enfoncé mon chapeau jusqu'à la cravate.

On juge bien que je n'étais pas venu là pour demeurer en reste de compte avec ceux qui s'y trouvaient; je n'eus qu'à me baisser pour ramasser une arme, et je me mis à frapper à mon tour avec une vigueur qui aurait dû prouver à mes adversaires qu'il venait d'arriver un renfort de troupes fraîches. Bientôt je m'aperçus que j'étais appuyé contre un angle, position, comme tout le monde sait, très-favorable en stratégie pour une défense individuelle. La mienne fit, à ce qu'il paraît, de si grandes merveilles, que je compris, à la faiblesse des coups qu'on me portait, qu'on perdait l'espoir de me débusquer de la place, et le combat se transposa sur d'autres points. Je profitai de ce moment pour étendre mon matelas sur le carreau; un manteau sans propriétaire apparent, et dans lequel je m'embarrassai les jambes, me parut devoir admirablement remplacer les couvertures que la servante n'avait point encore apportées, et que, grâce à la précaution que j'avais prise de fermer la porte à double tour et de mettre la clef dans ma poche, il me paraissait bien difficile qu'elle introduisît désormais parmi nous; je m'enveloppai donc le plus confortablement possible; je me jetai sur mon lit de camp, et j'attendis, le nez tourné vers le mur, l'orage, qui ne devait pas tarder à gronder lorsque l'un des combattants s'apercevrait qu'il y avait un matelas de déficit.

En effet, peu à peu le calme se rétablit. Les éclats de voix devinrent moins bruyants : chacun songea à établir son bivac sur le champ de bataille; je sentis un matelas s'appuyer à mes pieds, un autre à ma droite. Chacun emboîta le sien comme il put dans ceux de ses compagnons, et se jeta dessus; un seul rôdeur continua de chercher quelque temps encore dans les coins et recoins; puis, impatienté de ne rien trouver, une idée lumineuse lui vint, et il s'écria tout à coup :

— Messieurs, il y a l'un de vous qui est couché sur deux matelas.

Cette accusation fut repoussée par un cri d'indignation unanime, auquel je m'abstins cependant de prendre part.

Notre homme se remit à chercher, moitié riant, moitié jurant, puis, ne trouvant rien, il finit par où il eût dû commencer : il sonna pour avoir de la lumière.

Nous entendîmes les pas de la servante d'auberge qui s'approchait; je vis briller la chandelle à travers le trou de la serrure, et je mis instinctivement la main dans ma poche, pour m'assurer si la bienheureuse clef y était toujours.

Notre homme alla à la porte : elle était fermée.

— Ouvrez, dit-il, et donnez-nous de la lumière.

— Messieurs, la clef est en dedans.

— Ah!

La main du chercheur m'intercepta un instant la lumière qui me venait du corridor; puis il se baissa, passa la main à terre, sur la cheminée.

— Qui diable a donc fermé la porte en dedans, messieurs?

Ce n'était personne. La fille attendait toujours.

— Eh! pardieu, il y a une seconde clef de chaque chambre dans votre auberge?

— Oui, monsieur.

— Eh bien! allez chercher l'autre.

La fille obéit, c'était mon moment d'épreuve. Si le maître de l'hôtel n'avait pas suivi mes instructions, j'étais perdu : le plus profond silence régnait, et n'était interrompu que par les coups de pied impatients de notre malheureux compagnon, qui murmurait entre ses dents :

— Cette péronnelle-là ne reviendra pas! je vous demande ce qu'elle peut faire! Vous verrez qu'elle ne trouvera pas la clef maintenant! Ah! c'est bien heureux!

Cette dernière exclamation lui était, comme on le devine bien, arrachée par le retour de la fille, qui était de nouveau arrêtée devant notre porte.

— Eh bien! allons donc!

— Monsieur, c'est comme un fait exprès, on ne peut pas mettre la main dessus.

— Ah! mais c'est donc le diable qui s'en mêle? Oui, oui, riez, messieurs. Pardieu, c'est bien amusant, pour moi surtout. D'abord, je vous préviens qu'il me faut un matelas, de gré ou de force.

Un hourra de propriétaires répondit à cette menace, et chacun se cramponna à son lit.

— Combien avez-vous apporté de matelas?

— Cinq.

— Vous voyez, messieurs, bien certainement l'un de vous en a deux.

Une dénégation plus absolue et plus énergique encore que la première lui répondit.

— Très-bien! mais je vais le savoir. Allez-moi chercher une botte d'allumettes.

Il y avait dans cette demande un projet dont je ne comprenais pas bien l'exécution, mais dont le résultat possible me fit frémir. La fille revint avec l'objet demandé.

— C'est bien, glissez-moi une allumette par le trou de la serrure.

Elle obéit.

— Maintenant, allumez le bout qui passe de votre côté. Très-bien, là.

Je suivais l'opération avec un intérêt que l'on peut comprendre; je vis briller de l'autre côté de la serrure la petite flamme bleuâtre, qui disparut un instant dans l'intérieur de la porte, et reparut de notre côté brillante comme une étoile. C'est une stupide invention que celle des allumettes.

Au fait, je ne savais pas trop comment j'allais m'en tirer, et si mes nouveaux camarades goûteraient la plaisanterie; je me tournai à tout hasard contre le mur, afin d'avoir le temps de préparer un petit discours de réception.

Pendant ce temps, la flamme de l'allumette se fixa à la mèche de la bougie; l'appartement s'illumina; j'entendis chacun s'asseoir sur son matelas pour passer la revue. Au même instant, un cri de surprise s'échappa de toutes les bouches, et une voix éclatante comme celle du jugement dernier fit entendre ces mots terribles :

— Nous sommes six!

Une deuxième voix succéda à la première.

— Messieurs, l'appel nominal.

— Oui, l'appel nominal.

Celui que la perte de son lit rendait le plus intéressé à cette vérification y procéda sur-le-champ.

— D'abord moi, Jules de Lamark, présent.

— M. Caron, médecin, présent.

— M. Charles Soissons, propriétaire, présent.

— M. Auguste Reimonenq, créole, présent.

— M. Honoré de Sussy...

Je me retournai vivement.

— A propos, mon cher de Sussy, lui dis-je en lui tendant la main, je puis vous donner des nouvelles de votre sœur, madame la duchesse d'O... Je l'ai vue, il y a huit jours, à Genève : elle y était belle à désespérer.

On peut juger du singulier effet que produisit mon interruption. Tous les yeux se fixèrent sur moi.

— Ah! pardieu, c'est Dumas! s'écria de Sussy.

— Moi-même, mon cher ami; voulez-vous me présenter à ces messieurs? je serais enchanté de faire leur connaissance.

— Certainement.

De Sussy me prit par la main.

— Messieurs, j'ai l'honneur...

Chacun se leva sur son lit et salua.

— Maintenant, messieurs, dis-je en me, tournant vers celui dont j'avais usurpé le matelas, permettez que je vous rende votre lit, mais à la condition cependant que vous m'autoriserez à m'en faire apporter un près des vôtres.

La réponse fut affirmative et unanime. J'ouvris la porte; dix minutes après, j'avais un matelas dont j'étais le légitime locataire.

Ces messieurs allaient comme moi au grand Saint-Bernard. Ils avaient retenu deux voitures. Ils m'offrirent de prendre une place avec eux; j'acceptai. La fille reçut l'ordre de nous éveiller le lendemain à six heures du matin. L'étape était longue, il y a dix lieues de Martigny à l'hospice, et les sept premières seulement peuvent se faire en char. Chacun de nous comprenait l'importance d'un bon sommeil : aussi dormîmes-nous tout d'une traite jusqu'à l'heure indiquée.

A sept heures, nous étions emballés à quatre dans un de ces chariots étroits sur lesquels on pose deux planches en travers, et qui, dès lors, prennent le titre pompeux de chars à bancs, et à deux dans une de ces petites voitures suisses qui vont de côté comme les crabes. Je m'étais pour mon malheur placé sur le char à bancs.

Nous n'avions pas fait dix pas que, d'après la manière dont il conduisait son cheval, je fis à notre cocher cette observation :

— Mon ami, je crois que vous êtes ivre?

— C'est vrai, mais a pas peur, notre maître.

— Très-bien, du moins nous savons à quoi nous en tenir.

Les choses allèrent à merveille tant que nous fûmes en plaine, et nous ne fîmes que rire des légères courbes que décrivaient cheval et voiture; mais, après avoir dépassé Martigny-le-Bourg et Saint-Branchier, lorsque nous commençâmes à pénétrer dans le val d'Entremont, et que nous vîmes le chemin s'escarper aux flancs de la montagne, ce chemin étroit, chemin des Alpes, s'il en fût, avec son talus rapide comme un mur d'un côté et son précipice profond de l'autre, nos rires devinrent moins accentués, quoique les courbes fussent toujours aussi fréquentes, et nous lui fîmes, mais d'une manière plus énergique, cette seconde observation :

— Mais, s... n... de D... cocher, vous allez nous verser!

Il fouetta son cheval à lui enlever la peau, et nous répondit par sa locution favorite :

— A pas peur, notre maître.

Seulement il ajouta, par forme d'encouragement sans doute :

— Napoléon a passé par ici.

— C'est une vérité historique que je n'ai pas l'intention de vous contester; mais Napoléon était à mulet, et il avait un guide qui n'était pas ivre.

— A mulet! Vous vous y connaissez! Il était sur une mule...

Nous repartîmes comme le vent; notre guide continua de parler la tête tournée de notre côté, et sans daigner même jeter les yeux sur la route.

— Oui, sur une mule, à preuve même que c'est Martin Grosseiller, de Saint-Pierre, qui le conduisait, et que sa fortune a été faite.

— Cocher!...

— A pas peur, — et que le premier consul lui a envoyé de Paris une maison et quatre arpents de terre. — Haoh! haoh!

C'était la roue de notre char qui pinçait le précipice de si près, que Lamark et de Sussy, qui étaient du côté de la planche, dont l'extrémité dépassait de largeur de la voiture, étaient littéralement suspendus sur un abîme de quinze cents pieds de profondeur.

Ceci rendait la plaisanterie de fort mauvais goût. Je sautai à bas de la voiture, au risque d'avoir les jambes brisées contre les roues, et j'arrêtai le cheval par la bride. Nos camarades, qui nous suivaient dans la seconde voiture, et qui ne comprenaient rien au jeu que nous jouions depuis le commencement du voyage, avaient jeté un cri que nous avions entendu : ils nous croyaient perdus.

— A pas peur, Napoléon a passé par ici. — A pas peur.

Et chaque mot de ce refrain éternel était accompagné d'une volée de coups de fouet, dont une partie tombait sur le cheval, et l'autre sur moi; l'animal, furieux, se cabrait en reculant, et la voiture se trouva de nouveau suspendue au-dessus de l'épouvantable ravin. Ce moment était critique; nos compagnons du chariot le jugeaient mieux que personne; aussi prirent-ils une résolution violente et instinctive; le cocher, saisi à bras-le-corps, fut soulevé hors de son siège et jeté sur la route, où il tomba lourdement, embarrassé, comme Hippolyte, dans ses rênes, qu'il n'avait point abandonnées. Le cheval, qui était d'un naturel fort pacifique, se calma aussitôt; ces messieurs profitèrent de ce moment de repos pour sauter à terre, et chacun de nous, notre damné de cocher excepté, se trouva sain et sauf et sur ses jambes au milieu de la route.

Nous laissâmes notre homme se relever, mener son cheval comme il l'entendait, et nous nous acheminâmes à pied; c'était plus fatigant, mais plus sûr.

A deux heures, nous dînâmes à *Liddes*, +où, d'après notre marché, nous devions changer de cheval et de cocher ; nous étions trop intéressés à ce que cette clause fût scrupuleusement suivie pour ne pas donner tous nos soins à son exécution. Cette mutation faite, nous nous remîmes en route complétement tranquillisés par l'allure honnête de notre quadrupède et la mine pacifique de son maître, qui, par parenthèse, était le notaire du lieu. En effet, nous arrivâmes sans accident à Saint-Pierre, où finit la route praticable pour les voitures.

Ce fut à l'entour de ce bourg que l'armée française fit sa dernière station lorsqu'elle franchit le grand Saint-Bernard, au delà duquel l'attendaient les plaines de *Marengo*. Des gens du pays nous montrèrent les différents emplacements qu'avaient occupés l'infanterie, la cavalerie et l'artillerie ; ils nous expliquèrent comment les canons, démontés de leurs affûts, avaient été assujettis dans des troncs de sapin creux et portés à bras par des hommes qui se relayaient de cent pas en cent pas. Quelques-uns de ces paysans avaient vu opérer cette œuvre de géant et se vantaient avec orgueil d'y avoir pris part ; ils se rappelaient la figure du premier consul, la couleur de son habit et jusqu'à quelques mots insignifiants qu'il avait laissés tomber devant eux. C'est ainsi que j'ai retrouvé chez l'étranger, vivant et dans toute sa puissance, le souvenir de cet homme, qui, pour notre jeune génération, qui ne l'a pas vu, semble être un héros fabuleux enfanté par quelque imagination homérique.

Cette visite de localité nous retint jusqu'à sept heures du soir. Lorsque nous revînmes à Saint-Pierre, le temps était couvert et promettait de l'eau pour la nuit.

Nous renonçâmes donc à notre premier dessein d'aller coucher à l'hospice, et en rentrant nous dîmes à notre hôte de nous donner à souper et de nous préparer des chambres.

Ce n'était pas chose facile : plusieurs sociétés de voyageurs étaient arrivées, et, retenues comme nous par la menace du temps et l'approche de la nuit, elles s'étaient emparées des chambres et avaient fait main basse sur les provisions ; il ne restait pour nous six qu'un grenier et une omelette.

L'omelette fut dévorée ; puis nous procédâmes à la visite de notre chambre à coucher.

Il n'y avait vraiment qu'un aubergiste suisse qui pût avoir l'idée de faire coucher des chrétiens dans un pareil bouge ; l'eau, qui commençait à tomber, filtrait à travers le toit de planches ; le vent sifflait dans les fentes de contrevents mal joints, seule clôture des fenêtres ; enfin les rats, que notre présence avait fait fuir, constataient, par des grignotements dont le bruit ne pouvait échapper à des oreilles aussi exercées que les nôtres, leur droit de propriété sur le local que nous venions leur disputer, et leur intention de le reconquérir, malgré notre établissement, aussitôt que nous aurions soufflé les chandelles.

. A l'aspect de cet infâme grenier, l'un de nous proposa de partir courageusement pour l'hospice le soir même. C'étaient trois heures de fatigue et de pluie, il est vrai, mais, au bout du chemin, quelle perspective!... Un souper splendide, un beau feu, une cellule bien close et un bon lit.

La proposition fut reçue avec enthousiasme ; nous descendîmes, et envoyâmes chercher un guide. Au bout de dix minutes il arriva ; nous lui dîmes de recruter deux de ses camarades, et de se procurer six mulets, attendu que nous voulions le même soir aller coucher au grand Saint-Bernard.

— Au grand Saint-Bernard ! diable ! dit-il.

Et il alla à la fenêtre, regarda le temps, s'assura qu'il était gâté pour toute la nuit, exposa sa main à l'action du vent, afin de juger de la direction dans laquelle il soufflait, et revint à nous en secouant la tête.

— Vous dites donc qu'il vous faut trois hommes et six mulets?

— Oui.

— Pour aller cette nuit au Saint-Bernard?

— Oui.

— C'est bon, vous allez les avoir.

Et il nous tourna le dos pour aller les chercher.

Cependant, les signes qu'il avait laissé échapper nous donnèrent quelque inquiétude ; nous le rappelâmes.

— Est-ce qu'il y aurait du danger ? lui dîmes-nous.

— Dame!... le temps n'est pas beau ; mais, puisque vous voulez aller au Saint-Bernard, on tâchera de vous y conduire.

— En répondez-vous?

— L'homme ne peut promettre que ce que peut faire un homme ; on tâchera ; cependant, si j'ai un conseil à vous donner, avec votre permission, prenez plutôt six guides que trois.

— Eh bien ! soit, six guides, mais revenons au danger ; quel est-il ? Il me semble que nous ne sommes point encore assez avancés en saison pour avoir à craindre les avalanches?

— Non, si nous ne nous écartons pas de la route.

— Mais on ne s'écarte dans la route que lorsqu'elle est couverte de neige, et le 26 août ce serait bien le diable !

— Oh ! quant à la neige, voyez-vous, que ça ne vous inquiète pas ; nous en aurons, et plus haut que vos guêtres... Voyez-vous cette petite pluie-là, qui est bien gentille ici? eh bien ! à une lieue de Saint-Pierre, comme nous allons toujours en montant jusqu'à l'hospice, ça sera de la neige.

— Messieurs, l'appel nominal. — Page 93.

Il retourna à la fenêtre :
— Et elle tombera dru, ajouta-t-il en revenant.
— Ah! bah, bah! au Saint-Bernard!
— Messieurs, cependant... repris-je.
— Au Saint-Bernard! que ceux qui sont de l'avis d'aller coucher au Saint-Bernard lèvent la main.

Quatre mains se levèrent sur six. Le départ fut adopté.

— Voyez-vous, continua notre guide, si vous étiez des gens de la montagne, je dirais : C'est bon, en route; mais vous êtes des Parisiens, à ce que je peux

voir, avec votre permission, et le Parisien, c'est délicat et ça craint le froid; aussitôt qu'il a les pieds dans la neige, il grelotte.
— Eh bien! nous ne descendrons pas de mulet.
— Ça vous plaît à dire, vous y serez bien forcés.
— N'importe, allez prévenir vos camarades et chercher vos quadrupèdes.
— Avec votre permission, messieurs, vous savez que les courses de nuit se payent double.
— Très-bien. Combien de temps vous faut-il?
— Un quart d'heure.

Chacun enfourcha gaiment sa bête

— Allez.

Aussitôt que nous fûmes seuls, nous prîmes les dispositions les plus confortables pour la route; chacun ajouta à ce qu'il avait sur le corps ce qu'il possédait en blouse, redingote ou manteau, et remplit sa gourde d'un excellent rhum, dont Soissons était le dispensateur. Une distribution fraternelle de cigares fut faite, et un briquet phosphorique, qui se carrait dans son habit rouge, passa par acclamation du chambranle de la cheminée dans la poche de de Sussy. Puis, chacun se rangeant autour du feu, l'augmenta de tout ce que nous pûmes rencontrer de bois, et fit une provision de chaleur pour le voyage.

Notre guide entra.

— Bon, chauffez-vous, dit-il, ça ne peut pas faire de mal.

— Êtes-vous prêts?

— Oui, notre maître.

— Alors... à cheval.

Nous descendîmes et trouvâmes nos montures à la porte; chacun enfourcha gaiement sa bête, et, mû d'un sentiment d'ambition, tenta de lui faire prendre la tête de la colonne. Or, chacun sait, pour peu qu'il ait monté une fois dans sa vie à mulet, que l'une des choses les plus difficiles de ce monde est de faire passer un mulet devant son camarade; cette lutte nous tint près d'un quart d'heure en joie, tant nous sentions le besoin de réagir d'avance contre la fatigue à venir; enfin Lamark se trouva notre chef de file, et, lâchant la bride de son mulet, il parvint, à l'aide de ses talons et de sa canne, à le mettre au trot en criant :

— A pas peur, Napoléon a passé par ici !...

Quand un mulet trotte, toute la caravane trotte, et par contre-coup les guides, qui sont à pied, sont obligés de se mettre au galop. Cela leur inspire en général, pour cette sorte d'allure, une répugnance qu'ils sont parvenus à faire partager à leurs bêtes; aussi la tête de la colonne, si emportée qu'elle paraisse être, ne tarde-t-elle pas à s'arrêter tout à coup et à imposer successivement son immobilité à chaque individu, soit homme, soit animal, qui se trouve à sa suite.

Puis, toute la ligne se remet gravement en marche, s'allongeant au fur et à mesure que le mouvement se communique de sa tête à sa queue.

— Avec votre permission, dit le guide de Lamark, qui avait rejoint son mulet, et qui, de peur d'une nouvelle course, l'avait pris par la bride, sous prétexte que le chemin était mauvais, ce n'est point par ici qu'est passé Napoléon : la route que nous suivons n'était point encore pratiquée; c'est au flanc opposé de la montagne; et, s'il faisait jour, vous verriez que c'étaient de rudes gaillards, ceux qui passaient là avec des chevaux et des canons.

Tout le monde était de son avis, il n'y eut donc point de contestation.

— Messieurs, de la neige ! notre guide est prophète, dit l'un de nous.

En effet, comme nous montions depuis une demi-heure à peu près, le froid devenait de plus en plus vif, et ce qui dans la plaine tombait en pluie ici tombait en glace.

— Ah ! pardieu, de la neige le 26 août ! ce sera curieux à raconter à nos Parisiens. Messieurs, je suis d'avis que nous descendions et que nous nous battions avec des pelotes, en mémoire de Napoléon qui a passé par ici...

Chacun se mit à rire du souvenir que lui rappelait cette parole sacramentelle; quant au danger qu'elle pouvait rappeler en même temps, il était déjà complétement oublié.

— Avec votre permission, messieurs, je vous ai déjà dit que c'était sur l'autre route qu'avait passé Napoléon; quant à ce qui est de vous battre avec des pelotes de neige, je ne vous le conseille pas. Cela vous ferait perdre du temps, et vous n'en avez pas de trop : songez que dans un quart d'heure

vous n'y verrez plus même à conduire vos mulets.

— Eh bien! alors, mon brave, nos mulets nous conduiront.

— Et c'est ce que vous pouvez faire de mieux, de ne pas les contrarier; Dieu a fait chaque chose l'une pour l'autre, voyez-vous, le Parisien pour Paris, et le mulet pour la montagne. Voilà ce que je dis toujours à mes voyageurs : « Laissez aller la bête, laissez la aller. » Ici, comme nous sommes encore dans la plaine de Prou, il n'y a pas grand mal; mais, une fois le pont de Hudri passé, vous vous trouverez dans un petit chemin de danseur de corde, et, comme la neige ne vous le laissera probablement pas distinguer, abandonnez-vous à votre mulet, et soyez tranquille.

— Bravo ! le guide, bien parlé, et buvons la goutte.

— Halte !

Chacun porta sa bouteille à sa bouche, et la passa à son guide. Dans les montagnes, on boit dans le même verre et à la même gourde, on n'est pas dégoûté de celui qui, six pas plus loin, peut vous sauver la vie.

La chaleur du rhum remit chacun en gaieté, et, quoique la nuit et la neige tombassent toujours plus épaisses, la caravane, riant et chantant, se remit bruyamment en route.

C'était une singulière impression que celle que me produisait, au milieu de ce pays désolé, de cette neige aiguë, de cette nuit toujours plus sombre, cette petite file de mulets, de cavaliers et de guides qui s'enfonçait joyeusement dans la montagne sombre, silencieuse et terrible, qui n'avait pas même un écho pour lui envoyer ses chants et ses cris.

Il paraît que cette impression ne m'atteignit pas seul ; car les chants devinrent moins bruyants, les éclats de rire plus rares; quelques jurons isolés leur succédèrent; enfin, un sac. n. de D..., mes enfants, savez-vous qu'il ne fait pas chaud? vigoureusement prononcé, parut tellement être le résumé de l'opinion générale, qu'aucune voix ne s'éleva pour combattre le préopinant.

— La goutte, et allumons le cigare.

— Bravo ! qui est-ce qui a eu l'idée?

— Moi, Jules-Thierry de Lamark.

— Arrivé à l'hospice, il lui sera voté des remercîments.

— Allons, de Sussy, le briquet phosphorique.

— Ah ! ma foi, messieurs, il faut que je tire mes mains de mes goussets, et elles y sont si chaudement, qu'elles désirent y rester. Venez prendre le briquet dans ma poche.

Un guide nous rendit ce service; ses camarades allumèrent leurs pipes au briquet, nous nos cigares à leurs pipes, et nous nous remîmes en route, n'apercevant de chacun de nous, tant la nuit était noire, que le point lumineux que chacun portait à sa bouche, et qui devenait brillant à chaque aspiration.

Cette fois, il n'y avait plus ni chant ni cri : le rhum avait perdu son influence; le silence le plus profond régnait sur toute la ligne, et n'était interrompu que par le bruit des encouragements que nos guides donnaient à nos montures, tantôt avec la voix, tantôt avec le geste.

En effet, rien de tout ce qui nous entourait ne poussait à la gaieté : le froid devenait de plus en plus vif, et la neige tombait avec une prodigalité croissante.

La nuit n'était éclairée que par un reflet mat et blanchâtre.

Le chemin se rétrécissait de plus en plus, et, de place en place, des quartiers de rochers l'obstruaient tellement, que nos mulets étaient forcés de l'abandonner et de prendre de petits sentiers, sur le talus même du précipice, dont nous ne pouvions mesurer la profondeur que par le bruit de la Drance qui roulait au fond : encore ce bruit, qui à chaque pas allait s'affaiblissant, nous prouvait-il que l'abîme devenait de plus en plus profond et escarpé.

Nous jugions, par la neige que nous voyions amassée sur le chapeau et les vêtements de celui qui marchait devant nous, que nous devions, chacun pour notre part, en supporter une égale quantité. D'ailleurs nous sentions à travers nos habits son contact moins pénétrant mais plus glacé que celui de la pluie; enfin notre chef de colonne s'arrêta.

— Ma foi, dit-il, je suis gelé, moi, et je vais à pied.

— Je vous l'avais bien dit, que vous seriez obligé de descendre, reprit notre guide.

Effectivement, chacun de nous sentait le besoin de se réchauffer par le mouvement.

Nous mîmes pied à terre, et, comme on y voyait à peine à se conduire, nos guides nous conseillèrent de nous accrocher à la queue de nos mulets, qui, de cette manière, nous offraient le double avantage de nous épargner moitié de la fatigue, et de sonder le chemin.

Cette manœuvre fut ponctuellement exécutée, car nous comprenions la nécessité de nous abandonner à l'instinct de nos bêtes et à la sagacité de leurs conducteurs.

C'est alors que je reconnus la vérité de la relation de Balmat.

Je ressentis, pour mon compte, le mal de tête dont il m'avait parlé, ces éblouissements vertigineux, et cette irrésistible envie de dormir, à laquelle j'eusse cédé sur mon mulet, et que la nécessité de marcher pouvait seule combattre.

Il paraît que notre docteur lui-même l'éprouvait, car il proposa une halte.

— En avant! en avant! messieurs, dit vivement notre guide, car je vous préviens que celui de nous qui s'arrêtera ne repartira plus.

Il y avait dans l'accent avec lequel il prononça ces paroles une conviction si profonde, que nous nous remîmes en marche sans aucune objection.

L'un de nous, je ne sais lequel, tenta même de nous rappeler à notre ancienne gaieté avec ces mots consacrés, qui jusqu'alors n'avaient jamais manqué leur effet :

« A pas peur, Napoléon a passé par ici! »

Mais cette fois la plaisanterie avait perdu son efficacité.

Aucun rire n'y répondit, et le silence inaccoutumé avec lequel elle était reçue lui donna un caractère plus triste que celui d'une plainte.

Nous marchâmes ainsi machinalement et tirés par nos mulets pendant une demi-heure environ, enfonçant dans la neige jusqu'aux genoux, tandis qu'une sueur glacée nous coulait sur le front.

— Une maison! dit tout à coup de Sussy.

— Ah!

Chacun abandonna la queue de son mulet, s'étonnant que nos muletiers n'eussent rien dit de cette station.

— Avec votre permission, dit le guide-chef, vous ne savez donc pas ce que c'est que cette maison?

— Fût-ce la maison du diable, pourvu que nous puissions y secouer cette maudite neige et poser nos pieds sur de la terre, entrons.

La chose n'était point difficile, il n'y avait à cette maison ni portes ni contrevents. Nous appelâmes, personne ne répondit.

— Oui, oui! appelez, dit notre guide, et, si vous réveillez ceux qui y dorment, vous aurez du bonheur!...

Effectivement, personne ne répondait, et la cabane paraissait déserte; cependant, quelque ouverte qu'elle fût à tous les vents du ciel, elle nous offrait un abri contre la neige; nous résolûmes donc de nous y arrêter un instant.

— S'il y avait une cheminée, nous ferions du feu, dit une voix.

— Et du bois?

— Cherchons toujours la cheminée.

De Sussy étendit les mains.

— Messieurs, une table! dit-il.

Ces mots furent suivis d'une espèce de cri, moitié de frayeur, moitié d'étonnement.

— Qu'y a-t-il donc? Hein?...

— Il y a qu'un homme est couché sur cette table. Je tiens sa jambe.

— Un homme!

— Alors secouez-le, il se réveillera.

— Hé! l'ami, hé!

— Messieurs, dit un de nos guides, se détachant du groupe de ses camarades restés dehors et passant sa tête par la fenêtre, messieurs, pas de plaisanteries pareilles, et en pareil lieu. Elles nous porteraient malheur à tous, à vous comme à nous.

— Où sommes-nous donc?

— Dans une des morgues du Saint-Bernard...

Il retira sa tête de la fenêtre et alla rejoindre ses camarades sans rien ajouter de plus; mais peu d'orateurs peuvent se vanter d'avoir produit un aussi grand effet avec aussi peu de paroles. Chacun de nous était demeuré cloué à la place qu'il occupait.

— Ma foi, messieurs, il faut voir cela. C'est une des curiosités de la route, dit de Sussy. Et il plongea une allumette dans le briquet phosphorique.

L'allumette petilla, puis répandit un instant une faible lumière, à la lueur de laquelle nous aperçûmes trois cadavres, l'un effectivement couché sur la table, les deux autres accroupis aux deux angles du fond; puis l'allumette s'éteignit, et tout rentra dans l'obscurité.

Nous recommençâmes l'opération. Seulement cette fois chacun approcha un bout de papier roulé du mince et éphémère foyer, et, lorsqu'il l'eut allumé, commença l'investigation de l'appartement, tenant de la main gauche d'autres mèches toutes prêtes.

Il faudrait s'être trouvé dans la position où nous étions nous-mêmes pour avoir une idée de l'impression que nous fit éprouver la vue de ces malheureux; il faudrait avoir regardé ces figures noires et grimaçantes à la lumière tremblotante et douteuse de nos bougies improvisées, pour les garder dans sa mémoire comme elles resteront dans la nôtre. Il faudrait avoir eu pour soi-même, et dans un pareil moment, à craindre le sort terrible des devanciers que nous avions sous les yeux, pour comprendre que nos cheveux se dressèrent, que la sueur nous coula sur le front, et que, quelque besoin que nous eussions de repos et de feu, nous n'éprouvâmes plus qu'un désir, celui de quitter au plus vite cette hôtellerie mortuaire.

Nous nous remîmes donc en route, plus silencieux et plus sombres encore qu'avant cette halte, mais aussi pleins de l'énergie que nous avait donnée la vue d'un pareil spectacle.

Pendant une heure, pas un mot ne fut échangé, même de la part des guides.

La neige, le chemin, le froid même, je crois, avaient disparu, tant une seule idée s'était emparée de tout notre esprit, tant une seule crainte pressait notre cœur et hâtait notre marche.

Enfin, notre guide-chef poussa un de ces cris habituels aux montagnards, qui, par leur accent aigu, se font entendre à des distances extraordinaires, et qui désignent, par leur modulation, si celui qui appelle ainsi demande du secours, ou prévient simplement de son arrivée.

Le cri s'éloigna, comme si rien ne pouvait l'arrêter sur cette vaste nappe de neige, et, comme nul écho ne le renvoya vers nous, la montagne rentra dans le silence.

Nous fîmes encore deux cents pas à peu près, alors nous entendîmes les aboiements d'un chien.

— Ici, Drapeau, ici! cria notre guide.

Au même instant, un énorme dogue, de l'espèce unique connue sous le nom de race du Saint-Bernard, accourut à nous, et, reconnaissant notre guide, se dressa contre lui, appuyant ses pattes sur sa poitrine.

— Bien, Drapeau, bien, bonne bête! Avec votre permission, messieurs, c'est une vieille connaissance qui est bien aise de me revoir. N'est-ce pas, Drapeau? hein! Le chien... le bon chien! oui, allons, allons, assez, et en route.

Heureusement la route n'était plus longue: dix minutes après, nous nous trouvâmes tout à coup devant l'hospice, que de ce côté on ne peut apercevoir, même pendant le jour, que lorsqu'on y est presque arrivé: un marronnier nous attendait sur sa porte, porte ouverte nuit et jour gratuitement à quiconque vient y demander l'hospitalité, qui, dans ce lieu de désolation, est souvent la vie.

Nous fûmes reçus par le frère qui était de garde, et conduits dans une chambre où nous attendait un excellent feu.

Pendant que nous nous réchauffions, on nous préparait nos cellules; la fatigue avait fait disparaître la faim, aussi préférâmes-nous le sommeil au souper.

On nous servit une tasse de lait chaud dans notre lit: le frère qui m'apporta la mienne me dit que j'étais dans la chambre où Napoléon avait dîné; quant à moi, je crois que c'est celle où j'ai le mieux dormi.

Le lendemain, à dix heures, nous étions tous sur pied et faisions l'inventaire de la chambre consulaire, qui m'était échue en partage: rien ne la distinguait des autres cellules, aucune inscription n'y rappelait le passage du moderne Charlemagne.

Nous nous mîmes à la fenêtre: le ciel était bleu, le soleil brillant et la terre couverte d'un pied de neige.

Il est difficile de se faire une idée de l'âpre tristesse du paysage que l'on découvre des fenêtres de l'hospice, situé à sept mille deux cents pieds au-dessus du niveau de la mer, et placé au milieu du

A la lueur de l'allumette, nous aperçûmes trois cadavres. — Page 100.

triangle formé par la pointe de Dronaz, le mont Ve-
lan et le grand Saint-Bernard.

Un lac, entretenu par la fonte des glaces, et
situé à quelques pas du couvent, loin d'égayer la
vue, l'assombrit encore ; ses eaux, qui paraissent
noires dans leur cadre de neige, sont trop froides pour nourrir aucune espèce de poisson, trop
élevées pour attirer aucune espèce d'oiseau. C'est
en petit une image de la mer Morte, couchée aux
pieds de Jérusalem détruite. Tout ce qui est doué
d'une apparence de vie animale ou végétale s'est

échelonné sur la route, selon que sa force lui a
permis de monter : l'homme et le chien seuls sont
arrivés au sommet.

C'est ce morne tableau sous les yeux, c'est là seulement où nous étions, qu'on peut prendre une idée
du sacrifice de ces hommes qui ont abandonné les
vallons ravissants du pays d'Aoste et de la Tarentaise, la maison paternelle qui se mirait peut-être
aux flots bleus du petit lac d'Orta, qui brille, ardent, humide et profond, comme l'œil d'une Espa-
gnole amoureuse, la famille aimée, la fiancée bénie

avec sa dot de bonheur et d'amour, pour venir, un bâton à la main, un chien pour ami, se placer sur la route neigeuse des voyageurs, comme des statues vivantes de dévouement. C'est là qu'on prend en pitié la charité fastueuse de l'homme des villes, qui croit avoir tout fait pour ses frères lorsqu'il a laissé ostensiblement tomber du bout de ses doigts, dans la bourse d'une belle quêteuse, la pièce d'or que lui payent une révérence et un sourire. Oh! s'il pouvait arriver, au milieu de ces nuits voluptueuses de notre hiver parisien, quand le bal fait bondir les femmes comme un tourbillon de diamants et de fleurs, quand les beaux vers de Victor sur la charité ont attiré une larme juvénile au coin d'un œil brillant de plaisir; s'il pouvait arriver que les lumières s'éteignissent, qu'un pan du mur s'écroulât, que les yeux pussent percer l'espace, et qu'on vît tout à coup au milieu de la nuit, sur un étroit sentier, au bord d'un précipice, menacé par l'avalanche, enveloppé d'une tempête de neige, un de ces vieillards à cheveux blancs qui vont répétant à grands cris : « Par ici, frères! » oh! certes, certes, le plus fier de son aumône essuierait son front humide de honte, et tomberait à genoux en disant : O mon Dieu!

On vint nous dire qu'on nous attendait au réfectoire.

Nous descendîmes le cœur serré. Le frère marchait devant nous pour nous montrer le chemin; nous passâmes à côté de la chapelle, et nous entendîmes les chants de l'office.

Nous continuâmes notre route, et, à mesure que ces chants s'éloignaient, des rires venaient à nous de l'extrémité du corridor : des rires! cela nous semblait bizarre en pareil lieu.

Nous ouvrîmes enfin la porte, et nous nous trouvâmes au milieu de jeunes gens et de jolies femmes qui prenaient du thé et qui parlaient de mademoiselle Taglioni.

Nous nous regardâmes un instant stupéfaits, puis nous nous mîmes à rire comme eux.

Nous avions rencontré ces dames dans notre monde parisien.

Nous nous approchâmes d'elles avec les mêmes manières que dans un salon; les compliments s'échangèrent avec le bon ton de la société la plus fashionable, nous prîmes à table les places qui nous étaient réservées, et la conversation devint générale, gagnant en gaieté ce qu'elle perdait en gêne. Au bout de dix minutes, nous avions complétement oublié où nous étions.

C'est que rien aussi ne pouvait nous en rappeler le souvenir.

Le salon, qu'on appelait le réfectoire, était loin de répondre à l'idée austère que retrace ce nom.

C'était une jolie salle à manger, décorée avec plus de profusion que de goût; un piano ornait un de ses angles, plusieurs gravures étaient accrochées à ses murs; des vases, une pendule, quelques-uns

de ces petits objets de luxe qu'on ne trouve que dans le boudoir des femmes, surchargeaient la cheminée; enfin, un certain caractère mondain régnait dans toutes ces choses et nous fut expliqué par un seul mot : chacun de ces meubles était un don fait aux religieux par quelque société reconnaissante, qui avait voulu prouver aux bons pères que, de retour à Paris, elle n'avait point oublié l'hospitalité qu'elle avait reçue d'eux.

Pendant le déjeuner, le frère qui nous en faisait les honneurs nous donna sur le mont Saint-Bernard quelques renseignements historiques qu'on ne sera peut-être pas fâché de retrouver ici.

Avant la fondation de l'hospice, le grand Saint-Bernard s'appelait le mont Joux, par corruption de ces deux mots latins mons Jovis, montagne de Jupiter; ce nom venait lui-même d'un temple élevé à ce dieu, sous l'invocation de Jupiter pœnin. L'époque précise de l'érection de ce temple, dont les ruines sont encore visibles, est inconnue. Au premier abord, l'orthographe du mot pœnin, que Tite-Live écrit incorrectement Pennin, pourrait faire croire qu'elle remonte au passage d'Annibal, et que ce général, parvenu heureusement au sommet des Alpes, y aurait posé la première pierre votive d'un temple à Jupiter carthaginois. Cependant les ex-voto qui ont été retrouvés en creusant ces ruines indiquent que les pèlerins qui venaient y accomplir des vœux étaient des Romains. Maintenant, des Romains seraient-ils venus prier au pied de la statue du dieu de leurs ennemis? Cela est impossible. Le temple, au contraire, n'aurait-il pas été élevé par les Romains eux-mêmes lorsque les revers d'Astrubal, en Sardaigne, forcèrent son frère, amolli par Capoue et battu par Marcellus, d'abandonner l'Italie aux trois quarts conquise, pour se réfugier près d'Antiochus? Dans le premier cas, son érection remonterait donc à l'an 535, et, dans le second, à l'an 555 de la fondation de Rome. Quant à l'époque où son culte fut abandonné, on pourrait la fixer avec probabilité au règne de Théodose le Grand, aucune médaille postérieure au règne des enfants de cet empereur n'ayant été retrouvée dans les débris de ce temple.

Quant à la fondation de l'hospice, elle remonte certainement au commencement du neuvième siècle, puisque l'hospice du mont Joux est nommé dans la cession des terres que Lod-Her, roi de Lorraine, fit à Ludwig, son frère, en 859; il existait donc avant que l'archidiacre d'Aoste vînt y établir, en 970, des chanoines réguliers de Saint-Augustin pour le desservir, et ne changeât son nom païen de mont Joux en nom chrétien de Saint-Bernard. Depuis cette époque jusqu'à nous, quarante-trois prévôts se sont succédé.

Neuf siècles sont révolus, et le temps ni les hommes n'ont rien changé aux règles du monastère, ni aux devoirs hospitaliers des chanoines.

La chaîne des Alpes sur laquelle est situé le Saint-Bernard fut témoin des quatre passages d'Annibal, de Karl le Grand, de François Ier et de Napoléon. Annibal et Karl le Grand la franchirent au mont Cenis ; François Ier et Napoléon à l'endroit même où est bâti l'hospice ; Karl le Grand et Napoléon la traversèrent pour vaincre, Annibal et François Ier pour être vaincus.

Outre les dames dont j'ai déjà parlé, nous avions encore au déjeuner une Anglaise et sa mère.

Depuis trois ans, ces deux dernières parcouraient l'Italie et les Alpes à pied, portant leur bagage dans un cabas, et faisant leur huit ou dix lieues par jour.

Nous voulûmes savoir le nom de ces intrépides voyageuses, et nous le cherchâmes sur le registre des étrangers : la plus jeune avait signé *Louisa, ou la fille des montagnes*.

Nous étions entrés pour chercher ce registre dans la salle attenante au réfectoire : elle est, comme la première, ornée de mille petits meubles envoyés en cadeaux aux bons pères.

Elle renferme de plus deux cadres contenant divers objets antiques retrouvés dans les fouilles du temple de Jupiter; les mieux conservés sont deux petites statues, l'une de Jupiter, et l'autre d'Hercule, une main malade entourée du serpent d'Esculape, et portant sur les doigts, comme signe de maladie, une grenouille et un crapaud; enfin plusieurs plaques de bronze sur lesquelles sont les noms de ceux qui venaient implorer le secours du dieu.

Je copiai plusieurs de ces *ex-voto*, et je les reproduis ici sans rien changer à l'arrangement des lignes.

J. O. M. Pœnino : T. Macrinius demostratus. V. S. L.
Jovi optimo maximo   votum solvit libente.

Pœnino	numinibus-aug
Pro itu et reditu	Jovi Pœnino sabineius
C. Julius primus	censor ambianus
V. S. L.	V. S. L.

Je fus interrompu dans cette occupation par le bruit que faisaient nos convives.

Pendant que je copiais mes inscriptions, le frère qui nous avait fait, sans rien prendre lui-même, les honneurs du déjeuner, était allé dire sa messe.

Notre docteur avait été placé en sentinelle à la porte du réfectoire, de Sussy s'était mis au piano, et nos dames, y compris la fille des montagnes, dansaient le galop autour de la table.

Au moment où il était le plus rapide, le docteur entr'ouvrit la porte, passa la tête :

— Mesdames, dit-il aux danseuses, c'est un des frères servants qui vient vous demander si vous voulez voir la Grande-Morgue.

Cette proposition arrêta le galop tout court.

Ces dames se consultèrent un moment entre elles.

Le dégoût combattit la curiosité.

La curiosité l'emporta : nous partîmes.

Arrivées à la porte extérieure, elles déclarèrent qu'elles n'iraient pas plus loin : il y avait un pied et demi de neige, et la morgue est située à quarante pas environ du seuil de l'hospice.

Nous établîmes deux fauteuils sur des brancards, et nous offrîmes à nos belles curieuses de les porter pendant le trajet : elles acceptèrent.

Ce ne fut point sans bon nombre de cris et de rires, arrachés par les vacillations de leur siége et les faux pas de leurs porteurs, qu'elles arrivèrent à la fenêtre éternellement ouverte, par laquelle l'œil plonge sous la vaste voûte de la morgue du Saint-Bernard.

Il est impossible de voir quelque chose de plus curieux et de plus horrible à la fois que le spectacle qui s'offrit alors à nous.

Qu'on se figure une grande salle basse et cintrée, de trente-cinq pieds carrés à peu près, éclairée par une seule fenêtre, et dont le plancher est couvert d'une couche de poussière d'un pied et demi.

Poussière humaine !

Cette poussière, qui semble, comme les flots épais de la mer Morte, rejeter à sa surface les objets les plus lourds, est couverte d'une multitude d'ossements.

Ossements humains !

Et sur ces ossements, debout, adossés aux murs, groupés avec la bizarre intelligence du hasard, conservant chacun l'expression et l'attitude dans laquelle la mort les a surpris, les uns à genoux, les autres les bras étendus ; ceux-ci les poings fermés et la tête baissée, ceux-là le front et les mains au ciel, cent cinquante cadavres, noircis par la gelée, aux yeux vides, aux dents blanches, et, au milieu d'eux, une femme qui a cru sauver son enfant en lui donnant son sein, et qui semble, au milieu de cette réunion infernale, une statue de l'amour maternel.

Tout cela renfermé dans cette chambre : poussière, ossements ou cadavres, selon l'époque dont ils datent ; et, à la fenêtre de cette chambre éclairée par un soleil joyeux, des têtes de femmes, jeunes et belles, la vie animée depuis vingt ans à peine, contemplant la vie éteinte depuis des siècles.

Ah ! c'était un spectacle bien étrange, allez !...

Quant à moi, je verrai ce spectacle toute ma vie ; toute ma vie je verrai cette pauvre mère qui donne le sein à son enfant.

Que dire après cela du Saint-Bernard?

Il y a bien encore une église où est le tombeau de Desaix, une chapelle dédiée à sainte Faustine, une

L'hospice du Saint-Bernard.

table de marbre noir où est gravée une inscription
en l'honneur de Napoléon.

Il y a bien mille autres choses encore.

Mais, croyez-moi, faites-vous montrer ces choses
avant d'aller voir cette pauvre mère qui donne le
sein à son enfant.

Arc de triomphe romain. — PAGE 106.

LES EAUX D'AIX.

L a cité d'Aoste est une jolie petite ville qui prétend n'appartenir ni à la Savoie ni au Piémont; ses habitants soutiennent que leur terre faisait partie de cette portion de l'empire de Karl Grand, dont avaient hérité les seigneurs de Stralingen. En effet, quoiqu'ils fournissent un contingent militaire, ils ne payent aucun impôt, et ont conservé la franchise des chasses; pour tout le reste, ils obéissent, tant bien que mal, au roi de Sardaigne.

A l'exception de l'abominable idiome qu'on y parle et qui est, je crois, du savoyard corrompu, le caractère de la cité d'Aoste est tout italien; partout, dans l'intérieur des maisons, les peintures à fresque remplacent les papiers ou les lambris, et les aubergistes ne manquent jamais de vous servir à dîner une espèce de pâte et une manière de crème qu'ils décorent pompeusement du titre d- macaroni et de sambajone. Joignez à cela du v d'Asti, des côtelettes à la milanaise, et vous aurez la carte d'une table valdaostaine.

La ville d'Aoste s'appelait d'abord Cordelles, du nom de Cordellus Latiellus, chef d'une colonie de Gaulois cisalpins, nommés Salasses, qui vinrent s'y établir. Une légion romaine, commandée par Terentius Varron, s'en empara sous Auguste, et construisit, à l'entrée de la ville, en mémoire de cet événement, un arc de triomphe, encore debout et entier, sur lequel on lit ces deux inscriptions modernes :

Le Salasse longtemps défendit ses foyers,
Il succomba : Rome victorieuse
Ici déposa ses lauriers.
Au triomphe d'Octave-Auguste César.
Il défit complétement les Salasses
L'an de Rome DCCXXIV
(24 ans avant l'ère chrétienne.)

Au bout de la rue de la Trinité, trois autres arcades antiques, bâties en marbre gris, forment trois entrées, dont une est maintenant hors d'usage; celle du milieu, comme la plus haute, était réservée pour le passage de l'empereur et du consul; sur la colonne qui la soutient, on lit cette inscription :

L'empereur Octave-Auguste fonda ces murs,
Bâtit la ville en trois ans,
Et lui donna son nom l'an de Rome
DCCXXIV.

A peu de distance de ce monument, on trouve encore quelques restes d'un amphithéâtre en marbre gris.

L'église offre les différents caractères des époques pendant lesquelles elle a été fondée et restaurée. Le porche est d'architecture romane, modifiée par le goût italien; les fenêtres sont en ogives, et peuvent dater du commencement du quatorzième siècle. Le chœur, pavé d'une mosaïque antique représentant la déesse Isis entourée des mois de l'année, renferme plusieurs beaux tombeaux de marbre, sur l'un desquels est couchée la statue de Thomas, comte de Savoie; un petit bas-relief gothique d'un merveilleux travail est placé en face de l'autel. L'auteur y a sculpté, avec toute la naïveté de l'art au quinzième siècle, la vie du Christ, depuis sa naissance jusqu'à sa mort.

Tous ces édifices, y compris les ruines d'un couvent de l'ordre de Saint-François, patron de la ville, peuvent être visités en deux heures; c'est du moins le temps que nous leur consacrâmes.

En revenant à l'auberge, nous y trouvâmes un voiturier que l'hôte avait fait prévenir en notre absence. Cet homme s'engageait à nous conduire le même jour à Pré-Saint-Dizier, et nous empila tous les six dans une voiture où nous aurions été gênés à quatre, nous assurant que nous nous y trouve-rions très-bien lorsque nous nous serions tassés; il ferma ensuite la portière sur nous, et, esclave de sa parole, ne s'arrêta, malgré nos plaintes et nos cris, qu'à trois lieues d'Aoste, un peu au delà de Ville-neuve.

Nous devions ce moment de répit à un accident arrivé huit jours auparavant. Une portion de glace, en tombant dans un lac, dont j'ai si bien écrit le nom sur mon album qu'il m'est aujourd'hui impossible de le déchiffrer, avait fait monter de douze ou quinze pieds la masse de l'eau, qui s'était précipitée tout à coup hors de son lit. Le torrent avait pris pour s'écouler une route inaccoutumée, et, rencontrant sur cette route un chalet, il l'avait entraîné avec lui; cinquante-huit vaches, quatre-vingts chèvres et quatre hommes périrent dans l'inondation; on retrouva leurs cadavres brisés le long des bords de cette rivière nouvelle, qui avait traversé la grande route, et était allée se précipiter dans la Dora. Des troncs d'arbres, des planches et des pierres avaient été jetés à la hâte pour former un pont, et c'est ce pont, que n'osait traverser notre conducteur avec sa voiture chargée, qui nous valait la faculté de sortir un instant de notre cage.

Je ne connais pas de moine, de chartreux, de trappiste, de derviche, de faquir, de phénomène vivant, d'animal curieux que l'on montre pour deux sous, qui fasse une abnégation plus complète de son libre arbitre que le malheureux voyageur qui monte dans une voiture publique. Dès lors ses désirs, ses besoins, ses volontés, sont subordonnés au caprice du conducteur dont il est devenu la chose. On ne lui donnera d'air que ce qui lui en sera strictement nécessaire pour qu'il ne meure pas asphyxié; on ne lui laissera prendre de nourriture que juste ce qu'il lui en faudra pour l'amener vivant à sa destination. Quant aux sites de la route, quant aux points de vue près desquels il passe, quant aux objets curieux à visiter dans les villes où l'on relaye, il lui sera défendu même d'en parler, s'il ne veut pas se faire insulter par le conducteur; décidément les voitures publiques sont une admirable invention... pour les commis voyageurs et les porte-manteaux.

Nous déclarâmes au propriétaire de notre vetturino que quatre de nous seulement étaient disposés à rentrer dans sa machine; quant aux deux autres, ils étaient bien décidés à achever à pied les huit lieues qui restaient à faire; j'étais l'un de ces deux derniers.

Il était nuit noire lorsque nous arrivâmes à Pré-Saint-Dizier; nous y retrouvâmes nos camarades de la voiture un peu plus fatigués que nous; il fut convenu que, le lendemain, on passerait le petit Saint-Bernard à pied.

Le lendemain, celui qui ouvrit les yeux le premier poussa des cris d'admiration qui réveillèrent toute la troupe : nous étions arrivés de nuit, comme je l'ai dit, et nous n'avions aucune idée de la vue magnifique que l'on découvrait des fenêtres de l'auberge, quant à l'aubergiste, habitué à cette vue, il n'avait pas même pensé à nous en parler.

Nous nous retrouvions au pied du mont Blanc, mais sur le revers opposé à Chamouny. Cinq glaciers descendaient de la crête neigeuse de notre vieil ami, et fermaient l'horizon comme un mur; ce point de vue inattendu, auquel rien ne nous avait préparés, était peut-être ce que nous avions trouvé de plus beau pendant tout notre voyage; je n'en excepte pas Chamouny.

Nous descendîmes pour demander à notre hôte le nom de ces glaciers et de ces pics; pendant qu'il nous les désignait, un chasseur passa près de nous, une carabine à la main et deux chamois sur ses épaules; c'étaient une chevrette et son faon; tous deux étaient tués à balle franche; Bas-de-Cuir n'aurait pas fait mieux.

L'hôte, qui vit que nous étions des *curieux*, s'approcha, et nous proposa de nous faire voir les bains du roi; nous apprîmes ainsi que Pré-Saint-Dizier possédait une source d'eau thermale; nous eûmes l'imprudence d'accepter.

Notre hôte nous conduisit alors vers une mauvaise baraque de plâtre, qu'il nous fallut visiter des combles aux caveaux; il ne nous fit pas grâce d'une casserole de la cuisine ni d'une éponge de la salle de bain. Nous pensions enfin être quittes de l'inventaire lorsqu'en sortant il nous fit remarquer sous le péristyle un clou auquel Sa Majesté daignait suspendre son chapeau.

Je me sauvai, donnant à tous les diables le roi de Sardaigne, de Chypre et de Jérusalem; mon apostrophe fit naturellement tomber la conversation sur la politique, et, comme il y avait entre nous six des représentants de quatre opinions différentes, une discussion s'engagea; en arrivant à Bourg-Saint-Maurice, nous disputions encore; nous avions fait huit lieues sans nous en apercevoir. Le moins enroué de nous se chargea de demander le dîner.

Cette opération terminée, comme il nous restait encore quatre heures de jour, nous nous étendîmes dans deux charrettes, qui se mirent gravement en route, et ne s'arrêtèrent qu'à onze heures sonnant à l'hôtel de la Croix-Rouge, à Moustier.

Cette petite ville n'a rien de remarquable que ses salines; nous les visitâmes le lendemain matin. Le même jour, à quatre heures de l'après-midi, nous étions à Chambéry. Je ne dirai rien de l'intérieur des monuments publics de la capitale de la Savoie; je ne pus entrer dans aucun, attendu que j'avais un chapeau gris. Il paraît qu'une dépêche du cabinet des Tuileries avait provoqué les mesures les plus sévères contre le feutre séditieux, et que le roi de Sardaigne n'avait pas voulu, pour une chose aussi futile, s'exposer à une guerre avec son frère bien-aimé, Louis-Philippe d'Orléans; comme j'insistais,

réclamant énergiquement contre l'injustice d'un pareil arrêté, les carabiniers royaux, qui étaient de garde à la porte du palais, me dirent facétieusement que, si j'y tenais absolument, il y avait à Chambéry un édifice dans l'intérieur duquel il leur était permis de me conduire; c'était la prison. Comme le roi de France à son tour n'aurait probablement pas voulu s'exposer à une guerre contre son frère chéri, Charles-Albert, pour un personnage aussi peu important que son ex-bibliothécaire, je répondis à mes interlocuteurs qu'ils étaient fort aimables pour des Savoyards, et très-spirituels pour des carabiniers.

Nous partîmes aussitôt après le dîner, sur la carte duquel nous rabattîmes dix-huit francs, sans que cela parût nuire aux intérêts matériels de notre hôte, nommé Chevalier, et nous arrivâmes une heure après à Aix-les-Bains.

Les trois auberges d'Aix étaient pleines à regorger; le choléra y avait amené une foule de poltrons, et la situation politique de Paris une multitude de mécontents; de cette manière, Aix s'était trouvé le rendez-vous de l'aristocratie de noblesse et de l'aristocratie d'argent.

Je voulus dormir; mais, à Aix, c'est chose impossible avant minuit; mes fenêtres donnaient sur la place, et la place était le rendez-vous d'une trentaine de ces bruyants dandys qui mesurent au bruit qu'ils font le plaisir qu'ils éprouvent. Je ne pus distinguer au milieu de leur vacarme qu'un seul nom; il est vrai qu'il fut répété à peu près cent fois dans l'intervalle d'une demi-heure, c'était le nom de *Jacotot*. Je pensai naturellement que celui qui le portait devait être un personnage éminent, et je descendis dans l'intention de faire sa connaissance.

Il y a deux cafés sur la place: l'un était vide, l'autre était encombré; l'un se ruinait, l'autre faisait des affaires d'or. Je demandai à mon hôte d'où venait cette préférence: il me répondit que c'était Jacotot qui attirait la foule. Je n'osai pas demander ce que c'était que Jacotot, de peur de paraître par trop provincial. Je m'acheminai vers le café encombré; toutes les tables étaient occupées; une place était vacante à l'une d'elles, je m'en emparai, en appelant le garçon.

Mon appel resta sans réponse. Je pris alors ma voix du plus creux de ma poitrine, et je renouvelai mon interpellation, qui n'eut pas plus d'effet que la première fois.

— Fous chêtes arrivé à Aix il y avre peu de temps? me dit avec un accent allemand très-prononcé un de mes voisins, qui avalait de la bière, et qui rendait de la fumée.

— Ce soir, monsieur.

Il fit un signe, comme pour me dire: *Je comprends alors*; et, tournant la tête du côté de la porte du café, il ne prononça que cette seule pa-

Jacotot parut à l'instant même.

role : — Chacotot! — Voilà, voilà, monsieur! répondit une voix.

Jacotot parut à l'instant même; ce n'était pas autre chose que le garçon limonadier.

Il s'arrêta en face de nous; le sourire était stéréotypé sur cette bonne grosse figure stupide, qu'il faut avoir vue pour s'en faire une idée. Pendant que je lui demandais une groseille, vingt cris partirent à la fois.

— Jacotot, un cigare! — Jacotot, le journal! — Jacotot, du feu!

Jacotot, au fur et à mesure que chaque chose lui était demandée, la tirait à l'instant même de son gousset; je crus un instant qu'il possédait la bourse enchantée de Fortunatus.

Au même moment, une dernière voix partit d'une allée sombre attenante au café.

— Jacotot, vingt louis!

Jacotot porta sa main en abat-jour au-dessus de ses yeux, regarda quel était celui qui lui adressait cette dernière demande, et, l'ayant probablement reconnu pour solvable, fouilla au gousset merveilleux, en tira une poignée d'or qu'il lui donna, sans rien ajouter à son refrain habituel : Voilà, voilà, monsieur! et disparut pour aller chercher ma groseille.

— En avant, quatre par quatre, au galop, si vous pouvez. — Page 110.

— Tu perds donc, Paul? dit un jeune homme qui était à une table à côté de la mienne.

— Trois mille francs...

— Chouez-vous? me dit mon Allemand.

— Non, monsieur.

— Pourquoi?

— Je ne suis ni assez pauvre pour désirer gagner ni assez riche pour pouvoir perdre.

Il me regarda fixement, avala un verre de bière, poussa une bouffée de fumée, posa ses coudes sur la table, appuya sa tête sur ses mains, et me dit gravement:

— Fous avre raison, cheune homme. — Chacotot!

— Voilà, voilà, monsieur!

— Eine autre bouteille et eine autre cigare.

Jacotot lui apporta son sixième cigare et sa quatrième bouteille, il alluma l'un et déboucha l'autre.

Pendant que, de mon côté, j'avalais ma groseille, deux de nos compagnons vinrent me frapper sur l'épaule; ils avaient organisé pour le lendemain, avec une douzaine d'amis qu'ils avaient retrouvés à Aix, une partie de bain au lac du Bourget, situé à une demi-lieue de la ville, et venaient me demander si je voulais être des leurs. Cela allait sans dire: je m'informai seulement des moyens de transport; ils me répondirent de demeurer parfaitement tranquille, attendu qu'ils avaient pourvu à tout. J'allai me coucher sur cette assurance.

Le lendemain, je fus réveillé par le bruit que l'on faisait sous ma fenêtre. Mon nom avait pour le moment remplacé celui de Jacotot, et une trentaine de voix le poussaient à mon second étage de toute la force de leurs poumons. Je sautai à bas du lit, croyant le feu à la maison, et courus à la fenêtre. Trente ou quarante ânes, enfourchés par autant de cavaliers, tenaient sur deux lignes toute la largeur de la place. C'était un coup d'œil à ravir Sancho. On m'appelait afin que je vinsse prendre ma place dans les rangs.

Je demandai cinq minutes, qui me furent accordées, et je descendis. On m'avait réservé, avec une délicatesse d'attention qu'on appréciera, une superbe ânesse nommée *Christine*. Le marquis de Montaigu, qui montait un beau cheval noir à tous crins, avait été nommé général à l'unanimité, et commandait toute cette brigade; il donna le signal du départ par cette allocution si familière aux colonels de cuirassiers:

— En avant! quatre par quatre, au trot, si vous voulez, et au galop, si vous pouvez.

Nous partîmes en effet, suivis chacun d'un gamin qui piquait avec une épingle la croupe de nos ânes. Dix minutes après, nous étions au lac du Bourget; seulement nous étions partis au nombre de trente-cinq, et nous étions arrivés douze; quinze étaient tombés en route; les huit autres n'avaient jamais pu faire prendre à leurs bêtes une autre allure que le pas; quant à Christine, elle allait comme le cheval de Persée.

C'est vraiment une merveille que les lacs de Suisse et de Savoie, avec leurs eaux bleues et transparentes qui laissent voir le fond à quatre-vingts pieds de profondeur. Il faut être arrivé sur leurs bords, encore tout pollués comme nous l'étions des bains de notre Seine bourbeuse, pour se faire une idée de la volupté avec laquelle nous nous y précipitâmes.

A l'extrémité opposée à celle où nous étions, s'élevait un bâtiment assez remarquable; je donnai une passade à l'un de nos compagnons, et, au moment où il revenait sur l'eau, je lui demandai ce qu'était cet édifice. Il m'appuya à son tour les mains sur la tête et les pieds sur les épaules, m'envoya à quinze pieds de profondeur, et, saisissant l'instant où ma tête revenait à la surface du lac: — C'est Hautecombe, me dit-il, la sépulture des ducs de Savoie et des rois de Sardaigne. — Je le remerciai.

On proposa d'y aller déjeuner et de visiter ensuite les tombes royales et la fontaine intermittente. Nos bateliers nous dirent que, quant à cette dernière curiosité, il fallait nous en priver, attendu que, depuis huit jours, la source ne coulait plus, sous prétexte qu'il faisait vingt-six degrés de chaleur. La

proposition n'en fut pas moins acceptée à l'unanimité; cependant, l'un de nous fit l'observation très-sensée que trente-cinq gaillards comme nous ne seraient pas faciles à rassasier avec des œufs et du lait, seuls comestibles probables d'un pauvre village de Savoie. En conséquence, un gamin et deux ânes furent expédiés à Aix; le gamin était porteur d'un mot pour Jacotot, afin qu'il nous envoyât le déjeuner le plus confortable possible; il devait être payé par ceux qui tomberaient de leurs ânes en revenant.

Nous étions, comme on le pense bien, arrivés à Hautecombe avant nos pourvoyeurs; en les attendant, nous nous acheminâmes vers la chapelle où sont les tombeaux.

C'est une charmante petite église, qui, quoique moderne, est construite sur le plan et dans la forme gothiques. Si les murailles étaient brunies par ce vernis sombre que les siècles seuls déposent en passant, on la prendrait à l'extérieur pour une bâtisse de la fin du quinzième siècle.

En entrant, on heurte un tombeau : c'est celui du fondateur de la chapelle, du roi Charles-Félix; il semble qu'après avoir confié à l'église les corps de ses ancêtres, lui, le dernier de sa race, ait voulu, comme un fils pieux, veiller à la porte sur les restes de ses pères, dont la chaîne remonte à plus de sept siècles.

De chaque côté du chemin qui conduit au chœur, sont rangés de superbes tombeaux de marbre, sur lesquels sont couchés les ducs et les duchesses de Savoie, les ducs avec un lion à leurs pieds, type du courage; les duchesses avec un lévrier, symbole de la fidélité. D'autres encore, qui ont marché par la voie sainte au lieu de suivre la voie sanglante, sont représentés avec un cilice sur le corps et des sabots aux pieds, en signe de souffrance et d'humilité; presque tous ces monuments sont d'un beau travail et d'une exécution puissante et naïve; mais au-dessus de chaque tombeau, et comme pour jurer avec eux et donner un démenti au caractère et au costume, un beau médaillon ovale ou carré représente, exécutée par des artistes modernes, une scène de guerre ou de pénitence tirée de la vie de celui qui dort sous la pierre qu'il surmonte. Là vous pouvez voir le héros dépouillé de l'armure de *mauvais goût* qui le couvre sur son tombeau, combattant, en costume grec, un glaive ou un javelot à la main, avec la pose académique de Romulus ou de Léonidas. Ces messieurs étaient trop fiers pour copier, et avaient trop d'imagination pour faire du vrai. La paix du ciel soit avec eux !

Nous vîmes quelques religieux priant pour les âmes de leurs anciens seigneurs. Ce sont des moines d'une abbaye de Cîteaux attenant à la chapelle, et qui ont charge de la desservir; la date de la fondation de cette abbaye remonte au commencement du douzième siècle, et deux papes sont sortis de son sein, Geoffroi de Châtillon, élu en 1241, sous le nom de Célestin VI, et Jean Gaëtan des Ursins, élu sous celui de Nicolas III, en 1277.

Pendant que nous visitions le couvent, et que nous prenions ces renseignements, nos provisions étaient arrivées, et une collation splendide s'organisait sous des marronniers, à trois cents pas de l'abbaye. Aussitôt que cette bienheureuse nouvelle nous parvint, nous prîmes congé des révérends pères, et nous nous acheminâmes au pas de course vers le déjeuner. En nous y rendant, nous laissâmes à notre gauche la fontaine intermittente. J'eus la curiosité de visiter son emplacement; j'y trouvai immobile, avec son cigare à la bouche et les mains derrière le dos, mon Allemand de la veille; il attendait depuis trois heures que la source coulât; on avait oublié de lui dire que, depuis huit jours, elle était tarie.

Je rejoignis nos camarades, couchés comme des Romains autour du festin; je n'eus qu'à jeter un coup d'œil dessus pour rendre justice entière à Jacotot : c'est un de ces hommes rares qui méritent leur réputation.

Lorsque le déjeuner fut mangé, le vin bu, les bouteilles cassées, l'on pensa au retour, et l'on rappela la convention arrêtée le matin, à savoir que ceux qui se laisseraient choir payeraient la part de ceux qui ne tomberaient pas. Le relevé fait, le déjeuner se trouva être un pique nique.

A notre retour, nous trouvâmes Aix en révolution. Ceux qui avaient des chevaux les faisaient atteler, ceux qui n'en avaient pas louaient des voitures, ceux qui n'en pouvaient plus trouver encombraient les bureaux des diligences; quelques hommes même se préparaient à partir à pied; les dames nous entouraient à mains jointes pour avoir nos ânes, et, à toutes les questions que nous faisions, on ne répondait que par ces mots : — Le choléra! monsieur, le choléra! — Voyant que nous ne pouvions obtenir aucun éclaircissement de cette population épouvantée, nous appelâmes Jacotot.

Il arriva les larmes aux yeux. — Nous lui demandâmes ce qu'il y avait.

Voici le fait :

Un maître de forges, arrivé de la veille, et qui s'était vanté, en arrivant, d'avoir escamoté au gouvernement sarde la quarantaine de six jours imposée à tous les étrangers, s'était trouvé pris, après le déjeuner, d'étourdissements et de coliques. Le malheureux avait eu l'imprudence de se plaindre : son voisin, à l'instant même, reconnut les symptômes du choléra asiatique; chacun alors se leva, poussant des clameurs affreuses, et plusieurs personnes, en se sauvant, crièrent sur la place : Le choléra! le choléra! comme on crie au feu!

Le malade, qui était habitué à de pareilles indispositions, et qui les menait à guérison ordinairement avec du thé ou simplement de l'eau chaude,

était celui qui s'était le moins inquiété de tous ces cris. Il allait tranquillement regagner son hôtel et se mettre à son régime, lorsqu'il trouva à la porte les cinq médecins de l'établissement des eaux. Malheureusement pour lui, au moment où il allait saluer la faculté savoyarde, une violente douleur lui arracha un cri, et la main qu'il portait à son chapeau descendit naturellement sur l'abdomen, siège de la douleur. Les cinq médecins se regardèrent, échangèrent un coup d'œil qui voulait dire : Le cas est grave. Deux d'entre eux saisirent le patient, chacun par un bras, lui tâtèrent le pouls, et le déclarèrent cholérique au premier degré.

Le maître de forges, qui se rappelait les aventures de M. de Pourceaugnac, leur remontra doucement que, malgré tout le respect qu'il devait à leur profession et à leur science, il croyait mieux connaître qu'eux une situation dans laquelle il s'était déjà trouvé vingt fois, et que les symptômes qu'ils prenaient pour ceux de l'épidémie étaient des symptômes d'indigestion, et pas autre chose; en conséquence, il les pria de se ranger un peu pour le laisser passer, attendu qu'il allait commander du thé à son hôtel. Mais les médecins déclarèrent qu'il n'était point en leur pouvoir de céder à cette demande, vu qu'ils étaient chargés par le gouvernement de l'état sanitaire de la ville, qu'ainsi tout baigneur qui tombait malade à Aix leur appartenait de droit. Le pauvre maître de forges fit un dernier effort, et demanda qu'on lui laissât quatre heures pour le traiter à sa manière; passé ce temps, il consentait, s'il n'était pas guéri radicalement, à se livrer corps et âme entre les mains de la science. A ceci la science répondit que le choléra asiatique, celui-là même dont le malade était attaqué, faisait de tels progrès, qu'en quatre heures il serait mort.

Pendant cette discussion, les médecins s'étaient dit quelques mots à l'oreille, et l'un d'entre eux, étant sorti, revint bientôt accompagné de quatre carabiniers royaux et d'un brigadier, qui demanda, en relevant sa moustache, où était l'infâme cholérique. On lui indiqua le malade; deux carabiniers le prirent par les bras, deux autres par les jambes; le brigadier tira son sabre et marcha en serre-file en marquant le pas. Les cinq médecins suivaient le cortège; quant au maître de forges, il écumait de rage, criait à tue-tête, et mordait tout ce qui se trouvait à portée de sa bouche. C'étaient bien les symptômes du choléra asiatique au second degré : la maladie faisait des progrès effrayants.

Ceux qui le virent passer n'eurent donc plus aucun doute. On admira le dévouement de ces dignes médecins, qui allaient braver la contagion; mais chacun se disposa à le fuir le plus vitement possible. C'est dans cet état de panique que nous avions retrouvé la ville.

En ce moment, notre Allemand frappa sur l'épaule de Jacotot, et lui demanda si c'était parce que

Il écumait de rage, et criait à tue-tête... — Page 111.

la source d'eau intermittente ne coulait plus que toût le monde paraissait si effrayé. Jacotot reprit d'un bout à l'autre le récit qu'il venait de nous faire. L'Allemand l'ecouta avec sa gravité habituelle; puis, lorsqu'il eut fini, il se contenta de dire : Ah! — et il s'achemina vers l'établissement.

— Où allez-vous, monsieur, où allez vous? lui cria-t-on de toutes parts.

— Ché fais foir la malatte, — répondit notre homme, et il continua son chemin. Dix minutes après, il revint du même pas dont il était parti : tout le monde l'entoura en lui demandant ce qu'on faisait au choierique.

— On l'oufre, répondit-il.

— Comment! on l'oufre!

— Oui, oui, on lui oufre le ventre; — et il accompagna ces mots d'un geste qui ne laissait aucun doute sur le genre d'opération qu'il indiquait.

— Il est donc déjà mort?

— Oh! oui, sans toute, tècha, dit l'Allemand.

— Et du choléra?

— Non, t'eine intichestion : ce baufre homme! il afait peaucoup técheuné, et son técheuner lui faisait mal; ils l'ont mis tans ein bain chaud, et alors son técheuner l'a étouffé : foilà tout.

C'était vrai; le lendemain on enterra le maître de

Elle jeta un cri et disparut dans le gouffre. — Page 115.

forges, et le surlendemain personne ne pensait plus au choléra. Les médecins seuls soutinrent qu'il était mort de l'épidémie régnante.

Le jour suivant, je me dispensai de la partie de bain. J'avais peu de jours à passer à Aix, et je voulais visiter en détail les thermes romains et les bains modernes.

Les différentes révolutions survenues depuis le passage des barbares, auxquels il faut attribuer la première destruction des thermes romains, jusqu'au dernier incendie de 1630, avaient fait oublier la vertu médicale des bains d'Aix. D'ailleurs les eaux pluviales, en descendant des montagnes qui envi-

ronnent la ville, et en entraînant avec elles des portions de terre végétale et des fragments de roche, avaient peu à peu recouvert d'une couche de sable de huit ou dix pieds les anciennes constructions romaines. Ce ne fut qu'au commencement du dix-septième siècle qu'un docteur d'une petite ville du Dauphiné, nommé Cabias, remarqua les sources thermales auxquelles les habitants ne faisaient aucune attention. Les expériences chimiques qu'il fit sur elles, tout incomplètes qu'elles étaient, lui découvrirent le secret de leur efficacité pour certaines maladies; de retour chez lui, il en conseilla l'usage dès que l'occasion s'en présenta, et accompagna lui-même, pour en faire l'application, les premiers malades riches qui voulurent se soumettre à ce traitement. Leur guérison donna lieu à la publication d'une petite brochure intitulée : *Des cures merveilleuses et propriétés des eaux d'Aix :* cette publication eut lieu à Lyon en 1624, et donna aux bains une célébrité qui depuis n'a fait que s'accroître.

Les monuments qui restent du temps des Romains sont un arc ou plutôt une arcade, les débris d'un temple de Diane et les restes des thermes.

On a de plus retrouvé, en creusant des tombes dans l'église du Bourget, un autel à Minerve, la pierre du sacrifice, l'urne dans laquelle on recueillait le sang de la victime, et enfin le couteau de pierre aiguisé avec lequel on l'égorgeait. Le curé a fait disparaître tous ces objets dans un moment de zèle religieux.

L'arc romain a été l'objet d'une longue controverse : les uns ont prétendu retrouver en lui l'entrée des thermes, située à peu de distance de l'endroit où il est élevé; les autres en ont fait un monument funéraire; d'autres enfin en ont fait un arc de triomphe.

Une inscription constate du moins le nom de celui qui a bâti le monument, si elle n'apprend pas dans quel but il a été élevé. La voici :

L. Pompeius Campanus
vius   fecit.

De là, il a pris le nom d'arc de Pompée.

Le temple de Diane est bien moins complet. Une partie de ses pierres ont fourni les dalles magnifiques qui forment les escaliers du Cercle; celles qui sont restées entières et debout ont disparu au milieu de la bâtisse d'un mauvais petit théâtre auquel elles ont servi de fondements.

Quant aux restes des thermes romains, ils sont situés sous la maison d'un particulier nommé M. Perrier. Nous avons déjà dit comment les eaux, en charriant de la terre, avaient recouvert ces constructions antiques; elles avaient donc complètement disparu, et étaient restées ignorées de tous, lorsqu'en creusant les fondations de sa maison M. Perrier les trouva.

Quatre marches d'un escalier antique, revêtues de marbre blanc, conduisent d'abord à une piscine octogone de vingt pieds de longueur, entourée de tous côtés de gradins sur lesquels s'asseyaient les baigneurs; ces gradins et le fond de la piscine sont aussi revêtus de marbre. Sous chacun des gradins passent des conduits de chaleur, et, derrière le plus élevé de ces gradins, on retrouve les bouches par lesquelles la vapeur se répandait dans l'appartement. Au fond de cette piscine était placé l'immense lavabo de marbre qui renfermait l'eau froide dans laquelle les anciens se plongeaient immédiatement après avoir pris leurs bains de vapeur. Le lavabo a été brisé en faisant la fouille; mais le détritus

amené par les alluvions, et dont il avait été rempli, a conservé la forme exacte de la cuve qui l'embrassait et dans laquelle il s'était séché.

Au-dessous de la piscine est situé le réservoir qui contenait l'eau chaude dont la vapeur montait dans l'appartement situé au-dessus. Il devait en renfermer un immense volume, puisque la muraille du conduit qui y communique est rongée à la hauteur de sept pieds.

La partie supérieure de ce réservoir a seule été mise à découvert; mais, en examinant les chapiteaux carrés des colonnes qui sortent de terre, et, en procédant du connu à l'inconnu, d'après les règles architecturales, ces colonnes doivent s'enfoncer de neuf pieds dans le sol; elles sont bâties en brique, et chaque brique porte le nom du fabricant qui les a fournies : il s'appelait Glarianus.

En suivant le même chemin que devait suivre l'eau, on entre dans le corridor par lequel s'échappait la vapeur; les bouches de chaleur qu'on aperçoit au plafond sont les mêmes dont on retrouve l'orifice opposé derrière le gradin le plus élevé de la piscine.

Au bout d'un autre corridor, on trouve une petite salle de bain particulière pour deux personnes; elle a huit pieds de long sur quatre de large, et c'est la salle même qui forme la baignoire; elle est partout revêtue de marbre blanc, et soutenue par des colonnes de briques entre les chapiteaux desquelles circulait l'eau thermale. On y descendait de côté par des escaliers de même longueur et de même largeur que la baignoire. Sous chacun de ces escaliers passaient des conduits de chaleur, afin que les pieds nus pussent s'y poser sans hésitation, et que la fraîcheur du marbre ne refroidît pas l'eau du bain.

Du reste, toutes ces fouilles, que l'on pourrait croire avoir été faites par le propriétaire du terrain dans un but scientifique, n'avaient pour objet que de creuser une cave; les corridors que nous venons de décrire y conduisent en droite ligne.

En remontant, nous vîmes dans le jardin un méridien antique; il diffère peu des nôtres.

Les édifices modernes sont le Cercle et les bains.

Le Cercle est le bâtiment dans lequel se réunissent les baigneurs. Moyennant vingt francs, on vous remet une carte personnelle qui vous ouvre l'entrée des salons. Ces salons sont composés d'une chambre de réunion, où les dames travaillent ou font de la musique, d'une salle de bal et de concert, d'une salle de billard, et d'une bibliothèque dont nous avons déjà parlé à propos du temple de Diane.

Un grand jardin attenant à ces bâtiments offre une magnifique promenade. D'un côté, l'horizon se perd à cinq ou six lieues dans un lointain bleuâtre; de l'autre il se termine par la Dent-du-Chat, la sommité la plus élevée des environs d'Aix, ainsi nommée, à cause de sa couleur blanche et de sa forme aiguë.

L'édifice où l'on prend les bains a été commencé en 1772 et terminé en 1784, par les ordres et aux frais de Victor-Amédée.

Dans la première chambre, en entrant à droite, sont les deux robinets étiquetés auxquels les baigneurs viennent puiser trois fois par jour le verre d'eau qu'ils doivent boire. L'une de ces étiquettes porte le mot *soufre* et l'autre le mot *alun*. L'un est à trente-cinq degrés de chaleur, l'autre à trente-six.

L'eau de soufre pèse un cinquième de moins que l'eau ordinaire : une pièce d'argent mise en contact avec elle s'oxyde en deux secondes.

Les eaux thermales, en les comparant à l'eau ordinaire, offrent ceci de remarquable, que l'eau ordinaire, portée par l'ébullition à quatre-vingts degrés de chaleur, perd en deux heures soixante degrés à peu près par son contact avec l'air atmosphérique, tandis que l'eau thermale, déposée à huit heures du soir dans une baignoire, n'a perdu à huit heures du matin, c'est-à-dire douze heures après, que quatorze ou quinze degrés, ce qui laisse aux bains ordinaires une chaleur suffisante de dix-huit ou dix-neuf degrés.

Quant aux bains de traitement, les malades les prennent ordinairement à trente-cinq ou trente-six degrés : de cette manière on voit qu'il n'y a rien à ajouter ni à ôter à la chaleur de l'eau, qui se trouve en harmonie avec celle du sang ; cela donne aux eaux d'Aix une supériorité marquée sur les autres, puisque partout ailleurs elles sont ou trop chaudes ou trop froides. Si elles sont trop froides, on est obligé de les soumettre au chauffage, et l'on comprend quelle quantité de gaz doit se dégager pendant cette opération. Si, au contraire, elles sont trop chaudes, elles ont besoin d'être refroidies par une combinaison avec l'eau froide ou par le contact de l'air, et, dans l'un ou l'autre cas, on conçoit encore ce que doit leur ôter de leur efficacité le mélange ou l'évaporation.

Ces eaux thermales possèdent encore sur celles des autres établissements un avantage naturel : c'est que les sources chaudes sourdent ordinairement dans les endroits bas ; celle-ci, au contraire, se trouve à trente pieds au-dessus du niveau de l'établissement. Elles peuvent donc, par la faculté que leur donnent les lois de la pesanteur, s'élever, sans moyen de pression, à la hauteur nécessaire pour accroître ou diminuer leur action dans l'application des douches.

A certaines époques, et surtout lorsque la température atmosphérique descend de douze à neuf degrés au-dessus de zéro, chacune de ces eaux, dont la source paraît être cependant la même, présente un phénomène particulier. L'eau de soufre charrie une matière visqueuse, qui, en se solidifiant, offre tous les caractères d'une gelée animale parfaitement faite : elle en a le goût et les qualités nutritives, tandis que, de son côté, l'eau d'alun charrie en quan-

tité à peu près pareille une gelée purement végétale.

En 1822, le jour du mardi gras, un tremblement de terre se fit sentir dans toute la chaîne des Alpes ; trente-sept minutes après la secousse, une quantité considérable de gélatine animale et végétale sortit par les tuyaux de soufre et d'alun.

Pendant que j'étais en train de visiter les curiosités d'Aix, je pris ma course vers la cascade de Grésy, située à trois quarts de lieue à peu près de la ville. Un accident arrivé en 1813 à madame la baronne de Broc, l'une des dames d'honneur de la reine Hortense, a rendu cette chute d'eau tristement célèbre. Cette cascade n'offre, du reste, rien de remarquable que les entonnoirs qu'elle a creusés dans le roc, et dans l'un desquels cette belle jeune femme a péri. Au moment où je la visitais, l'eau était basse, et laissait à sec l'orifice des trois entonnoirs, qui ont de quinze à dix-huit pieds de profondeur, et dans les parois intérieures desquels l'eau s'est creusé une communication en rongeant le rocher ; elle descend de cette manière jusqu'au lit d'un ruisseau qui fuit à trente pieds de profondeur à peu près entre des rives si rapprochées, qu'on peut facilement sauter d'un bord à l'autre. La reine Hortense visitait cette cascade, accompagnée de madame Parquin et de madame de Broc, lorsque cette dernière, en traversant sur une planche le plus grand de ces entonnoirs, crut appuyer son ombrelle sur la planche, et la posa à côté ; le défaut d'un point d'appui lui fit pencher le corps d'un côté, la planche tourna, madame de Broc jeta un cri et disparut dans le gouffre : elle avait vingt-cinq ans.

La reine lui a fait élever un tombeau sur l'emplacement même où a eu lieu cet accident. On y lit cette inscription :

Ici
Madame la baronne de Broc,
Âgée de 25 ans, a péri
Sous les yeux de son amie,
Le 10 juin 1813.

———

O vous
Qui visitez ces lieux,
N'avancez qu'avec
Précaution sur ces
Abîmes :
Songez à ceux
Qui vous
Aiment !

On trouve, en revenant, sur l'un des côtés de la route, au bord du torrent de la Baie, la source ferrugineuse de *Saint-Simon*, découverte par M. Despine fils, l'un des médecins d'Aix. Il a fait bâtir au-dessus une petite fontaine classique, sur laquelle il a fait graver le nom plus classique encore de la déesse *Hygie*, au-dessous de ce mot ceux-ci : *Fon-*

La Dent-du-Chat.

taine de Saint-Simon. J'ignore si l'étymologie de ce nom a quelque rapport avec le prophète de nos jours.

On applique les eaux de cette fontaine au traitement des affections d'estomac et des maladies lymphatiques. Je la goûtai en passant, elle me parut d'un goût assez agréable.

Je revins juste pour l'heure du dîner. Lorsqu'il fut terminé, chacun se sépara, et je remarquai que personne ne se plaignait de la plus petite douleur de colique. Quant à moi, j'étais fatigué de mes courses de la journée : je me couchai.

A minuit, je fus réveillé par un grand bruit et une grande lueur. Ma chambre était pleine de baigneurs; quatre tenaient à la main des torches allumées; on venait me chercher pour monter à la Dent-du Chat.

Il y a des plaisanteries qui ne paraissent bonnes à ceux qui en sont l'objet que lorsqu'ils sont eux-mêmes montés à un certain degré de gaieté et d'entrain. Certes, ceux qui, à la suite d'un souper, chaud de bavardage et de vin, les esprits bien animés par tous deux, craignant que le sommeil ne vînt éteindre l'orgie, proposèrent de passer le reste de la nuit ensemble et de l'employer à faire une ascension pour voir l'aurore se lever de la cime de la

Un moment il y eut doute si tous deux ne tomberaient pas. PAGE 118.

Dent-du-Chat, ceux-là durent avoir près des autres un succès admirable. Mais moi, qui m'étais couché calme et fatigué, avec l'espoir d'une nuit bien paci-fique, et qui me trouvais réveillé en sursaut par une invitation aussi incongrue, je ne reçus pas, on le comprendra facilement, la proposition avec un grand enthousiasme. Cela parut extraordinaire à mes grimpeurs, qui en augurèrent que j'étais mal éveillé, et qui, pour porter mes esprits au complet, me prirent à quatre et me déposèrent au milieu de la chambre. Pendant ce temps, un autre, plus pré-voyant encore, vidait dans mon lit toute l'eau que j'avais eu l'imprudence de laisser dans ma cuvette.

Si ce moyen ne rendait pas la promenade proposée plus amusante, il la rendait au moins à peu près in-dispensable. Je pris donc mon parti, comme si la chose m'agréait beaucoup, et, cinq minutes après, je fus prêt à me mettre en route. Nous étions douze en tout, et deux guides, qui faisaient quatorze.

En passant sur la place, nous vîmes Jacotot, qui fermait son café, et l'Allemand, qui fumait son der-nier cigare et vidait sa dernière bouteille. Jacotot nous souhaita bien du plaisir, et l'Allemand nous cria : « *Pon foyage.....* » — Merci !

Nous traversâmes le petit lac du Bourget pour arriver au pied de la montagne que nous allions escalader; il était bleu, transparent et tranquille, et semblait avoir au fond de son lit autant d'étoiles qu'on en comptait au ciel. A son extrémité occidentale, on apercevait la tour d'Hautecombe, debout comme un fantôme blanc, tandis qu'entre elle et nous des barques de pêcheurs glissaient en silence, ayant à leur poupe une torche allumée dont la lueur se reflétait dans l'eau.

Si j'avais pu rester là seul, des heures entières, rêvant dans une barque abandonnée, je n'aurais certes regretté ni mon sommeil ni mon lit. Mais je n'étais point parti pour cela, j'étais parti pour m'*amuser*. Ainsi, je m'*amusais!*... La singulière chose que ce monde, où l'on passe toujours à côté d'un bonheur en cherchant un plaisir!...

Nous commençâmes à gravir à minuit et demi : c'était une chose assez curieuse que de voir cette marche aux flambeaux. A deux heures nous étions aux trois quarts du chemin; mais ce qui nous en restait à faire était si difficile et si dangereux, que nos guides nous firent faire une halte pour attendre les premiers rayons du jour.

Lorsqu'ils parurent, nous continuâmes notre route, qui devint bientôt si escarpée, que notre poitrine touchait presque le talus sur lequel nous marchions à la file les uns des autres. Chacun alors déploya son adresse et sa force, se cramponnant des mains aux bruyères et aux petits arbres, et des pieds aux aspérités du rocher et aux inégalités du terrain. Nous entendions les pierres que nous détachions rouler sur la pente de la montagne rapide comme celle d'un toit, et, lorsque nous les suivions des yeux, nous les voyions descendre jusqu'au lac, dont la nappe bleue s'étendait à un quart de lieue au-dessous de nous; nos guides eux-mêmes ne pouvaient nous prêter aucun secours, occupés qu'ils étaient à nous découvrir le meilleur chemin; seulement, de temps en temps, ils nous recommandaient de ne pas regarder derrière nous, de peur des éblouissements et des vertiges, et ces recommandations, faites d'une voix brève et serrée, nous prouvaient que le danger était bien réel.

Tout à coup celui de nos camarades qui les suivait immédiatement jeta un cri qui nous fit passer à tous un frisson dans les chairs. Il avait voulu poser le pied sur une pierre déjà ébranlée par le poids de ceux qui le précédaient et qui s'en étaient servi comme d'un point d'appui : la pierre s'était détachée; en même temps, les branches auxquelles il s'accrochait, n'étant point assez fortes pour soutenir seules le poids de son corps, s'étaient brisées entre ses mains.

— Retenez-le! retenez-le donc! s'écrièrent les guides. Mais c'était chose plus facile à dire qu'à faire. Chacun avait déjà grand'peine à se retenir soi-même; aussi passa-t-il, en roulant, près de nous tous, sans qu'un seul pût l'arrêter. Nous le croyions perdu, et, la sueur de l'effroi au front, nous le sui-

vions des yeux en haletant, lorsqu'il se trouva assez près de Montaigu, le dernier de nous tous, pour que celui-ci pût, en étendant la main, le saisir aux cheveux. Un moment il y eut doute si tous deux ne tomberaient pas. Ce moment fut court, mais il fut terrible, et je réponds qu'aucun de ceux qui se trouvaient là n'oubliera de longtemps la seconde où il vit ces deux hommes oscillant sur un précipice de deux mille pieds de profondeur, ne sachant pas s'ils allaient être précipités ou s'ils parviendraient à se rattacher à la terre.

Nous gagnâmes enfin une petite forêt de sapins, qui, sans rendre le chemin moins rapide, le rendit plus commode, par la facilité que ces arbres nous offraient de nous accrocher à leurs branches ou de nous appuyer à leurs troncs. La lisière opposée de cette petite forêt touchait presque la base du rocher nu, dont la forme a fait donner à la montagne le singulier nom qu'elle porte : des trous creusés irrégulièrement dans la pierre offrent une espèce d'escalier qui conduit au sommet.

Deux d'entre nous seulement tentèrent cette dernière escalade, non que ce trajet fût plus difficile que celui que nous venions d'accomplir, mais il ne nous promettait pas une vue plus étendue, et celle que nous avions sous les yeux était loin de nous dédommager de notre fatigue et de nos meurtrissures : nous les laissâmes donc grimper à leur clocher, et nous nous assîmes pour procéder à l'extraction des pierres et des épines. Pendant ce temps, ils étaient arrivés au sommet de la montagne, et, comme preuve de prise de possession, ils y avaient allumé un feu et y fumaient leurs cigares.

Au bout d'un quart d'heure, ils descendirent, se gardant bien d'éteindre le feu qu'ils avaient allumé, curieux qu'ils étaient de savoir si d'en bas on en apercevait la fumée.

Nous mangeâmes un morceau, après quoi nos guides nous demandèrent si nous voulions revenir par la même route, ou bien en prendre une autre beaucoup plus longue, mais aussi plus facile : nous choisîmes unanimement cette dernière. A trois heures, nous étions de retour à Aix, et, du milieu de la place, ces messieurs eurent l'orgueilleux plaisir d'apercevoir encore la fumée de leur fanal. Je leur demandai s'il m'était permis, maintenant que je m'étais bien *amusé*, d'aller me mettre au lit. Comme chacun éprouvait probablement le besoin d'en faire autant, on me répondit qu'on n'y voyait pas d'objection.

Je crois que j'aurais dormi trente-six heures de suite comme Balmat, si je n'avais pas été réveillé par une grande rumeur. J'ouvris les yeux, il faisait nuit; j'allai à la fenêtre, et je vis toute la ville d'Aix sur la place publique : tout le monde parlait à la fois, on s'arrachait les lorgnettes, chacun regardait en l'air à se démonter la colonne vertébrale. Je crus qu'il y avait une éclipse de lune!

Je me rhabillai vivement pour avoir ma part du phénomène, et je descendis, armé de ma longue-vue. Toute l'atmosphère était colorée d'un reflet rougeâtre, le ciel paraissait embrasé : la Dent-du-Chat était en feu.

Au même instant, je sentis qu'on me prenait la main ; je me retournai, et j'aperçus nos deux camarades du fanal : ils me firent de la tête un signe en s'éloignant. Je leur demandai où ils allaient ; l'un d'eux rapprocha les deux mains de sa bouche pour s'en faire un porte-voix, et me cria : — A Genève ! Je compris leur affaire : c'étaient mes gaillards qui avaient incendié la Dent-du-Chat, et Jacotot les avait prévenus tout bas que le roi de Sardaigne tenait beaucoup à ses forêts.

Je reportai la vue sur la sœur cadette du Vésuve : c'était un fort joli volcan de second ordre.

Un incendie nocturne dans les montagnes est une des plus magnifiques choses que l'on puisse voir. Le feu lâché librement dans une forêt, allongeant de tous côtés, comme un serpent, sa tête flamboyante, se prenant à ramper tout à coup autour du tronc d'un arbre qu'il rencontre sur sa route, se dressant contre lui, dardant ses langues comme pour lécher les feuilles, s'élançant à son sommet qu'il dépasse ainsi qu'une aigrette, redescendant le long de ses branches, et finissant par les illuminer toutes comme celles d'un if préparé pour une réjouissance publique : voilà ce que nos rois ne peuvent pas faire pour leurs fêtes, voilà qui est beau ! Puis, quand cet arbre brûlé secoue ses feuilles ardentes, quand passe sur lui un coup de vent qui les emporte comme une pluie de feu, quand chacune de ces étincelles allume en tombant un foyer, que tous ces foyers, en s'élargissant, marchent au-devant les uns des autres, et finissent enfin par se réunir et se confondre dans une immense fournaise ; quand une lieue de terrain brûle ainsi, et quand chaque arbre qui brûle nuance la couleur de la flamme selon son essence, la varie selon sa forme ; quand les pierres calcinées se détachent et roulent brisant tout sur leur route, quand le feu siffle comme le vent, et quand le vent mugit comme la tempête, oh ! alors, voilà qui est splendide, voilà qui est merveilleux ! Néron s'entendait en plaisir lorsqu'il brûla Rome.

Je fus tiré de mon extase par une voiture qui traversait la place, escortée de quatre carabiniers royaux. Je reconnus celle de nos Ruggieri, qui, vendus par les guides, dénoncés par le maître de poste, avaient été rejoints, avant de pouvoir gagner la frontière de la Savoie, par les gendarmes de Charles-Albert. On voulait les conduire en prison, nous répondîmes tous d'eux ; enfin, sur la caution générale, et leur parole d'honneur de ne point quitter la ville, ils furent libres de jouir du spectacle qu'ils devaient payer.

Le feu dura ainsi trois jours.

Le quatrième, on leur apporta une note de *trente-sept mille cinq cents* et quelques francs. Ils trouvèrent la somme un peu forte pour quelques mauvais arpents de bois, dont la situation rendait l'exploitation impossible ; en conséquence, ils écrivirent à notre ambassadeur à Turin de tâcher de faire rogner quelque chose sur le mémoire. Celui-ci s'escrima si bien, que la carte à payer leur revint, au bout de huit jours, réduite à sept cent quatre vingts francs.

Moyennant le solde de cette somme, ils étaient libres de quitter Aix. Ils ne se le firent pas dire deux fois : ils payèrent, se firent donner leur reçu, et partirent immédiatement, de peur qu'on ne leur représentât le lendemain un reliquat de compte.

Je n'ai pas voulu nommer les deux coupables, qui jouissent à Paris d'une trop haute considération pour que j'essaye d'y porter atteinte.

Les huit jours qui s'écoulèrent après leur départ n'amenèrent que deux accidents : le premier fut un concert exécrable que nous donnèrent une soi-disant première basse de l'Opéra-Comique et un soi-disant premier baryton de l'ex-garde royale. Le second fut le déménagement de l'Allemand, qui vint prendre une chambre près de la mienne ; il logeait auparavant dans la maison Roissard, située juste en face du trou aux serpents, et un beau matin il avait trouvé une couleuvre dans sa botte.

Comme on se lasse des parties d'ânes, même lorsqu'on ne tombe que deux ou trois fois ; comme le jeu est chose fort peu amusante lorsqu'on ne comprend ni le plaisir de gagner ni le chagrin de perdre ; comme j'avais visité tout ce qu'Aix et ses environs avaient de curieux ; comme enfin madame la première basse et monsieur le premier baryton nous menaçaient d'un second concert, je résolus de faire quelque diversion à cette stupide existence en allant visiter la grande Chartreuse, qui n'est située, je crois, qu'à dix ou douze lieues d'Aix. Je comptais de là retourner à Genève, d'où je voulais continuer mes courses dans les Alpes, en commençant par l'Oberland. En conséquence, je fis mes préparatifs de départ, je louai une voiture moyennant le prix habituel de dix francs par jour, et, le 10 septembre au matin, j'allai prendre congé de mon voisin l'Allemand ; il m'offrit de fumer un cigare et de boire un verre de bière avec lui : c'est une avance qu'il n'avait encore faite, je crois, à personne.

Pendant que nous trinquions ensemble, et que, les coudes appuyés en face l'un de l'autre sur une petite table, nous nous poussions réciproquement des bouffées de fumée au visage, on vint m'annoncer que la voiture m'attendait : il se leva et me conduisit jusqu'au seuil de la porte. Arrivé là, il me demanda : — Où allez-fous ?

Je le lui dis.

— Ah ! ah ! continua-t-il, fous allez foir les Chartreux, ce sont tes trôles de corps.

— Pourquoi ?

Château de Chambéry.

— Oui, oui, ils manchent dans tes encriers, et ils couchent dans tes armoires.

— Que diable est-ce que cela veut dire?

— Fous ferrez.

Alors il me donna une poignée de main, me souhaita un *pon foyage*, et me ferma sa porte. Je n'en pus pas tirer autre chose.

J'allai faire mes adieux à Jacotot en prenant une tasse de chocolat. Quoique je ne fisse pas une grande consommation, Jacotot m'avait pris en respect parce qu'on lui avait dit que j'étais un auteur : lorsqu'il apprit que je partais, il me demanda si je n'écrirais pas quelque chose sur les eaux d'Aix. Je lui répon-

dis que cela n'était pas probable, mais que cependant c'était possible. Alors il me pria de ne point oublier, dans ce cas, de parler du café dont il était le premier garçon, ce qui ne pourrait manquer de faire grand bien à son maître ; non-seulement je m'y engageai, mais encore je lui promis de le rendre, lui, Jacotot, personnellement aussi célèbre que cela me serait possible. Le pauvre garçon devint tout pâle en apprenant que peut-être son nom serait un jour imprimé dans un livre.

Je me mis en route pour Chambéry ; mais, comme j'avais encore mon chapeau gris, je n'osai m'y arrêter. Je remarquai seulement en passant qu'un au-

Vallée du Dauphiné.

bergiste qui avait pris pour exergue de son enseigne ces mots : « Aux armes de France, » avait conservé les trois fleurs de lis de la branche aînée,
que la main du peuple a grattées si brutalement sur
l'écusson de la branche cadette.

A trois lieues de Chambéry, nous passâmes sous
une voûte qui traverse une montagne : elle peut
avoir cent cinquante pas de longueur. Ce chemin,
commencé par Napoléon, a été achevé par le gouvernement actuel de la Savoie.

Ce passage franchi, on rencontre bientôt le village des Échelles : puis, à un quart de lieue de là,
une petite ville moitié française, moitié savoyarde.

Une rivière trace les frontières des deux royaumes;
un pont jeté sur cette rivière est gardé à l'une des
extrémités par une sentinelle sarde, et, à l'autre,
par une sentinelle française. Ni l'une ni l'autre
n'ayant le droit d'empiéter sur le territoire de son
voisin, chacune d'elles s'avance gravement de chaque côté jusqu'au milieu du pont; puis, arrivées
à la ligne des pavés qui en forment l'arête, elles
se tournent le dos réciproquement, et recommen-
cent ce manége tout le temps que dure la faction.
Je revis, au reste, avec plaisir le pantalon garance
et la cocarde tricolore qui me dénonçaient un compatriote.

Nous arrivâmes à Saint-Laurent; c'est à ce village qu'on quitte la voiture, et qu'on prend des montures pour gagner la Chartreuse, distante encore de quatre lieues de pays. Nous n'y trouvâmes pas un seul mulet, ils étaient tous à je ne sais quelle foire. Cela nous importait assez peu, à Lamark et à moi, qui sommes d'assez bons marcheurs; mais cela devenait beaucoup moins indifférent à une dame qui nous accompagnait : cependant elle prit son parti. Nous fîmes venir un guide, qui se chargea de nos trois paquets, qu'il réunit en un seul. Il était sept heures et demie : nous n'avions plus guère que deux heures de jour, et quatre de marche.

Le val du Dauphiné où s'enfonce la Chartreuse est digne d'être comparé aux plus sombres gorges de la Suisse : c'est la même richesse de nature, la même ardeur de végétation, le même aspect grandiose : seulement le chemin, tout en s'escarpant de même aux flancs des montagnes, est plus praticable que les chemins des Alpes, et conserve toujours près de quatre pieds de largeur. Il n'est donc point dangereux pendant le jour, et, tant que la nuit ne vint pas, tout alla merveilleusement. Mais enfin la nuit s'avança, hâtée encore par un orage terrible. Nous demandâmes à notre guide où nous pourrions nous réfugier : il n'y a pas une seule maison sur la route; il fallut continuer notre voyage, nous étions à moitié chemin de la Chartreuse.

Le reste de la montée fut horrible. La pluie arriva bientôt, et avec elle l'obscurité la plus profonde. Notre compagne s'attacha au bras du guide, Lamark prit le mien, et nous marchâmes sur deux rangs : la route n'était pas assez large pour nous laisser passer de front; à droite, nous avions un précipice dont nous ne connaissions pas la profondeur, et au fond duquel nous entendions mugir un torrent. La nuit était si noire, que nous ne distinguions plus le chemin sur lequel nous posions le pied, et que nous n'apercevions la robe blanche de la dame qui nous servait de guide qu'à la lueur des éclairs, qui, heureusement, étaient assez rapprochés pour qu'il y eût à peu près autant de jour que de nuit. Joignez à cela un accompagnement de tonnerre, dont chaque écho multipliait les coups et quadruplait le bruit : on eût dit le prologue du jugement dernier.

La cloche du couvent, que nous entendîmes, nous annonça enfin que nous en approchions. Une demi-heure après, un éclair nous montra le corps gigantesque de la vieille Chartreuse, couché à vingt pas de nous; pas le moindre bruit ne se faisait entendre dans l'intérieur que celui des tintements de la cloche; pas une lumière ne brillait à ses cinquante fenêtres : on eût dit un vieux cloître abandonné où jouaient de mauvais esprits.

Nous sonnâmes. Un frère vint nous ouvrir. Nous allions entrer lorsqu'il aperçut la dame qui était avec nous. Aussitôt il referma la porte, comme si Satan en personne fût venu visiter le couvent. Il est défendu aux chartreux de recevoir aucune femme; une seule s'est introduite dans leurs murs en habit d'homme; et, après son départ, lorsqu'ils surent que leur règle avait été enfreinte, ils accomplirent, dans les appartements et les cellules où elle avait mis le pied, toutes les cérémonies de l'exorcisme. La permission seule du pape peut ouvrir les portes du couvent à l'ennemi femelle du genre humain. La duchesse de Berri elle-même avait été, en 1829, obligée de recourir à ce moyen pour visiter la Chartreuse.

Nous étions fort embarrassés lorsque la porte se rouvrit. Un frère en sortit avec une lanterne, et nous conduisit dans un pavillon situé à cinquante pas du cloître. C'est là que couche toute voyageuse, qui, comme la nôtre, vient frapper à la porte de la Chartreuse, ignorant les règles sévères des disciples de saint Bruno.

Le pauvre moine qui nous servit de guide, et qui s'appelait le frère Jean-Marie, me parut bien la créature la plus douce et la plus obligeante que j'aie vue de ma vie. Sa charge était de recevoir les voyageurs, de les servir et de leur faire visiter le couvent. Il commença par nous offrir quelques cuillerées d'une liqueur faite par les moines et destinée à réchauffer les voyageurs engourdis par le froid ou la pluie : c'était bien le cas où nous nous trouvions, et jamais l'occasion ne s'était présentée de faire un meilleur usage du saint élixir. En effet, à peine en eûmes-nous bu quelques gouttes, qu'il nous sembla que nous avions avalé du feu, et que nous nous mîmes à courir par la chambre comme des possédés, en demandant de l'eau : si le frère Jean-Marie avait eu l'idée de nous approcher en ce moment une lumière de la bouche, je crois que nous aurions craché des flammes comme Cacus.

Pendant ce temps, l'âtre immense s'éclairait et la table se couvrait de lait, de pain et de beurre; les chartreux non-seulement font toujours maigre, mais encore le font faire à leurs visiteurs.

Au moment où nous achevions ce repas plus que frugal, la cloche du couvent sonna matines. Je demandai donc au frère Jean-Marie s'il m'était permis d'y assister. Il me répondit que le pain et la parole de Dieu appartenaient à tous les chrétiens. J'entrai donc dans le couvent.

Je suis peut-être un des hommes sur lesquels la vue des objets extérieurs a le plus d'influence, et, parmi ces objets, ceux qui m'impressionnent davantage sont, je crois, les monuments religieux. La grande Chartreuse surtout a un caractère sombre qu'on ne retrouve nulle part. Ses habitants forment, de plus, le seul ordre monastique que les révolutions aient laissé vivant en France : c'est tout ce qui reste debout des croyances de nos pères; c'est la dernière forteresse qu'ait conservée la religion sur la terre de l'incrédulité. Encore, chaque jour, l'indifférence la mine-t-elle au dedans, comme le temps au dehors : de quatre cents qu'ils étaient au quinzième siècle, les chartreux, au dix-neuvième, ne sont plus que vingt-sept ; et comme depuis six ans ils ne se sont recrutés d'aucun frère, que les deux novices qui y sont entrés depuis cette époque n'ont pu supporter la rigueur du noviciat, il est probable que l'ordre ira toujours se détruisant, au fur et à mesure que la mort frappera à la porte des cellules ; que nul ne viendra les remplir lorsqu'elles seront vides, et que le plus jeune de ces hommes, leur survivant à tous, et sentant à son tour qu'il va succomber, fermera la porte du cloître en dedans, et ira se coucher lui-même vivant dans la tombe qu'il aura creusée, car le lendemain il ne resterait plus de bras pour l'y porter mort.

On a dû voir, par les choses que j'ai écrites précédemment, que je ne suis pas un de ces voyageurs qui s'enthousiasment à froid, qui admirent là où leur guide leur dit d'admirer, ou qui feignent d'avoir eu, devant des hommes et des localités, recommandés d'avance à leur admiration, des sentiments absents de leur cœur ; non, j'ai dépouillé mes sensations, je les ai mises à nu pour les présenter à ceux qui me lisent ; ce que j'ai éprouvé, je l'ai raconté faiblement peut-être, mais je n'ai pas raconté autre chose que ce que j'avais éprouvé. Eh bien ! on me croira donc si je dis que jamais sensation pareille à celle que j'éprouvai ne m'avait pris au cœur, lorsque je vis, au bout d'un immense corridor gothique de huit cents pieds de long, s'ouvrir la porte d'une cellule, sortir de cette porte et paraître, sous les arcades brunies par le temps, un chartreux à barbe blanche, vêtu de cette robe portée par saint Bruno, et sur laquelle huit siècles sont passés sans en changer un pli. Le saint homme s'avança, grave et calme, au milieu du cercle de lumière tremblotante projetée par la lampe qu'il tenait à la main, tandis que, devant et derrière lui, tout était sombre. Lorsqu'il se dirigea vers moi, je sentis mes jambes fléchir, et je tombai à genoux : il m'aperçut dans cette posture, s'approcha avec un air de bonté, et, levant sa main sur ma tête inclinée, me dit : « Je vous bénis, mon fils, si vous croyez ; je vous bénis encore si vous ne croyez pas. » Qu'on rie, si l'on veut, mais, dans ce moment, je n'aurais pas donné cette bénédiction pour un trône.

Lorsqu'il fut passé, je me relevai. Il se rendait à l'église ; je l'y suivis. Là, un nouveau spectacle m'attendait.

Toute la pauvre communauté, qui n'est plus composée que de seize pères et de onze frères, était réunie dans une petite église, éclairée par une lampe qu'entourait un voile noir. Un chartreux disait la messe, et tous les autres l'entendaient, non point assis, non point à genoux, mais prosternés, mais les mains et le front sur le marbre ; les capuchons relevés laissaient voir leurs crânes nus et rasés. Il y avait

là des jeunes gens et des vieillards. Chacun d'eux y était venu poussé par des sentiments différents, les uns par la foi, les autres par le malheur ; ceux-ci par des passions, ceux-là par le crime peut-être. Il y en avait là dont les artères des tempes battaient comme s'ils avaient du feu dans leurs veines ; ceux-là pleuraient : il y en avait d'autres qui sentaient à peine circuler leur sang refroidi : ceux-là priaient. Oh! c'eût été, j'en suis sûr, une belle histoire à écrire que l'histoire de tous ces hommes!

Lorsque les matines furent finies, je demandai à parcourir le couvent pendant la nuit : je craignais que le jour ne vînt m'apporter d'autres idées, et je voulais le voir dans la disposition d'esprit où je me trouvais. Le frère Jean-Marie prit une lampe, m'en donna une autre, et nous commençâmes notre visite par les corridors. Je l'ai déjà dit, ces corridors sont immenses ; ils ont la même longueur que l'église de Saint-Pierre de Rome, ils renferment quatre cents cellules, qui, autrefois, ont été toutes habitées ensemble, et dont, maintenant, trois cent soixante-treize sont vides. Chaque moine a gravé sur sa porte sa pensée favorite, soit qu'elle fût de lui, soit qu'il l'eût tirée de quelque auteur sacré. Voici celles qui me parurent les plus remarquables.

Amor, qui semper ardes et nunquam extingueris,
Accende me totum igne tuo.

Dans la solitude, Dieu parle au cœur de l'homme, et dans le silence l'homme parle au cœur de Dieu.

Fuge, late, tace.

A ta faible raison garde-toi de te rendre,
Dieu t'a fait pour l'aimer et non pour le comprendre.

Une heure sonne, elle est déjà passée.

Nous entrâmes dans une de ces cellules vides, le moine qui l'habitait était mort depuis cinq jours. Toutes sont pareilles, toutes ont deux escaliers, l'un pour monter un étage, l'autre pour en descendre un. L'étage supérieur se compose d'un petit grenier, l'étage intermédiaire d'une chambre à feu, près de laquelle est un cabinet de travail. Un livre y était encore ouvert à la même place où le mourant y avait jeté les yeux pour la dernière fois : c'étaient les *Confessions de saint Augustin*. La chambre à coucher est attenante à cette première chambre ; son ameublement ne se compose que d'un prie-Dieu, d'un lit avec une paillasse et des draps de laine ; ce lit a des portes battantes qui peuvent se fermer sur celui qui y dort : cela me fit comprendre quelle était la pensée de l'Allemand, lorsqu'il m'avait dit que les chartreux couchaient dans une armoire.

L'étage inférieur ne contient qu'un atelier, avec des outils de tour ou de menuiserie ; chaque chartreux peut donner deux heures par jour à quelque travail manuel, et une heure à la culture d'un petit

Cloître de la Grande-Chartreuse. — Page 123.

jardin qui touche à l'atelier : c'est la seule distraction qui lui soit permise.

En remontant, nous visitâmes la salle du chapitre
général; nous y vîmes tous les portraits des généraux de l'ordre, depuis saint Bruno, son fondateur,
mort en 1101, jusqu'à celui d'Innocent le Maçon,
mort en 1703; depuis ce dernier jusqu'au père
Jean-Baptiste Mortès, général actuel de l'ordre, la
suite des portraits est interrompue. En 92, au moment de la dévastation des couvents, les chartreux
abandonnèreut la France, emportant chacun avec
soi un des portraits. Depuis, chacun est revenu reprendre sa place et rapporter le sien; ceux qui

moururent pendant l'émigration avaient pris leurs
précautions pour que le dépôt dont ils s'étaient
chargés ne s'égarât pas : aujourd'hui, aucun ne
manque à la collection.

Nous passâmes de là au réfectoire : il est double ; la première salle est celle des frères, la seconde celle des pères. Ils boivent dans des vases de terre et mangent dans des assiettes de bois ;
ces vases ont deux anses, afin qu'ils puissent les
soulever à deux mains ; ainsi faisaient les premiers
chrétiens ; les assiettes ont la forme d'une écritoire,
le récipient du milieu contient la sauce, et les légumes ou le poisson, seule nourriture qui leur soit

Je vis alors un jeune homme à la barbe et aux yeux noirs. — PAGE 126.

permise, sont déposés autour. Je pensai encore à mon Allemand , et l'assiette m'expliqua , par sa forme, ce qu'il m'avait dit encore, que les chartreux mangeaient dans un encrier.

Le frère Jean-Marie me demanda si je voulais voir le cimetière, quoiqu'il fît nuit. Ce qu'il regardait comme un empêchement était un motif de plus pour me décider à cette visite. J'acceptai donc. Mais, au moment où il ouvrait la porte par laquelle on y entrait, il m'arrêta en me saisissant le bras d'une main, et en me montrant, de l'autre, un chartreux qui creusait sa tombe. Je restai un instant immobile à cette vue; puis je demandai à mon guide si

je pouvais parler à cet homme. Il me répondit que rien ne s'y opposait; je le priai de se retirer si cela était permis. Ma demande, loin de lui sembler indiscrète, parut lui faire grand plaisir; il tombait de fatigue. Je restai seul.

Je ne savais comment aborder mon fossoyeur. Je fis quelques pas vers lui; il m'aperçut, et, se retournant de mon côté, il s'appuya sur sa bêche, et attendit que je lui adressasse la parole. Mon embarras redoubla; cependant un plus long silence eût été ridicule.

— Vous faites bien tard une bien triste besogne, mon père, lui dis-je, il me semble qu'après les mortifications et les fatigues de vos journées, vous devriez éprouver le besoin de consacrer au repos le peu d'heures que la prière vous laisse, d'autant plus, mon père, ajoutai-je en souriant, car je voyais qu'il était jeune encore, que le travail que vous faites ne me paraît pas pressé.

— Ici, mon fils, me dit le moine avec un accent paternel et triste, ce ne sont pas les plus vieux qui meurent les premiers, et l'on ne va pas à la tombe par rang d'âge; d'ailleurs, lorsque la mienne sera creusée, Dieu permettra peut-être que j'y descende.

— Pardon, mon père, repris-je; quoique j'aie le cœur religieux, je connais peu les règles et les pratiques saintes; ainsi donc je puis me tromper dans ce que je vais vous dire; mais il me semble que l'abnégation que votre ordre fait des choses de ce monde ne doit pas aller jusqu'à l'envie de le quitter.

— L'homme est le maître de ses actions, répondit le chartreux; mais il ne l'est pas de ses désirs.

— Votre désir à vous est bien sombre, mon père.

— Il est selon mon cœur.

— Vous avez donc bien souffert?

— Je souffre toujours.

— Je croyais que le calme seul habitait cette demeure?

— Le remords entre partout.

Je regardai plus fixement cet homme, et je reconnus celui que j'avais vu cette nuit à l'église, prosterné et sanglotant. Lui me reconnut aussi.

— Vous étiez cette nuit à matines? me dit-il.

— Près de vous, je crois, n'est-ce pas?

— Vous m'avez entendu gémir?

— Je vous ai vu pleurer.

— Qu'avez-vous pensé de moi, alors?

— Que Dieu vous avait pris en pitié puisqu'il vous accordait les larmes.

— Oui, oui, depuis qu'il me les a rendues, j'espère aussi que sa vengeance se lasse.

— N'avez-vous point essayé d'adoucir vos chagrins en les confiant à quelqu'un de vos frères?

— Chacun ici porte un fardeau mesuré pour sa force; ce qu'un autre y ajouterait le ferait succomber.

— Cela vous aurait pourtant fait du bien.

— Je le crois comme vous.

— C'est quelque chose, continuai-je, qu'un cœur qui nous plaint et qu'une main qui serre la nôtre!

Je pris sa main et la serrai. Il la dégagea de la mienne, croisa ses bras sur sa poitrine, me regarda en face comme pour lire par mes yeux dans le plus profond de mon cœur.

— Est-ce de l'intérêt ou de l'indiscrétion? me dit-il... êtes-vous bon ou simplement curieux?

Ma poitrine se serra...

— Votre main une dernière fois, mon père!... et adieu... Je m'éloignai.

— Écoutez, reprit-il. — Je m'arrêtai. Il vint à moi. — Il ne sera point dit qu'un moyen de con-

solation m'aura été offert et que je l'aurai repoussé; que Dieu vous aura conduit près de moi et que je vous aurai éloigné. Vous avez fait pour un misérable ce que personne n'avait fait depuis six ans; vous lui avez serré la main. Merci!... Vous lui avez dit que raconter ses malheurs ce serait les adoucir, et par ces mots vous avez pris l'engagement de les entendre. Maintenant n'allez pas m'interrompre au milieu de mon récit et me dire : Assez... Écoutez-le jusqu'au bout, car tout ce que j'ai dans le cœur depuis si longtemps a besoin d'en sortir. Puis, quand j'aurai fini, partez aussitôt sans que vous sachiez mon nom, sans que je sache le vôtre : voilà tout ce que je vous demande.

Je le lui promis. Nous assîmes sur le tombeau brisé de l'un des généraux de l'ordre. Il appuya un instant son front entre ses deux mains; ce mouvement fit retomber son capuchon en arrière, de sorte que, lorsqu'il releva la tête, je pus l'examiner à loisir. Je vis alors un jeune homme à la barbe et aux yeux noirs, la vie ascétique l'avait rendu maigre et pâle; mais en ôtant à sa beauté elle avait ajouté à sa physionomie. C'était la tête du Giaour telle que je l'avais rêvée d'après les vers de Byron.

— Il est inutile que vous sachiez, me dit-il, le pays où je suis né et le lieu que j'habitais. Il y a sept ans que les événements que je vais raconter sont arrivés; j'en avais vingt-quatre alors.

J'étais riche et d'une famille distinguée; je fus jeté dans le monde au sortir du collège; j'y entrai avec un caractère résolu, une tête ardente, un cœur plein de passions et la conviction que rien ne devait longtemps résister à un homme qui avait de la persévérance et de l'or. Mes premières aventures ne firent que me confirmer dans cette opinion.

Au commencement du printemps de 1825, une campagne voisine de celle de ma mère se trouva à vendre; elle fut achetée par le général M... J'avais rencontré le général dans le monde, à l'époque où il était garçon. C'était un homme grave et sévère, que la vue des champs de bataille avait habitué à compter les hommes comme des unités, et les femmes comme des zéros. Je crus qu'il avait épousé quelque veuve de maréchal, avec laquelle il pût parler des batailles de Marengo et d'Austerlitz, et je fus récréé par l'espoir que nous promettait un tel voisinage.

Il vint nous faire sa visite d'installation et présenter sa femme à ma mère; c'était une des plus divines créatures que le ciel eût formées.

Vous connaissez le monde, monsieur, sa morale bizarre, ses principes d'honneur qui consistent à respecter la fortune de son voisin, qui ne fait que son plaisir, et qui permet de prendre sa femme, qui fait son bonheur. Dès le moment où j'eus vu madame M..., j'oubliai le caractère de son mari, ses cinquante ans, la gloire dont il s'était couvert, quand nous n'étions qu'au berceau, les vingt blessures qu'il avait reçues pendant que nous tétions nos nourrices; j'oubliai le désespoir de ses vieux jours, le ridicule que j'attacherais aux débris d'une vie si belle; j'oubliai tout pour ne penser qu'à une chose: posséder Caroline.

Les propriétés de ma mère et celles du général étaient, comme je l'ai dit, presque contiguës : cette position était un prétexte à nos visites fréquentes; le général m'avait pris en amitié, et, ingrat que j'étais, je ne voyais dans l'amitié de ce vieillard qu'un moyen de lui enlever le cœur de sa femme!

Caroline était enceinte, et le général se montrait plus fier de son héritier futur que des batailles qu'il avait gagnées. Son amour pour sa femme en avait acquis quelque chose de plus paternel et de meilleur. Quant à Caroline, elle était avec son mari exactement ce qu'il faut qu'une femme soit pour que, sans le rendre heureux, il n'ait aucun reproche à lui faire. J'avais remarqué cette disposition de sentiments avec le coup d'œil sûr d'un homme intéressé à en saisir toutes les nuances, et j'étais bien convaincu que madame M... n'aimait pas son mari. Cependant, chose qui me semblait bizarre, elle recevait mes soins avec politesse, mais avec froideur. Elle ne recherchait pas ma présence, preuve qu'elle ne lui causait aucun plaisir; elle ne la fuyait pas non plus, preuve qu'elle ne lui inspirait aucune crainte. Mes yeux, constamment fixés sur elle, rencontraient les siens lorsque le hasard les lui faisait lever de sa broderie ou des touches de son piano ; mais il paraît que mes regards avaient perdu la puissance fascinatrice qu'avant Caroline quelques femmes leur avaient reconnue.

L'été se passa ainsi. Mes désirs étaient devenus un amour véritable. La froideur de Caroline était un défi; je l'acceptai avec toute la violence de mon caractère; comme il m'était impossible de lui parler d'amour à cause du sourire d'incrédulité avec lequel elle accueillait mes premières paroles, je résolus de lui écrire; je roulai un soir sa broderie autour de ma lettre, et, lorsqu'elle la déploya le lendemain matin pour travailler, je la suivis des yeux, tout en causant avec le général. Je la vis regarder l'adresse sans rougir et mettre mon billet dans sa poche sans émotion. Seulement un sourire imperceptible passa sur ses lèvres.

Toute la journée, je vis qu'elle avait l'intention de me parler, mais je m'éloignai d'elle. Le soir, elle travaillait avec plusieurs dames placées comme elle autour d'une table. Le général lisait le journal, j'étais assis dans un coin sombre d'où je pouvais la regarder sans qu'on s'aperçût. Elle me chercha des yeux dans le salon et m'appela.

— Auriez-vous la bonté, monsieur, me dit-elle, de me dessiner deux lettres gothiques pour un coin de mon mouchoir, un C et un M?

— Oui, madame, j'aurai ce plaisir.

— Mais il me les faut ce soir, il me les faut tout de suite. Venez là.

Elle écartait d'auprès d'elle une dame de ses amies et me montrait la place vide. Je pris une chaise, et j'allai m'y asseoir. Elle m'offrit une plume.

— Il me manque du papier, madame.

— En voilà, me dit elle.

Et elle me présenta une lettre pliée dans une enveloppe anglaise. Je crus que c'était une réponse à la mienne; j'ouvris aussi froidement que je pus l'enveloppe qui me cachait l'écriture; je reconnus mon billet. Pendant ce temps, elle s'était levée et allait sortir. Je la rappelai.

— Madame, lui dis-je en étendant ostensiblement la main vers elle, vous m'avez donné, sans y faire attention, une lettre à votre adresse. L'enveloppe me suffira pour tracer les chiffres que vous m'avez demandés.

Elle vit son mari lever les yeux de dessus son journal; elle s'avança précipitamment vers moi, me reprit le billet des mains, regarda l'adresse et dit avec indifférence :

— Oh! oui, c'est une lettre de ma mère.

Le général reporta les yeux sur le *Courrier français*. Je me mis à dessiner le chiffre demandé. Madame M... sortit.

— Tous ces détails vous ennuient peut-être? monsieur, me dit le chartreux en s'interrompant, et vous êtes étonné de les entendre sortir de la bouche d'un homme qui porte cette robe et qui creuse une tombe; c'est que le cœur est la dernière chose qui se détache de la terre, et que la mémoire est la dernière chose qui se détache du cœur.

— Ces détails sont vrais, lui dis-je, et par conséquent intéressants. Continuez.

— Le lendemain, je fus réveillé à six heures du matin par le général; il était en attirail de chasseur, et venait me proposer une course dans la plaine.

Au premier abord, son aspect inattendu m'avait un peu troublé; mais son air était si calme, sa voix avait si bien conservé le ton de franche bonhomie qui lui était habituel, que je me remis bientôt. J'acceptai sa proposition, nous partîmes.

Nous causâmes de choses indifférentes jusqu'au moment où, prêts à entrer en chasse, nous nous arrêtâmes pour charger nos fusils.

Pendant que nous exécutions cette opération, il me regarda fixement. Ce regard m'intimida.

— A quoi pensez-vous, général? lui dis-je.

— Pardieu! me répondit-il, je pense que vous êtes bien fou d'être devenu amoureux de ma femme. On devine l'effet que produisit sur moi une pareille apostrophe.

— Moi, général! répondis-je stupéfait...

— Oui, vous; n'allez-vous pas nier?

— Général, je vous jure...

— Ne mentez pas, monsieur; le mensonge est indigne d'un homme d'honneur, et vous êtes homme d'honneur, je l'espère.

Je lui tendis la main, il la serra cordialement.

— Mais, qui vous a dit cela?...

— Qui, pardieu, qui?... Ma femme...

— Madame M...!

— N'allez-vous pas dire qu'elle se trompe? Tenez, voilà une lettre que vous lui avez écrite hier.

Il me tendit un papier que je n'eus pas de peine à reconnaître. La sueur me coulait sur le front. Lorsqu'il vit que j'hésitais à le prendre, il le roula entre ses mains, lui fit prendre la forme d'une bourre et en chargea son fusil.

Lorsqu'il eut fini, il posa la main sur mon bras.

— Est-ce que tout ce que vous avez écrit là est vrai? me dit-il. Est-ce que vos souffrances sont telles que vous les dépeignez? Est-ce que vos jours et vos nuits sont devenus un pareil enfer? Dites-moi vrai, cette fois-ci...

— Serais-je excusable sans cela, général?

— Eh bien! mon enfant, reprit-il avec son ton de voix habituel, alors il faut partir, nous quitter, voyager en Italie ou en Allemagne, et ne revenir que guéri.

Je lui tendis la main, il la serra cordialement.

— Ainsi, c'est entendu? me dit-il.

— Oui, général, je pars demain.

— Je n'ai pas besoin de vous dire que, si vous avez besoin d'argent, de lettres de recommandation.

À peine si elle pouvait se soutenir; sa poitrine était haletante. — Page 131.

— Merci.

— Écoutez, je vous offre cela comme le ferait un père; ne vous en fâchez point. Vous ne voulez pas décidément? Eh bien! mettons-nous en chasse, et n'en parlons plus.

Au bout de dix pas une perdrix partit; le général lui envoya son coup de fusil, et je vis ma lettre fumer dans la luzerne.

À cinq heures nous revînmes au château; j'avais voulu quitter le général avant d'y entrer, mais il avait insisté pour que je l'accompagnasse.

— Voici, mesdames, dit-il en entrant dans le sa-

lon, un beau jeune homme qui vient vous faire ses adieux; il part demain pour l'Italie.

— Ah! vraiment? monsieur nous quitte? dit Caroline en levant ses yeux de dessus sa broderie.

Elle rencontra les miens, soutint tranquillement mon regard deux ou trois secondes, et se remit à travailler.

Chacun parla à son tour de ce voyage si brusque, dont je n'avais pas dit un seul mot les jours précédents; mais nul n'en devina la cause. Madame M... me fit les honneurs du dîner avec une grâce parfaite.

Le soir je pris congé de tout le monde; le général me reconduisit jusqu'à la porte du parc. Je ne sais si, en le quittant, je n'avais pas pour sa femme plus de haine que d'amour.

Je voyageai un an; je vis Naples, Rome, Venise, et je m'étonnai chaque jour de sentir cette passion que je croyais éternelle se détacher de mon cœur. J'arrivai enfin à ne plus la considérer que comme une des mille aventures dont est parsemée la vie d'un jeune homme, dont on ne se souvient plus que de temps en temps, et qu'un jour on finira par oublier tout à fait.

Je rentrai en France par le mont Cenis. Arrivé à Grenoble, nous fîmes la partie, avec un jeune homme que j'avais rencontré à Florence, de venir visiter la Chartreuse. Je vis ainsi cette maison, que j'habite depuis six ans, et je dis en riant à Emmanuel (c'était le nom de baptême de mon compagnon) que, si j'avais connu ce cloître lorsque j'étais amoureux, je m'y serais fait moine.

Je revins à Paris, j'y retrouvai mes anciennes connaissances. ma vie se renoua au même fil qui s'était cassé lorsque j'avais connu madame M.... Il me semblait que tout ce que je viens de vous raconter n'était qu'un rêve. Seulement ma mère, s'ennuyant à la campagne du moment où je n'y pouvais plus rester avec elle, avait vendu la nôtre et acheté un hôtel à Paris.

J'y avais revu le général, et il avait été content de moi. Il m'avait offert de présenter mes hommages à sa femme; j'avais accepté, certain que j'étais de mon indifférence. En entrant dans sa chambre, je ressentis cependant une légère oppression. Madame M... était sortie. L'émotion que j'avais éprouvée était si peu de chose, que je n'en pris aucune inquiétude.

Quelques jours après, j'allai au bois et je rencontrai, au détour d'une allée, le général et sa femme. Les éviter eût été affecté; d'ailleurs, pourquoi aurais-je craint de voir madame M...?

J'allai donc à eux. Je trouvai Caroline plus belle encore que je ne l'avais quittée; lorsque je l'avais connue, les commencements de sa grossesse la fatiguaient, tandis qu'alors, avec sa santé, sa fraîcheur était revenue.

Elle m'adressa la parole avec un son de voix plus affectueux qu'elle n'avait l'habitude de le faire. Elle me tendit la main, et, lorsque je la pris, je la sentis frémir dans la mienne; je frissonnai par tout le corps. Je la regardai et elle baissa les yeux. Je mis mon cheval au pas, et je marchai près d'elle.

Le général m'invita à retourner à sa campagne, pour laquelle sa femme et lui partaient dans quelques jours; il insista d'autant plus que nous ne possédions plus la nôtre. Je refusai. Caroline se retourna de mon côté:

— Venez donc! me dit-elle.

Jusque-là je ne connaissais pas sa voix; je ne répondis rien, et je tombai dans une rêverie profonde : ce n'était pas la même femme que j'avais vue il y avait un an.

Elle se retourna vers son mari.

— Monsieur craint de s'ennuyer chez nous, dit-elle; autorisez-le donc à amener un ou deux amis, cela le décidera peut-être.

— Pardieu, répondit le général, il est bien libre. Vous entendez? me dit-il.

— Merci, général, répondis-je sans trop savoir ce que je disais; mais j'ai des engagements...

— Que vous préférez aux nôtres, dit Caroline. c'est aimable.

Elle accompagna ces mots de l'un de ces regards pour lesquels, il y avait un an, j'aurais donné ma vie. J'acceptai.

J'avais continué de voir à Paris ce jeune homme que j'avais connu à Florence. Il vint chez moi la veille de mon départ, et me demanda où j'allais. Je n'avais aucune raison de le lui cacher.

— Ah! me dit-il, c'est bizarre : peu s'en est fallu que je ne sois des vôtres.

— Vous connaissez le général?

— Non, un de mes amis devait m'y présenter; mais il est au fond de la Normandie, pour recueillir l'héritage de je ne sais quel oncle qui lui est mort : cela me contrarie d'autant plus, que, vous allant à la campagne, c'était une véritable partie de plaisir pour moi de vous y trouver.

Je me rappelai alors l'offre que m'avait faite le général de me faire accompagner par un ami.

— Voulez-vous que je vous y conduise? dis-je à Emmanuel.

— Êtes-vous assez libre dans la maison pour cela?

— Oh! tout à fait.

— J'accepte alors.

— C'est bien! soyez prêt demain à huit heures, j'irai vous prendre.

Nous arrivâmes vers une heure au château du général; ces dames étaient dans le parc. On nous indiqua le côté où elles se promenaient : nous les rejoignîmes bientôt.

En nous apercevant, il me sembla que madame M... pâlissait. Elle m'adressa la parole avec une émotion à laquelle je ne pouvais me tromper. Le général accueillit Emmanuel avec cordialité, mais sa femme mit dans la réception qu'elle lui fit une froideur visible.

— Vous voyez, dit-elle à son mari, en lui indiquant, par un froncement de sourcils imperceptible, Emmanuel qui avait le dos tourné, que monsieur avait besoin, pour nous venir voir, de la permission que nous lui avons donnée : du reste, je le remercie deux fois.

Avant que j'eusse trouvé quelque chose à lui répondre, elle me tourna le dos et parla à une autre personne.

Cependant cette mauvaise humeur ne tint que le temps strictement nécessaire pour que j'eusse à m'en louer bien plutôt qu'à m'en plaindre. Au dîner, je fus placé près d'elle, et je ne m'aperçus pas qu'elle en eût conservé la moindre trace. Elle fut charmante. Après le café, le général proposa une promenade dans le parc. J'offris mon bras à Caroline : elle l'accepta. Il y avait dans toute sa personne cette langueur et cet abandon que les Italiens appellent *morbidezza*, et que notre langue n'a pas de mot pour exprimer.

Quant à moi, j'étais fou de bonheur. Cette passion à laquelle il avait fallu un an pour s'en aller, il lui avait suffi d'un jour pour me reprendre toute l'âme : je n'avais jamais aimé Caroline comme je l'aimais.

Les jours suivants ne changèrent rien aux manières de madame M... avec moi : seulement elle évitait un tête-à-tête. Je vis dans cette précaution une nouvelle preuve de sa faiblesse, et mon amour s'en accrut encore, s'il était possible.

Une affaire appela le général à Paris. Je crus m'apercevoir que, lorsqu'il annonça cette nouvelle à sa femme, un éclair de joie passa dans ses yeux, et je me dis à moi-même :

— Oh! merci, Caroline, merci; car cette absence ne te rend joyeuse qu'à cause de la liberté qu'elle te donne; oh! à nous deux toutes les heures, tous les instants, toutes les secondes de cette absence.

Le général partit après le dîner. Nous allâmes le reconduire jusqu'au bout de l'avenue. Caroline s'appuya comme de coutume sur mon bras pour revenir; à peine si elle pouvait se soutenir : sa poitrine était haletante, son haleine embrasée. Je lui parlais de mon amour, et elle ne s'offensait point; puis, quand sa bouche m'eut fait la défense de continuer, ses yeux étaient noyés dans une telle langueur, qu'il lui eût été impossible de leur donner une expression en harmonie avec ses paroles.

La soirée se passa comme un rêve. Je ne sais à quel jeu on joua; mais je sais que je restai près d'elle, que ses cheveux touchaient mon visage à chaque mouvement qu'elle faisait, et que ma main rencontra vingt fois la sienne; ce fut une ardente soirée : j'avais du feu dans les veines.

L'heure de nous retirer arriva; il ne manquait rien à mon bonheur, que d'avoir entendu de la bouche de Caroline ces mots que je lui avais répétés vingt fois tout bas : Je t'aime, je t'aime!... Je rentrai dans ma chambre, joyeux et fier comme si j'étais le roi du monde : car demain, demain peut-être, la plus belle fleur de la création, le plus riche diamant des mines humaines, Caroline, allait être à moi! à moi!... Toutes les joies du ciel et de la terre étaient dans ces deux mots.

Je les répétais comme un insensé en marchant dans ma chambre. J'étouffais.

Je me couchai, et je ne pus dormir. Je me levai, j'allai à la fenêtre et je l'ouvris. Le temps était superbe, le ciel flamboyait d'étoiles, l'air semblait embaumé : tout était beau et heureux comme moi : car on est beau lorsqu'on est heureux.

Je pensai que cette nature tranquille, cette nuit, ce silence, me calmeraient peut-être; ce parc où nous nous étions promenés toute la journée était là . Je pouvais retrouver dans les allées la trace de ses petits pieds qu'accompagnaient les miens : je pouvais baiser les places où elle s'était assise : je me précipitai dehors.

Deux fenêtres seules étaient illuminées sur toute la large façade du château : c'étaient celles de sa chambre. Je m'appuyai contre un arbre, et je collai mes yeux contre les rideaux.

Je vis son ombre ; elle n'était point encore couchée, elle veillait, brûlée, comme moi peut-être, de pensées et de désirs d'amour... Caroline, Caroline!

Elle était immobile et semblait écouter. Tout à coup, elle s'élança vers la porte qui touchait presque à la fenêtre. Une autre ombre parut près de la sienne, leurs deux têtes se touchèrent; la lumière s'éteignit; je jetai un cri, et je restai haletant.

Je crus n'avoir pas bien vu, je crus que c'était un rêve... je restai les yeux fixés sur ces rideaux sombres que ma vue ne pouvait percer!...

Le moine prit ma main et la broya dans les siennes. — Ah! monsieur, monsieur, me dit-il, avez-vous été jaloux?

— Vous les avez tués? lui dis-je.

Il se mit à rire d'une manière convulsive, entrecoupant ce rire de sanglots; puis tout à coup il se leva, croisant ses mains sur sa tête et se cambrant en arrière en poussant des cris inarticulés.

Je me levai et le pris à bras-le-corps.

— Voyons, voyons, lui dis-je, du courage!...

— Je l'aimais tant, cette femme! je lui aurais donné ma vie jusqu'au dernier souffle, mon sang jusqu'à la dernière goutte, mon âme jusqu'à sa dernière pensée! Cette femme m'aura perdu dans ce monde et dans l'autre, monsieur! car je mourrai en songeant à elle, au lieu de songer à Dieu.

— Mon père!

— Eh! ne voyez-vous pas que je suis toujours ainsi; que, depuis six ans que je suis enfermé vivant dans ce sépulcre, espérant que la mort qui l'habite tuerait mon amour; il n'est point passé de journées sans que je ne me roulasse dans ma cellule, de nuits sans que le cloître ne retentît de mes cris; que les douleurs du corps n'ont rien fait à cette rage de l'âme!

Il ouvrit sa robe, et me montra sa poitrine déchirée sous le cilice qu'il portait sur sa peau.

— Voyez plutôt, me dit-il...

— Alors, vous les avez donc tués? repris-je.

— Oh! j'ai fait bien pis, me répondit-il... Il n'y avait qu'un moyen d'éclaircir mes doutes; c'était d'attendre jusqu'au jour, s'il le fallait, dans le corridor où donnait la porte de sa chambre, et de voir qui en sortirait.

Il ouvrit sa robe, et me montra sa poitrine déchirée sous le cilice — PAGE 131.

Je ne sais combien d'heures je passai là : le désespoir et la joie calculent mal le temps. Une ligne blanche commençait à paraître à l'horizon lorsque la porte s'entr'ouvrit, j'entendis la voix de Caroline, et, quoiqu'elle parlât bas, voilà ce qu'elle dit :

— Adieu, mon Emmanuel chéri ! à demain !

Puis la porte se ferma ; Emmanuel passa près de moi ; je ne sais comment il se fit qu'il n'entendit pas les battements de mon cœur... Emmanuel !...

Je rentrai dans ma chambre et je tombai sur le parquet, roulant dans ma pensée tous les moyens de vengeance et appelant Satan à mon aide, pour qu'il m'en choisît un : je crois bien qu'il m'entendit et qu'il m'exauça. Je m'arrêtai à un projet ; dès lors je fus plus calme. Je descendis à l'heure du déjeuner. Caroline était devant une glace, entrelaçant du chèvrefeuille dans ses cheveux ; je m'avançai derrière elle, et elle aperçut tout à coup dans la psyché ma tête au-dessus de la sienne ; il paraît que j'étais fort pâle ; car elle tressaillit et se retourna.

— Qu'avez-vous donc ? me dit-elle.

— Rien, madame, j'ai mal dormi.

— Et qui a causé votre insomnie ? ajouta-t-elle en souriant.

— Une lettre que j'ai reçue hier soir en vous quittant, et qui me rappelle à Paris.

— Joseph, je vais me battre avec monsieur, et il est possible qu'il me tue. — Page 134

— Pour longtemps?

— Pour un jour.

— Un jour est bientôt passé.

— C'est une année ou une heure.

— Et dans laquelle de ces deux classes rangez-vous celui d'hier?

— Parmi les jours heureux; on en a un comme cela dans toute une vie, madame; car, arrivé à ce degré, le bonheur, ne pouvant plus augmenter, ne fait que décroître. Quand les anciens en étaient là, ils jetaient quelque objet précieux à la mer, afin de conjurer les divinités mauvaises. Je crois que j'aurais bien fait hier soir d'agir comme eux.

— Vous êtes un enfant, me dit-elle en me donnant le bras pour passer dans la salle à manger. Je cherchai des yeux Emmanuel. Il était parti dès le matin pour la chasse. Oh! leurs mesures étaient bien arrêtées pour qu'on ne surprît pas même un coup d'œil.

Après le déjeuner, je demandai à Caroline l'adresse de son marchand de musique : j'avais, lui dis-je, quelques romances à acheter. Elle prit un morceau de papier, écrivit cette adresse, et me le donna. Je n'avais pas besoin d'autre chose.

Je fis seller mon cheval, au lieu de prendre mon tilbury; il me fallait aller vite. Caroline vint sur le perron pour me voir partir; tant qu'elle put m'apercevoir, j'allai au pas; puis, arrivé au premier détour, je lançai mon cheval ventre à terre; je fis dix lieues en deux heures.

En arrivant à Paris, je passai chez le banquier de ma mère. J'y pris trente mille francs; de là, je me rendis chez Emmanuel. Je demandai son valet de chambre, on le fit venir. Je fermai la porte sur nous deux et je lui dis :

— Tom, veux-tu gagner vingt mille francs?

Tom ouvrit de grands yeux.

— Vingt mille francs? dit-il.

— Oui, vingt mille francs.

— Si je veux les gagner, moi?... certainement que je le veux!...

— Ou je me trompe, repris-je, ou tu ferais pour moitié de cette somme une action une fois plus mauvaise que celle que je vais te proposer.

Tom sourit.

— Monsieur ne me flatte pas, dit-il.

— Non, car je te connais.

— Parlez donc alors.

— Écoute.

Je tirai de ma poche l'adresse que m'avait donnée Caroline, et je la lui montrai.

— Ton maître reçoit des lettres de cette écriture? lui dis-je.

— Oui, monsieur.

— Où les met-il?

— Dans son secrétaire.

— Il me faut toutes ces lettres. Voilà cinq mille francs d'avance. Je te donnerai les quinze mille autres lorsque tu m'apporteras la correspondance.

— Et où monsieur va-t-il m'attendre?

— Chez moi.

Une heure après, Tom entra.

— Voilà, monsieur, me dit-il en me présentant un paquet de lettres.

Je comparai les écritures, elles étaient pareilles... Je lui remis les quinze mille francs. Il sortit. Alors, je m'enfermai. Je venais de donner de l'or pour ces lettres; maintenant, j'aurais donné du sang pour que ce fût à moi qu'elles eussent été écrites.

Emmanuel était l'amant de Caroline depuis deux ans. Il l'avait connue jeune fille; lorsqu'elle se maria, il partit, et l'enfant dont M. M... était si fier, il l'appelait le sien. Depuis cette époque, la difficulté de se faire présenter chez le général les avait empêchés de se revoir. Mais un jour, comme je l'ai dit, je le rencontrai au bois avec sa femme, et je fus choisi par elle et son amant pour masquer leur amour. Je fus chargé de ramener Emmanuel près de Caroline, et ces attentions, ces soins, cette tendresse même que l'on affectait pour moi, c'était pour détourner les soupçons du général, qui, après l'aveu que sa femme lui avait fait autrefois, ne devait plus, ne pouvait plus me craindre. Vous voyez que l'intrigue était habile et que j'avais été bien dupe et bien stupide, moi!... Mais, maintenant c'était à mon tour!

J'écrivis à Caroline :

« Madame, j'étais hier, à onze heures du soir, « dans le jardin quand Emmanuel est entré chez « vous, et je l'ai vu y entrer. J'étais ce matin, à « quatre heures, dans le corridor, lorsqu'il est « sorti de votre chambre, et je l'en ai vu sortir. Il « y a une heure que j'ai acheté vingt mille francs à « Tom votre correspondance avec son maître. »

Le général ne devait être de retour au château que dans deux ou trois jours; j'étais donc sûr que cette lettre ne tomberait pas entre ses mains.

Le lendemain, à onze heures, je vis entrer Emmanuel dans ma chambre; il était pâle et couvert de poussière, il me trouva sur mon lit comme je m'y étais jeté la veille. Je n'avais pas dormi un instant de la nuit. Il vint à moi.

— Vous savez sans doute ce qui m'amène? me dit-il.

— Je le présume, monsieur.

— Vous avez des lettres à moi?

— Oui, monsieur.

— Vous allez me les rendre!

— Non, monsieur.

— Que comptez-vous donc en faire?

— C'est mon secret.

— Vous refusez?

— Je refuse.

— Ne me forcez pas de vous dire ce que vous êtes.

— Hier j'étais un espion, aujourd'hui je suis un voleur; je me suis dit ces choses avant vous.

— Et si je vous le répétais!

— Vous êtes de trop bon goût pour le faire.

— Alors vous me rendrez raison sans cela?

— Sans doute.

— A l'instant même?

— A l'instant même.

— Mais c'est un duel implacable, un duel à mort, je vous en préviens.

— Aussi vous me permettrez de faire mes dispositions testamentaires, elles ne seront pas longues.

Je sonnai. Mon valet de chambre entra; c'était un homme éprouvé, sur lequel je pouvais compter.

— Joseph, lui dis-je, je vais me battre avec monsieur, et il est possible qu'il me tue.

J'allai à mon secrétaire, que j'ouvris.

— Aussitôt que vous me saurez mort, continuai-je, vous prendrez ces lettres, et vous les porterez au général M... Ces dix mille francs, qui sont dans le même tiroir, seront pour vous. Voici la clef.

Je refermai le secrétaire, et j'en donnai la clef à Joseph. Il s'inclina et sortit. Je me retournai vers Emmanuel.

— Maintenant, je suis à vous, lui dis-je.

Emmanuel était pâle comme la mort, et chacun de ses cheveux avait une goutte de sueur.

— Ce que vous faites là est bien infâme! me dit-il.

— Je le sais.

Il se rapprocha de moi.

— Si vous me tuez, rendrez-vous ces lettres à Caroline, au moins?

— Cela dépendra d'elle.

— Que faut-il donc qu'elle fasse pour les ravoir? Voyons…

— Il faut qu'elle vienne les chercher.

— Ici?

— Ici.

— Avec moi, alors.

— Seule.

— Jamais.

— Ne vous engagez point pour elle.

— Elle n'y consentira pas.

— Peut-être. Retournez au château et consultez-vous ensemble; je vous donne trois jours.

Il réfléchit un instant et se précipita hors de la chambre.

Le troisième jour, Joseph m'annonça qu'une femme voilée voulait me parler en secret. Je lui dis de la faire entrer: c'était Caroline. Je lui fis signe de s'asseoir; elle s'assit. Je me tins debout devant elle.

— Vous voyez, monsieur, me dit-elle, je suis venue.

— Il eût été imprudent à vous de ne pas le faire, madame.

— Je suis venue, espérant dans votre délicatesse.

— Vous avez eu tort, madame.

— Vous ne me rendrez donc pas ces malheureuses lettres?

— Si fait, madame, mais à une condition.

— Laquelle?

— Oh! vous la devinez.

Elle s'enveloppa la tête dans les rideaux de ma fenêtre, en se renversant comme une femme désespérée; car elle avait compris au son de ma voix que je serais inflexible.

— Écoutez, madame, continuai-je, nous avons tous les deux joué un jeu bizarre: vous au plus fin, moi au plus fort; voilà que c'est moi qui ai gagné la partie, c'est à vous de savoir la perdre.

Elle se tordit et sanglota.

— Oh! votre désespoir et vos larmes n'y feront rien, madame; vous vous êtes chargée de dessécher mon cœur, et vous y avez réussi.

— Mais, dit-elle, si je m'engageais par serment, en face de l'autel, à ne plus revoir Emmanuel?

— Ne vous étiez-vous pas engagée, par serment et en face de l'autel, à rester fidèle au général?

— Comment! rien, rien autre chose que cela pour ces lettres!… ni or, ni sang!… dites…

— Rien!

Elle déroula le rideau qui enveloppait sa tête, et me regarda en face. Cette tête pâle, avec des yeux brillants de colère et ses cheveux épars, était superbe, se détachant sur la draperie rouge.

— Oh! dit-elle les dents serrées, oh! monsieur, votre conduite est bien atroce.

— Et que direz-vous de la vôtre, madame?… J'avais été un an à éteindre mon amour, et j'y étais parvenu, et j'étais rentré en France avec de la vénération pour vous. Mes tortures passées, je ne m'en souvenais pas; je ne demandais qu'à me reprendre à un autre amour, et voilà que je vous rencontre: alors ce n'est plus moi qui vais à vous, c'est vous qui marchez à moi; c'est vous qui venez du doigt remuer la cendre de mon cœur, et, avec votre souffle, chercher les étincelles de cet ancien feu. Puis, lorsqu'il est rallumé, quand vous le voyez dans ma voix, dans mes yeux, dans mes veines, partout… à quoi vais-je vous être bon? à quoi puis-je vous servir? à conduire dans vos bras l'homme que vous aimez, et à cacher derrière mon manteau vos baisers adultères. Je l'ai fait cela, aveugle que j'étais! Mais, aveugle aussi que vous étiez, vous n'avez pas pensé que je n'avais qu'à soulever le manteau, et que le monde entier vous verrait!… Allons, madame, c'est à vous de décider si je le ferai.

— Mais, monsieur, je ne vous aime pas, moi!

— Ce n'est pas votre amour que je vous demande…

— Ce serait un viol, songez-y.

— Appelez la chose comme vous le voudrez!…

— Oh! vous n'êtes pas si cruel que vous feignez de l'être; vous aurez pitié d'une femme qui est à vos genoux.

Elle se jeta à mes pieds.

— Avez-vous eu pitié de moi lorsque j'étais aux vôtres?

— Mais je suis une femme, et vous êtes un homme…

— En souffrais-je moins?

— Je vous en supplie, monsieur, rendez-moi ces lettres, au nom de Dieu…

— Je n'y crois plus…

— Au nom de l'amour que vous aviez pour moi.

— Il est éteint.

— Au nom de ce que vous avez de plus cher au monde.

— Je n'aime plus rien.

— Eh bien! faites ce que vous voudrez de ces lettres, me dit-elle en se relevant; mais ce que vous exigez ne sera pas.

Et elle s'élança hors de la chambre.

— Vous avez jusqu'à demain dix heures, madame! lui criai-je de la porte; cinq minutes plus tard, il ne sera plus temps.

Le lendemain, à neuf heures et demie, Caroline entra dans ma chambre, et s'approcha de mon lit.

— On la trouva asphyxiée avec Emmanuel.

— Me voilà, dit-elle.

— Eh bien?

— Faites ce que vous voudrez, monsieur.

. . . .

Un quart d'heure après, je me levai, j'allai au se-crétaire, et, prenant une lettre dans le tiroir où elles étaient enfermées toutes, je la lui présentai.

— Comment! me dit-elle en pâlissant, une seule!...

— Les autres vous seront remises de la même manière, madame; lorsque vous les voudrez, vous pourrez les venir prendre...

— Et elle revint? m'écriai-je, interrompant le moine.

— Deux jours de suite...

— Et le troisième jour?...

— On la trouva asphyxiée avec Emmanuel.

Chapelle de Saint-Bruno.

AVENTICUM.

Le lendemain, à la pointe du jour, nous allâmes visiter la chapelle de saint Bruno : elle est située à une demi-lieue au-dessus de la Chartreuse, sur la pointe d'un rocher à pic; elle n'offre de remarquable que le pittoresque des localités et la hardiesse de sa situation. A l'intérieur, de mauvaises peintures à fresque représentant six généraux de l'ordre, et à l'extérieur, au-dessus de la porte, est gravée cette inscription, dont la dernière phrase ne m'a point paru parfaitement intelligible : je la rapporte ici telle qu'elle est :

Sacellum
Sancti Brunonis.
—
Hic est locus in quo
Gratianopolitanus episcopus
vidit Deum
sibi dignum construentum
habitaculum.

En descendant de la chapelle, nous entrâmes dans une petite grotte où coulent, près l'une de l'autre, deux sources : l'une est presque tiède, l'autre est glacée.

Le chemin par lequel nous revînmes est d'un caractère grand et sauvage ; je m'arrêtai pour admirer un de ces sites et faire remarquer à mon compagnon de voyage combien cet endroit semblait disposé par la nature pour qu'un peintre en fît, sans y rien changer, un admirable paysage : mon guide se mit à rire.

Comme il n'y avait rien de bien comique dans ce que je disais, et que ce n'était pas même à lui que j'adressais la parole, je me retournai pour lui demander quels étaient les motifs de son hilarité.

— Ah ! me dit-il, c'est que votre réflexion me rappelle une drôle d'aventure.

— Qui s'est passée ici ?

— A l'endroit même.

— Peut-on la connaître ?

— Certainement, il n'y a pas de mystère : elle est arrivée à un paysagiste de Grenoble, qui était venu ici pour faire des peintures, garçon de talent, ma foi : il avait trouvé cet endroit-ci à son goût, il y avait établi sa petite baraque : c'était drôle on ne peut pas plus ; imaginez-vous une tente fermée, avec une ouverture seulement par en haut ; il établissait une mécanique qui bouchait le trou, de sorte que le jour entrait par des miroirs, si bien que je ne sais pas comment ça se faisait, mais tout le pays, à cinq cents pas environnant, se réfléchissait tout seul et en petit sur son papier ; il appelait cela une chambre, une chambre...

— Obscure ?

— C'est cela : en effet, une fois dans la petite baraque, on ne voyait plus ni ciel ni terre, on ne distinguait plus que le paysage représenté au naturel sur le papier, avec les arbres, les pierres, la cascade, enfin tout, si bien que, quand il ne faisait pas de vent, j'aurais pu dessiner les arbres aussi bien que lui, quoi. Voilà donc qu'un jour qu'il était dans sa machine, piochant d'ardeur, il voit dans un coin de son paysage quelque chose qui remue : bon, qu'il dit, ça animera le tableau. Alors, comme il voulait dessiner la chose qui remuait, le voilà qui regarde, qui regarde, et puis qui se frotte les yeux. Savez-vous ce que c'était qui remuait dans un coin du paysage ?

— Non.

— Eh bien ! c'était un ours, pas plus gros qu'une noisette, c'est vrai, parce que la diable de glace ça rapetisse tout, mais d'une belle taille tout de même, considéré du dehors ; l'ours venait de son côté, et il grossissait sur le papier au fur et à mesure qu'il s'avançait vers lui ; il était déjà gros comme une noix ; ma foi, la peur lui prit, il jeta là papier, palette, pinceaux, prit ses deux jambes à son cou et arriva à la Chartreuse à moitié mort. Depuis cette

époque, il est revenu plusieurs fois ; mais on n'a jamais pu le déterminer à s'éloigner de plus de cinq cents pas des bâtiments, et encore, avant de commencer, il regarde bien dans tous les coins de son paysage pour voir s'il n'y a pas quelque quadrupède.

Je promis de faire part de l'aventure à mes camarades d'atelier ; en effet, je n'y manquai point à mon retour, et l'anecdote eut un prodigieux succès parmi les rapins.

Bientôt nous repassâmes près de la grande Chartreuse ; je ne voulus rien voir pendant le jour de cet intérieur qui m'avait tant impressionné pendant la nuit, et nous descendîmes, sans nous arrêter, jusqu'à Saint-Laurent-du-Pont, où nous retrouvâmes notre voiture ; le même soir, nous étions à Aix, et le lendemain sur la route de Genève.

Pendant qu'on dînait à Annecy, je courus jusqu'à l'église de la Visitation, dans laquelle sont déposées les reliques de saint François de Sales. En attendant que la grille du chœur fût ouverte, j'examinai à chacun de ses côtés deux petits bustes, l'un de saint François, l'autre de sainte Chantal, dont les piédestaux, creusés et fermés par un verre, laissaient voir des fragments d'os adorés comme reliques.

Au bout de cinq minutes, le sacristain arriva tout essoufflé et m'ouvrit le chœur ; en y entrant, la première chose qui me frappa fut une vaste et double grille par laquelle on pouvait pénétrer dans une grande chambre voûtée et sombre. Cette grille est la porte de communication de l'église avec le couvent de la Visitation, et comme, ainsi que je l'ai dit, elle donne dans le chœur, les religieuses peuvent assister au sacrifice de la messe séparées des autres fidèles, et sans être exposées aux regards des laïques.

Une châsse de bronze et d'argent, placée sur l'autel, renferme les ossements de saint François ; le corps est revêtu de ses habits d'évêque ; les mains, modelées en cire, sont couvertes de gants, et l'une de ces mains est ornée de l'anneau épiscopal ; la figure est cachée sous un masque d'argent. La châsse, qui vaut dix-huit mille francs, a été donnée, en 1820, par le comte François de Sales et la comtesse Sophie, sa femme. Plusieurs parents du saint existent encore dans les environs d'Annecy, sa mort ne remontant qu'à l'année 1625.

Dans une chapelle latérale, une autre châsse sert de tombeau à sainte Chantal, qu'on appelle généralement, avec plus de familiarité que de vénération, la mère Chantal. Sa châsse est un peu moins riche et moins pesante que celle de son voisin ; aussi ne vaut-elle que quinze mille francs. Elle a été donnée à l'église par la reine Marie-Christine, épouse de Charles-Félix de Savoie.

Le soir, nous étions à Genève, où nous ne nous arrêtâmes qu'une nuit ; le lendemain, à sept heures, nous nous embarquâmes sur notre beau lac bleu ; à midi, j'embrassais à Lausanne notre bon ami M. Pellis, et, à une heure, je roulais vers Moudon dans l'une de ces petites calèches à un cheval, si commodes et si élégantes, comparées à nos fiacres et à nos remises.

Ce mode de voyager, le plus agréable de tous, n'est cependant praticable que sur les grandes routes ; la fragilité de la caisse qui vous renferme ne résisterait pas aux cahots d'un chemin de traverse.

Le prix journalier de l'homme, du cheval et de la voiture, est de dix francs ; mais, comme cette somme est la même pour les jours de retour à vide, il faut calculer sur vingt francs, plus la *trinkgeld* (1) du conducteur, laquelle est à la générosité du voyageur, et qu'il augmente ou diminue ordinairement, selon la manière dont le cocher a fait son service. Cette *trinkgeld* est communément de quarante sous par jour ; ainsi, ajoutez à cela trois francs pour le déjeuner, quatre pour le dîner et deux pour le lit, vous aurez à dépenser par vingt-quatre heures une somme totale de trente-un francs, que les frais inattendus porteront à trente-cinq.

Maintenant que j'ai donné ces détails, qu'il est très important de connaître dans un pays où les habitants vivent la moitié de l'année de ce qu'ils ont gagné l'autre, et où les aubergistes considèrent les voyageurs comme des oiseaux de passage dont il faut que chacun d'eux arrache une plume, revenons à la petite calèche qui trotte sur le grand chemin de Lausanne à Morat, et à travers les rideaux de cuir de laquelle je commence à apercevoir Moudon.

Moudon, le *Musdonium* des Romains, n'offre rien de remarquable qu'un bâtiment carré du troisième siècle, et une fontaine du seizième ; elle représente Moïse tenant les tables de la loi.

Nous nous arrêtâmes à Payerne pour y dîner ; c'est dans cette ville que se trouve le tombeau de la reine Berthe. Il a été découvert dans une fouille faite sous la voûte de la tour Saint-Michel, qui appartenait à l'ancienne église abbatiale, où on l'avait enseveli, d'après une tradition populaire qui indiquait ce lieu pour celui de sa sépulture. Le sarcophage était taillé dans un bloc de grès, qui avait parfaitement conservé les ossements de la veuve de Rodolphe. Le conseil d'État du canton de Vaud, après avoir examiné le procès-verbal de cette fouille, convaincu que ces ossements étaient bien ceux de la reine, morte en 970, les fit transporter dans l'église paroissiale, et fit recouvrir le monument d'une table de marbre noir.

Un autre monument, non moins visité que celui-ci, est de son côté exposé par l'aubergiste à la curiosité des voyageurs ; c'est la selle de la reine. On y voit encore le trou dans lequel elle plantait la quenouille citée dans son épitaphe, quand elle parcourait son royaume. Du reste, les traditions de cette époque sont restées dans tous les esprits comme un souvenir de l'âge d'or, et, chaque fois qu'on veut parler d'un siècle heureux, on dit : *C'était du temps où la reine Berthe filait.*

Deux heures après avoir quitté Payerne, nous entrions à Avenches, qui, sous le nom d'*Aventicum*, était la capitale de l'Helvétie sous les Romains ; elle couvrait alors un espace de terrain deux fois plus considérable que celui qu'elle occupe aujourd'hui.

Une heure et demie ou deux heures nous suffirent pour visiter les diverses curiosités qu'elle renferme, puis nous partîmes pour Morat.

CHARLES LE TÉMÉRAIRE.

orat est célèbre dans les fastes de la nation suisse par la défaite du duc de Bourgogne, Charles le Téméraire. Un ossuaire, bâti avec les crânes et les ossements de huit mille Bourguignons, était le trophée que la ville avait élevé devant l'une de ses portes, en commémoration de sa victoire. Trois siècles ce temple de la mort resta debout, montrant sur ces ossements blanchis la trace des grands coups d'épée qu'avaient frappés les vainqueurs.

Un régiment bourguignon la détruisit en 1798, lors de l'invasion des Français en Suisse ; et, pour effacer toute trace de la honte paternelle, il en jeta les ossements dans le lac, qui en vomit quelques-uns sur ses bords à chaque nouvelle tempête qui l'agite.

En 1822, la République fribourgeoise fit élever à

(1) Argent pour boire.

la place où avait été l'ossuaire une simple colonne de pierre taillée à quatre pans.

Si l'on veut embrasser d'un coup d'œil le champ de bataille de Morat, il faudra s'arrêter à cent pas environ de cet ossuaire : alors on aura en face de soi la ville bâtie en amphithéâtre sur les bords du lac, où elle baigne ses pieds ; à droite, les hauteurs de Gurmels, derrière lesquelles coule la Sarine ; à gauche, le lac, que domine, en le séparant du lac de Neufchâtel, le mont Villy, tout couvert de vignes ; derrière soi, le petit village de Faoug ; enfin, sous ses pieds, le terrain même où se passa l'acte le plus sanglant de la trilogie funèbre du duc Charles, qui commença à Granson et finit à Nancy.

Une première défaite avait prouvé au duc que, s'il avait conservé le surnom de Téméraire, il avait perdu celui d'invincible : il y avait dès lors à son blason ducal une tache qui ne pouvait se laver que dans le sang ; une seule pensée, pensée de vengeance, remplaçait chez lui la conviction de sa force ; son courage était toujours pareil, mais sa confiance n'était plus la même. On ne se fie à son armure que tant qu'elle n'a point été faussée. Néanmoins, il était poussé à sa destruction par la voix de son orgueil, et il allait dans la tempête comme un vaisseau perdu qui se brise à tous les rochers. Il avait, dans l'espace de trois mois, rassemblé une armée aussi nombreuse que celle qui avait été détruite ; mais les nouveaux soldats qui la composaient, tirés les uns de la Picardie, les autres de la Bourgogne, ceux-ci de la Flandre, ceux-là de l'Artois, étaient étrangers les uns aux autres et divisés entre eux. Dans un autre temps, la fortune constante du duc les eût réunis par une confiance commune ; mais les jours mauvais commençaient à luire, et ces hommes marchaient au combat avec indiscipline et murmure.

De leur côté, les Suisses s'étaient dispersés, selon leur habitude, aussitôt après la victoire de Granson. Chacun avait suivi sa bannière dans son canton, car la saison de l'*alpage* était arrivée, et les neiges, qui fondaient au soleil de mai, appelaient sur la montagne les soldats bergers et leurs troupeaux. Lorsque le duc de Bourgogne vint asseoir son camp, le 10 juin 1476, au petit village de Faoug, situé vers l'extrémité occidentale du lac, la Suisse n'avait donc à lui opposer pour toute force qu'une garnison de douze cents hommes, et pour tout rempart que la petite ville de Morat. Aussi, dès que Berne, sa sœur, apprit que le duc de Bourgogne s'avançait avec toutes ses forces, des messagers partirent pour tous les cantons, des signaux de guerre s'allumèrent sur toutes les montagnes, et le cri *aux armes!* retentit dans toutes les vallées.

Adrien de Bubemberg, qui commandait la garnison de Morat, voyait s'avancer cette armée trente fois plus nombreuse que la sienne sans donner aucune marque de crainte : il rassembla les soldats et

les habitants, leur exposa le besoin qu'ils allaient avoir les uns des autres, la nécessité où ils étaient de ne plus faire qu'une famille armée, afin qu'ils se prêtassent aide comme frères ; et, lorsqu'il les vit dans ces dispositions, il leur dicta le serment de s'ensevelir jusqu'au dernier sous les ruines de la ville. Trois mille voix jurèrent en même temps ; puis une seule voix jura à son tour de mettre à mort quiconque parlerait de se rendre : cette voix était celle d'Adrien de Bubemberg. Ces précautions prises, il écrivit aux Bernois : « Le duc de Bourgogne est ici avec toute sa puissance, ses soudoyés Italiens et quelques traîtres d'Allemands ; mais messieurs les avoyers, conseillers et bourgeois, peuvent être sans crainte, ne point se presser, et mettre l'esprit en repos à tous nos confédérés. Je défendrai Morat. »

Pendant ce temps, le duc enveloppait la ville avec les ailes de son armée, commandées par le grand bâtard de Bourgogne et le comte de Romont. Le premier s'étendait sur la route d'Avenches et d'Estavayer ; le second sur le chemin d'Arberg ; le duc formait le centre, et, du superbe logis de bois qu'il s'était fait bâtir sur les hauteurs de Courgevaux, il pouvait presser ou ralentir leurs mouvements, comme un homme qui ouvre ou ferme les bras. La ville était donc libre d'un seul côté : c'était celui du lac, dont les flots venaient baigner ses murs, et sur la surface duquel glissaient silencieusement chaque nuit des barques chargées d'hommes, de secours et de munitions de guerre.

De l'autre côté de la Sarine, et sur les derrières du duc, les Suisses organisaient non-seulement la défense, mais encore l'attaque. Les petites villes de Laupen et de Gumenen avaient été mises en état de résister à un coup de main, et, protégée par elles, Berne s'était fait le point de réunion des confédérés.

Le duc vit bien qu'il n'y avait pas de temps à perdre : il fit sommer la ville de se rendre ; et, sur le refus de son commandant, le comte de Romont fit démasquer soixante-dix grosses bombardes, qui, au bout de deux heures, avaient abattu un pan de mur assez large pour donner l'assaut. Les Bourguignons, voyant crouler la muraille, marchèrent vers la ville en criant *ville gagnée!* mais ils trouvèrent sur la brèche une seconde muraille plus difficile à abattre que la première, muraille vivante, muraille de fer, contre laquelle les onze mille hommes du comte de Romont revinrent cinq fois se briser dans l'espace de huit heures. Sept cents soldats périrent dans ce premier assaut, et le chef de l'artillerie fut tué d'un coup d'arquebuse.

Le duc de Bourgogne se retourna comme un sanglier blessé et se rua sur Laupen et Gumenen. Le choc retentit jusqu'à Berne, qui fut un instant en grande crainte, se voyant menacée de si près ; elle envoya ses bannières avec six mille hommes au secours des deux villes : ce renfort arriva pour voir battre en retraite le duc Charles.

Vue de la ville de Morat.

La colère du Bourguignon était à son comble. Assiégé lui-même, en quelque sorte, entre les trois villes qu'il assiégeait, il semblait un lion se débattant dans un triangle de feu : personne n'osait lui donner conseil ; ses chefs, lorsqu'il les appelait, s'approchaient de lui en hésitant ; et, la nuit, ceux qui veillaient à la porte de sa tente l'entendaient avec terreur pousser des cris et briser ses armes.

Pendant dix jours, l'artillerie tonna sans interruption, trouant les remparts et ruinant la ville, sans lasser un instant la constance des habitants. Deux assauts, conduits par le duc lui-même, furent repoussés ; deux fois le Téméraire atteignit le sommet de la brèche, et deux fois il en redescendit. Adrien de Bubemberg était partout, et semblait avoir fait passer son âme dans le corps de chacun de ses soldats ; puis, lorsqu'il avait employé toute la journée à repousser les attaques furieuses de son ennemi, il écrivait le soir à ses alliés : « Ne vous pressez point et soyez tranquilles, messieurs ; tant qu'il nous restera une goutte de sang dans les veines, nous défendrons Morat. »

Cependant les cantons s'étaient mis en route et se réunissaient. Déjà les hommes de l'Oberland, de

Brienne, de l'Argovie, d'Uri et de l'Entlibuch étaient arrivés; le comte Owald de Thiestein les avait rejoints, amenant ceux du pays de l'archiduc Sigismond; le comte Louis d'Eptingen était campé sous les murs de Berne avec le contingent que Strasbourg s'était engagée fournir, et qu'elle envoyait en alliée de parole; enfin, le duc René de Lorraine avait fait son entrée dans la ville, à la tête de trois cents chevaux, ayant près de son cheval un ours monstrueux merveilleusement apprivoisé, et auquel il donnait sa main à lécher comme il aurait fait à un chien.

On n'attendait plus que ceux de Zurich; ils arrivèrent le 21 juin au soir. Ils étaient accompagnés des hommes de Turgovie, de Baden et des bailliages libres.

C'était plus que n'espéraient les confédérés; aussi la ville de Berne fut illuminée, et l'on dressa des tables devant les portes des maisons en l'honneur des arrivants. On leur donna deux heures de repos; puis, le soir, toute l'armée confédérée, pleine d'espoir et de courage, se mit en marche, chaque canton chantant sa chanson de guerre.

Le matin elle entendit les matines à Gumenen; puis elle étendit son ordre de bataille sur le revers de la montagne opposé à celui où le duc avait placé ses logis.

Hans de Hallewyl commandait l'avant-garde. C'était un noble et brave chevalier de l'Argovie, que Berne avait reçu au rang de ses bourgeois, pour le récompenser des hauts faits d'armes qu'il avait accomplis dans les armées du roi de Bohême et dans la dernière guerre de Hongrie contre les Turcs. Il avait sous ses ordres les montagnards de l'Oberland, de l'Entlibuch, des anciennes ligues, et quatre-vingts volontaires de Fribourg, qui, pour se reconnaître dans la mêlée, avaient coupé des branches de tilleul et les avaient mises en guise de panaches sur leurs casques et leurs chapeaux. Après eux venaient, commandant le corps de bataille, Hans Waldman de Zurich et Guillaume Herter, capitaine des gens de Strasbourg, auquel on avait donné cette part de commandement pour honorer en son nom les fidèles alliés qu'il avait amenés au secours de la confédération. Ils avaient sous leurs ordres tous les cantons rangés autour de leurs bannières, dont chacune était spécialement défendue par quatre-vingts hommes choisis parmi les vaillants, et armés de cuirasses, de piques et de haches d'armes. Enfin l'arrière-garde était conduite par Gaspard Hertenstein de Lucerne. Mille hommes, jetés de chaque côté à mille pas sur les flancs de cette armée, éclairaient sa marche dans les bois qui couvraient la pente du coteau qu'elle suivait en s'étendant de Gumenen à Laupen. Toute l'armée des confédérés pouvait être de trente à trente-quatre mille hommes. Le duc de Bourgogne commandait à peu près un pareil nombre de soldats; mais son camp paraissait beaucoup plus considérable, à cause de la quantité de marchands et de femmes de mauvaise vie qu'il traînait à sa suite.

La veille il y avait eu alerte parmi cette multitude : le bruit s'était répandu que les Suisses avaient passé la Sarine. Le duc l'avait appris avec une grande joie; toute son armée s'était mise soudain en mouvement, et il avait marché jusqu'à la crête de la montagne au-devant de l'ennemi; mais la pluie était survenue, et chacun était rentré dans ses quartiers.

Le lendemain, le duc fit exécuter la même manœuvre. Cette fois, il put apercevoir, sur l'autre côté de la colline, ses ennemis retranchés dans la forêt. Le ciel était sombre, et la pluie épaisse. Les Suisses, qui armaient en ce moment des chevaliers, ne faisaient aucun mouvement. Le duc, après deux ou trois heures d'attente, crut que c'était encore une journée perdue, et se retira dans ses logis. De leur côté, ses généraux, voyant la poudre mouillée, les cordes des arcs détendues et les hommes pliant de fatigue, donnèrent le signal de la retraite. C'était le moment qu'attendaient les confédérés. A peine virent-ils le mouvement que faisait l'armée du duc, que Hans de Hallewyl cria à son avant-garde : « A genoux, enfants, et faisons notre prière. » Chacun lui obéit. Ce mouvement fut imité par le corps d'armée et l'arrière-garde, et la voix de trente-quatre mille hommes priant pour leur liberté et la patrie monta vers Dieu.

En ce moment, soit hasard, soit protection céleste, le rideau de nuages tendu sur le ciel se déchira pour laisser passer un rayon de soleil qui alla se réfléchir sur les armes de toute cette multitude agenouillée. Alors Hans de Hallewyl se leva, tira son épée, et, tournant la tête du côté d'où venait la lumière, il s'écria : « Braves gens, Dieu nous envoie la clarté de son soleil; pensez à vos femmes et à vos enfants! »

Toute cette armée se leva d'un seul mouvement, en criant d'une seule voix : « Granson! Granson! » et, se mettant en marche, parvint en assez bon ordre sur la crête de la colline occupée un instant auparavant par les soldats du duc. Là, une troupe de chiens de montagne, qui marchaient devant l'armée, rencontra une troupe de chiens de chasse qui appartenaient aux chevaliers bourguignons, et, comme si ces animaux eussent partagé la haine de leurs maîtres, ils se jetèrent les uns sur les autres; les chiens des confédérés, habitués à tenir tête aux taureaux et aux ours, n'eurent point de peine à vaincre leurs ennemis, qui prirent la fuite vers le camp : cela fut regardé, par les confédérés, comme chose de bon présage. Les Suisses se divisèrent en deux troupes pour tenter deux attaques. Dès la veille, mille ou douze cents hommes avaient été détachés du corps d'armée, et, traversant la Sarine un peu au-dessus de sa jonction avec l'Aar, s'étaient avancés en vue du comte de Romont, qu'ils devaient inquiéter, et empêcher, par ce moyen, de porter secours au duc Charles. Hallewyl, qui commandait une de ces troupes réunie à son avant-garde, et Waldman, qui commandait l'autre, combinèrent leurs mouvements de manière à attaquer tous les deux en même temps ; et, partant du même point, ils s'ouvrirent comme un V et allèrent attaquer, Hallewyl la droite, et Waldman la gauche du camp, défendu dans toute sa circonvallation par des fossés et des retranchements, dans l'embrasure desquels on apercevait les bouches noircies d'une multitude de bombardes et de grosses couleuvrines. Cette ligne resta muette et sombre jusqu'au moment où les confédérés se trouvèrent à demi-portée de canon. Alors une raie enflammée sembla faire une ceinture au camp, et de grands cris poussés par les Suisses annoncèrent que des messagers de mort avaient sillonné leurs rangs.

Ce fut surtout la troupe de Hallewyl qui souffrit le plus de cette première décharge. René de Lorraine et ses trois cents chevaux accoururent à son secours. Au même moment une porte du camp s'ouvrit, et une troupe de cavaliers bourguignons sortit et fondit sur eux la lance en arrêt. Comme ils n'étaient plus qu'à quatre longueurs de lance les uns des autres, un boulet tua le cheval de René de Lorraine ; le cavalier démonté roula dans la boue ; on le crut mort. Ce fut Hallewyl à son tour qui lui vint en aide et qui le sauva. Waldman, de son côté, s'était avancé jusqu'au bord du fossé ; mais il avait été forcé de reculer devant le feu de l'artillerie bourguignonne : il alla reformer sa troupe derrière un monticule, et marcha de nouveau à l'ennemi.

Ce fut alors que l'on courut dire au duc Charles que les Suisses attaquaient. Il croyait si peu à une telle audace, que les premières décharges ne l'avaient point fait sortir de son logis ; il pensait que l'on continuait de tirer sur la ville.

Le messager le trouva dans sa chambre, à moitié désarmé, sans épée au côté, la tête et les mains nues. Il ne voulut pas croire d'abord à la nouvelle qu'on lui annonçait, et, lorsque le messager lui eut dit qu'il avait vu les Suisses de ses propres yeux attaquer le camp, il s'emporta en paroles furieuses, et le frappa du poing. Au même instant un chevalier entra avec une blessure au front et son armure tout ensanglantée. Il fallut bien que le duc se rendît à l'évidence : il mit vivement son casque et ses gantelets, sauta sur son cheval de bataille, qui était resté tout sellé, et, lorsqu'on lui eut fait observer qu'il ne prenait pas son épée, il montra la lourde masse de fer qui pendait à l'arçon de sa selle, en disant qu'une telle arme était tout ce qu'il fallait pour frapper sur de pareils animaux. A ces mots, il mit son cheval au galop, gagna le point le plus élevé du camp, et, de là, se dressant sur ses arçons, il embrassa d'un coup d'œil tout le champ de bataille.

A peine eut-on reconnu, à la bannière ducale qui le suivait, le point où l'on pouvait le trouver, que le duc de Somerset, capitaine des Anglais, et le comte de Marle, fils aîné du connétable de Saint-Pol, accoururent près de lui et lui demandèrent ce qu'il fallait qu'ils fissent.

— Ce que vous allez me voir faire, répondit le duc en poussant son cheval vers un endroit du camp qui venait d'être forcé.

C'était encore Hallewyl avec son avant-garde : repoussé d'un côté, il avait continué de tourner les retranchements ; trouvant enfin un point plus faible, il l'avait enfoncé, et, dirigeant aussitôt les canons de l'ennemi contre l'ennemi lui-même, il foudroyait presque à bout portant les Bourguignons avec leur propre artillerie. C'était donc vers ce point que se dirigeait le duc, et cette action avait lieu sur l'emplacement même où passe aujourd'hui la route de Fribourg.

Charles tomba comme la foudre au milieu de cette mêlée ; son arme était bien une arme de boucher, et tous ceux qu'il en frappait roulaient à ses pieds comme des taureaux sous une masse. Le combat venait donc de se rétablir avec quelque apparence de fortune pour le duc, lorsqu'il entendit à son extrême droite de grands cris et un grand tumulte. Hertenstein et son arrière-garde, ayant continué le mouvement circulaire indiqué à l'armée suisse par son plan de bataille, étaient parvenus à tourner le camp et l'attaquaient à l'endroit où il se réunissait au lac. C'était le point que défendait le grand Bâtard : il fit courageusement face à l'assaut, et peut-être l'eût-il repoussé si un grand désordre ne s'était mis parmi ses gens d'armes. Adrien de Bubemberg était sorti de la ville avec deux mille hommes et venait de le prendre entre deux feux.

Cependant le duc Charles n'avait pu reprendre son artillerie, qui était aux mains des Suisses : chaque décharge lui enlevait des rangs entiers. Mais, comme l'élite de ses troupes était avec lui, nul ne pensait à reculer. C'étaient les archers à cheval, les gens de son hôtel et les Anglais ; peut-être eussent-ils tenu ainsi longtemps si le duc René, qui s'était remonté, ne fût venu, escorté des comtes d'Eptingen, de Thierstein et de Gruyère, se jeter avec ses trois cents chevaux au milieu de cette boucherie. Le duc de Somerset et le comte de Marle tombèrent sous le premier choc. C'était surtout à la bannière du duc qu'en voulait René, son ennemi mortel ; trois fois il poussa son cheval si près d'elle, qu'il n'avait qu'à étendre la main pour la saisir, et trois fois il trouva entre elle et lui un chevalier nouveau qu'il lui fallut abattre ; enfin, il parvint à joindre Jacques de Maes, qui la portait, tua son cheval, et, tandis que le cavalier était pris sous l'animal mourant, et que, au lieu de se défendre il serrait contre sa poitrine la bannière de son maître, René parvint à trouver, avec son épée à deux mains, le défaut de son

Charles tomba comme la foudre au milieu de cette mêlée. — PAGE 143.

armure, et, se laissant peser de toute sa force sur la poignée, cloua son ennemi contre terre. Pendant ce temps, un homme de sa suite, se glissant entre les jambes des chevaux, arrachait des mains de Jacques de Maes la bannière que le loyal chevalier ne lâcha qu'en expirant.

Dès lors, ce fut, comme à Granson, non plus une retraite, mais une déroute; car Waldman, vainqueur aussi sur le point qu'il avait attaqué, vint encore augmenter le désordre. Le duc Charles, et ce qui lui restait de soldats, étaient entourés de tous côtés, le comte de Romont, inquiété par ceux qu'on avait détachés contre lui, ignorant d'ailleurs ce qui se passait sur ses derrières, ne pouvait venir le dégager. Il n'y avait donc plus qu'un espoir: faire une trouée à travers ce mur vivant, dont on ne pouvait calculer l'épaisseur, et, arrivé de l'autre côté, fuir à grande course de chevaux vers Lausanne. Seize chevaliers entourèrent leur duc, et, mettant leurs lances en arrêt, traversèrent avec lui l'armée confédérée dans toute sa profondeur. Quatre tombèrent en route : ce furent les sires de Grimberges, de Rosimbos, de Mailly et de Montaigu. Les douze qui demeurèrent en selle gagnèrent Morgues avec leur

Il arriva mourant sur la place publique, où il tomba en criant : Victoire! — Page 147.

maître, faisant en deux heures une course de douze lieues. C'était tout ce qui restait au Téméraire de sa riche et puissante armée.

Du moment où le duc cessa de résister, rien ne résista plus. Les confédérés parcoururent le champ de bataille, frappant tout ce qui était debout, achevant tout ce qui était tombé; aucune grâce ne fut faite, excepté aux femmes : on poursuivit avec des barques les Bourguignons qui tentaient de fuir par le lac; l'eau était chargée de corps morts et rouge de sang; et pendant longtemps les pêcheurs, en tirant leurs filets, amenèrent des fragments d'armures et des tronçons d'épées.

Le camp du duc de Bourgogne, et tout ce qu'il contenait, tomba au pouvoir des Suisses : le logis du duc, avec ses étoffes, ses fourrures, les armes précieuses qu'il renfermait, fut donné par les vainqueurs au duc René de Lorraine, comme un témoignage d'admiration pour son courage pendant cette journée. Les confédérés se partagèrent l'artillerie; chaque canton qui avait envoyé des combattants en obtint quelques pièces comme trophée de la bataille. Morat en eut douze. J'allai voir, dans l'endroit où on les conserve, ces vieux souvenirs de cette grande défaite. Ces canons ne sont point coulés tout d'une pièce, mais se composent d'anneaux, alternativement saillants et rentrants, soudés lès uns aux autres, mode de fabrication qui devait leur ôter beaucoup de leur solidité.

En 1828 et 1829, Morat demanda des canons à Fribourg, afin de célébrer bruyamment la fête de la confédération : cette demande ne fut point accueillie par la métropole du canton, je ne sais pour quelle cause. Les jeunes gens se rappelèrent les canons du duc Charles, et les tirèrent de l'arsenal où ils dormaient depuis quatre siècles ; il leur paraissait digne d'eux de célébrer l'anniversaire de leur nouveau pacte de liberté avec les trophées de la victoire qu'ils devaient à leur vieille fédération. Ils les traînèrent donc avec de grands cris sur l'esplanade que le voyageur laisse à sa gauche en entrant dans la ville ; mais aux premiers coups une coulevrine et une bombarde éclatèrent, et cinq ou six des jeunes gens qui servaient ces deux pièces furent tués ou blessés

FRIBOURG.

N ous ne nous arrêtâmes à Morat que deux heures : ce temps suffisait de reste pour visiter ce que la ville offre de curieux. Vers les trois heures de l'après-midi nous remontâmes dans notre petite calèche, et nous mîmes en route pour Fribourg. Au bout d'une demi-heure de marche en pays plat, nous arrivâmes au pied d'une colline que notre cocher nous invita à monter à pied, sous prétexte de nous faire admirer le point de vue, mais de fait, je crois, par déférence pour son cheval. Je me laissais ordinairement prendre à ces supercheries, sans paraître le moins du monde les deviner ; car, n'eussent été mes compagnons de voyage, j'aurais fait toute la route à pied. Cette fois, au moins, l'invitation du guide n'était point dénuée de motifs plausibles. La vue, qui embrasse tout le champ de bataille, la ville, les deux lacs de Morat et de Neufchâtel, est magnifique ; c'est à l'endroit même où nous étions que le duc de Bourgogne avait fait bâtir ses logis. Une demi-heure de marche nous conduisit ensuite à la crête de la montagne, et à peine l'eûmes-nous dépassée, que, sur le versant opposé à celui que nous venions de gravir, je reconnus l'endroit où avait fait sa halte pieuse toute l'armée des confédérés. Le reste de la route n'offre rien de remarquable que la jolie vallée de Gotteron, qui vient se réunir à la route une lieue avant Fribourg, et qui s'étend jusqu'aux portes de la ville. Sur le sommet opposé à celui que nous suivions, notre guide nous fit remarquer l'ermitage de Sainte-Madeleine, qu'il nous invita à visiter le lendemain, et au fond de la vallée un aqueduc romain qui sert aujourd'hui à conduire une partie des eaux de la Sarine jusqu'aux forges de Gotteron.

La porte par laquelle on entre dans Fribourg, en arrivant de Morat, est une des constructions les plus hardies que l'on puisse voir : suspendue comme elle l'est au-dessus d'un précipice de deux cents pieds de profondeur, on n'aurait qu'à la détruire pour rendre la ville imprenable de ce côté ; Fribourg tout entier, du reste, semble le résultat d'une gageure faite par un architecte fantasque, à la suite d'un dîner copieux. C'est la ville la plus bossue que je connaisse : le terrain a été pris tel que Dieu l'avait fait ; les hommes ont bâti dessus, voilà tout. A peine a-t-on dépassé la porte, qu'on descend, non pas une rue, mais un escalier de vingt-cinq ou trente marches ; on se trouve alors dans un petit vallon pavé, et bordé de maisons des deux côtés. Avant de monter vers la cathédrale, qui se trouve en face, il y a deux choses à voir : à gauche, une fontaine ; à droite, un tilleul. La fontaine est un monument du quinzième siècle, curieux de naïveté : elle représente Samson terrassant un lion. L'Hercule juif porte à son côté, passée dans un ceinturon, sa mâchoire d'âne en guise d'épée. — Le tilleul est à la fois un souvenir et un monument du même siècle ; voici à quelle tradition se rattache son existence.

Nous avons dit que les quatre-vingts jeunes gens que Fribourg avait envoyés à la bataille de Morat avaient, pour se reconnaître entre eux pendant la mêlée, orné leurs casques et leurs chapeaux de branches de tilleul ; aussitôt que celui qui commandait ce petit corps de frères eut vu la bataille gagnée, il dépêcha un de ses soldats vers Fribourg pour y porter cette nouvelle. Le jeune Suisse, comme le Grec de Marathon, fit la course tout d'une traite, et, comme lui, arriva mourant sur la place publique, où il tomba en criant : Victoire ! et en agitant de sa main mourante la branche de tilleul qui lui avait servi de panache. Ce fut cette branche qui, plantée religieusement par les Fribourgeois à la place où leur compatriote était tombé, produisit l'arbre colossal qu'on y voit aujourd'hui.

Le clocher de l'église est un des plus élevés de la Suisse : il a trois cent quatre-vingt-six pieds de hauteur.

L'intérieur de l'église n'offre de remarquable qu'une chaire gothique d'un assez beau travail; quant au maître-autel, il est dans le goût de la statuaire de Louis XV, et ressemble considérablement au Parnasse de M. Titon du Tillet.

Comme il commençait à se faire tard, nous remîmes au lendemain la visite que nous comptions faire aux autres curiosités de la ville.

Fribourg est la cité catholique par excellence : croyante et haineuse comme au seizième siècle. Cela donne à ses habitants une couleur de moyen âge pleine de caractère. Pour eux, point de différence intelligente entre la papauté de Grégoire VII ou celle de Boniface VIII, point de distinction entre l'église démocratique ou l'église aristocratique : le cas échéant, ils décrocheraient demain l'arquebuse de Charles IX ou rallumeraient le bûcher de Jean Huss.

Le lendemain matin, j'envoyai le cocher et la voiture nous attendre sur la route de Berne, et je priai notre hôte de nous procurer un jeune homme qui nous conduisît à l'ermitage de Sainte-Madeleine, les chemins qui y mènent étant impraticables pour une voiture. Il nous donna son neveu, gros joufflu, sacristain de profession et guide à ses moments perdus. Il nous restait à visiter à Fribourg la porte Bourguillon, ancienne construction romaine. Nous nous mîmes en route sous la conduite de notre nouveau cicérone. — Nous passâmes, pour nous y rendre, près du tilleul de Morat, dont j'appris alors l'histoire; puis nous descendîmes une *rue* de cent vingt marches, qui nous conduisit à un pont jeté sur la Sarine. C'est du milieu de ce pont qu'il faut se retourner, regarder Fribourg s'élevant en amphithéâtre comme une ville fantastique : on reconnaîtra bien alors la cité gothique, bâtie pour la guerre, et posée à la cime d'une montagne escarpée comme l'aire d'un oiseau de proie; on verra quel parti le génie militaire a tiré d'une localité qui semblait bien plutôt destinée à servir de retraite à des chamois que de demeure à des hommes, et comment une ceinture de rochers a formé une enceinte de remparts.

A gauche de la ville, et comme une chevelure rejetée en arrière, s'élève une forêt de vieux sapins noirs poussant dans les fentes des rochers, d'où sort, comme un large ruban chargé de la maintenir, la Sarine aux eaux grises, qui serpente un instant dans la vallée, et disparaît au premier détour. Au delà de la petite rivière, et sur la montagne opposée à la ville, on découvre, au-dessus d'une espèce de faubourg bâti en amphithéâtre, la porte Bourguillon, à laquelle on arrive par un chemin creusé dans la montagne.

A trois heures nous rejoignîmes notre voiture, qui nous attendait, caisse, cheval et cocher, avec une immobilité et une patience qui auraient fait honneur à un fiacre; nous nous établîmes dans le fond, avec notre sacristain sur le devant, et nous nous mîmes en route pour l'ermitage de la Madeleine. Après une demi-heure de marche à peu près, la voiture s'arrêta, et nous prîmes un chemin de traverse.

Nous étions partis de Fribourg par un temps magnifique, ce qui n'avait point empêché notre desservant de Saint-Nicolas de se munir d'un énorme parapluie qui paraissait, à la prédilection qu'il manifestait pour ce meuble, le compagnon ordinaire de ses courses; c'était du reste un vieux serviteur vêtu de calicot bleu, raccommodé avec des carrés de drap gris, et qui, lorsqu'il était déployé dans toute sa largeur, avait une envergure de sept ou huit pieds; vénérable parapluie-ancêtre dont on ne retrouverait l'espèce chez nous qu'en s'enfonçant dans la Bretagne ou la Basse-Normandie. Nous avions ri d'abord de la précaution de notre guide, qui, vif et jovial comme un Suisse allemand, nous avait regardés longtemps avec inquiétude avant de savoir ce qui provoquait notre hilarité, et qui enfin, au bout d'un quart d'heure, ayant fini par en deviner la cause, s'était dit tout haut à lui-même :

— Ah! foui, c'être ma parapluie, ché comprends.

Au bout de dix minutes de marche, et comme nous commencions à gravir par une chaleur de vingt-cinq degrés la rampe presque à pic qui conduit à la porte Bourguillon, et recevant d'aplomb sur la tête les rayons du soleil, nous vîmes notre guide qui avait déployé sa mécanique, et qui grimpait tranquillement par un petit sentier latéral, à l'ombre de cette espèce de machine de guerre, et abrité sous son toit comme un saint sacrement sous un dais. Nous commençâmes à reconnaître que l'affection qu'il portait à son compagnon de voyage n'était pas aussi désintéressée que nous le pensions d'abord. Nous nous arrêtâmes, suivant d'un œil d'envie son ascension dans l'ombre mobile qui l'enveloppait comme l'atmosphère la terre. En arrivant à la hauteur où nous étions, il s'était arrêté à son tour, nous avait regardés un instant avec étonnement, comme pour s'interroger sur la cause de notre halte, puis, nous ayant vu nous passer mutuellement une bouteille de kirschenwasser, et nous essuyer le front avec nos mouchoirs, il s'était dit, toujours parlant à lui-même, comme s'il répondait à une question intérieure :

— Ah! foui, ché comprends, fous avre chaud, c'est la soleil.

Puis il avait continué son ascension, qu'il avait achevée avec autant de calme qu'il l'avait commencée.

En arrivant à la voiture, comme un cavalier qui s'occupe de son cheval avant de penser à lui-même, il avait soigneusement plié son cher riflard, pour lequel je commençais à avoir une vénération presque aussi profonde que la sienne; il en avait abaissé symétriquement les plis, les uns sur les autres; puis, faisant glisser dessus, de toute la longueur de son lacet vert, le cercle de laiton qui le maintenait, il avait solidement établi le précieux meuble dans l'angle en retour formé par la banquette de devant de la calèche, et avait conservé, en s'asseyant sur l'extrême bord du coussin dont son ami occupait le fond, toutes les marques de déférence qu'il croyait devoir simultanément à lui et à nous. On devine donc que, lorsque nous descendîmes pour faire à pied, et par le chemin de traverse où ne pouvait s'engager la voiture, les trois quarts de lieue qui nous séparaient encore de l'ermitage, le parapluie fut le premier descendu, comme il avait été le premier monté, et que nous ne dûmes nous mettre en route qu'après qu'un scrupuleux examen eut convaincu son propriétaire qu'il ne lui était arrivé aucun accident. L'inventaire n'était pas dénué de raison. Pendant notre course en voiture, le ciel s'était couvert de nuages, et un tonnerre lointain, qui se faisait entendre dans la vallée, se rapprocha à chaque coup. Bientôt de larges gouttes tombèrent; mais, comme nous étions à moitié chemin à peu près, et que nous avions par conséquent aussi loin pour retourner à notre voiture que pour atteindre le but de notre excursion, nous nous élançâmes à toutes jambes vers le bouquet de bois derrière lequel nous présumions qu'était situé l'ermitage. Au bout de cinquante pas, la pluie tombait par torrents, et, au bout de cent, nous n'avions plus un fil de sec sur toute notre personne; nous ne nous arrêtâmes néanmoins que sous l'abri des arbres qui entourent l'ermitage. Alors nous nous retournâmes, et nous aperçûmes notre sacristain tranquillement à couvert sous son parapluie comme sous un vaste hangar. Il venait à nous, posant proprement la pointe de ses pieds sur l'extrémité des pierres dont était parsemé le chemin, et qui formaient un archipel de petites îles au milieu de la nappe d'eau qui couvrait littéralement la plaine; de sorte que, lorsqu'il nous rejoignit, il ne nous fallut qu'un coup d'œil pour nous convaincre que la personne de notre guide s'était conservée intacte depuis les extrémités supérieures jusqu'aux extrémités inférieures : pas une goutte d'eau ne coulait de sa chevelure, pas une tache de boue ne souillait ses souliers cirés à l'œuf. Arrivé à quatre pas de nous, il s'arrêta, fixa ses grands yeux étonnés sur notre groupe tout ruisselant et tout transi, et, comme s'il lui eût fallu autre chose que l'aspect du temps pour lui donner l'explication de

notre détresse, il dit, après quelques secondes de réflexion, et toujours se parlant à lui-même :

— Ah ! foui, ché comprends, fous être mouillés, c'est l'orache.

Le gredin! nous l'aurions étranglé de bon cœur; je crois même que l'un de nous en fit la proposition. Heureusement que nous fûmes détournés de cette mauvaise pensée par les sons d'une cloche qui retentit à quelques pas de nous, et dont le bruit semblait sortir de terre : c'était celle de l'Ermitage, dont nous n'étions plus qu'à quelques pas. L'orage avait été rapide et violent comme un orage de montagne; la pluie avait cessé, le ciel était redevenu pur; nous secouâmes nos vêtements, et, quittant notre abri, nous nous acheminâmes vers la grotte, laissant notre sacristain occupé à chercher une place bien exposée où il pût faire sécher son parapluie. Bientôt nous nous trouvâmes en face de l'ouvrage le plus merveilleux qu'ait accompli peut-être, depuis le commencement des siècles, la patience d'un homme.

En 1760, un paysan de Gruyère, nommé Jean Dupré, prit la résolution de se faire ermite et de se creuser lui-même un ermitage comme jamais les pères du désert n'avaient soupçonné qu'il en pût exister. Après avoir cherché longtemps dans le pays environnant une place convenable, il crut avoir trouvé, à l'endroit même où nous étions, une masse de rochers à la fois assez solide et assez friable pour qu'il pût mettre à exécution son projet. Cette masse, recouverte à son sommet d'une terre végétale sur laquelle s'élèvent des arbres magnifiques, présente au midi l'une de ses faces coupée à pic, et domine à la hauteur de deux cents pieds à peu près la vallée de Gotteron. Dupré attaqua cette masse, non pas pour s'y creuser une simple grotte, mais pour s'y tailler une habitation complète avec toutes ses dépendances, s'imposant en outre pour pénitence de ne manger que du pain et de ne boire que de l'eau tout le temps que durerait ce travail. Son œuvre n'était point encore achevée au bout de vingt ans, lorsqu'elle fut interrompue par la mort tragique du pauvre anachorète. Voici comment :

La singularité du vœu, la persistance avec laquelle Dupré l'accomplissait, la hardiesse de cette fouille à l'intérieur de la montagne, attiraient à la Madeleine nombre de visiteurs; et comme, des deux chemins qui y conduisaient, celui de la vallée de Gotteron était le plus court et le plus pittoresque, c'était celui que préféraient les curieux. Il y avait bien un petit inconvénient. Arrivé au pied de l'Ermitage, il fallait traverser la Sarine; mais Dupré lui-même se chargea de lever cette difficulté en faisant faire une barque, et en quittant la pioche pour la rame chaque fois qu'une nouvelle société désirait visiter son ermitage. Un jour une bande de jeunes étudiants vint à son tour réclamer l'office du pieux batelier; et, comme ils étaient avec lui au milieu de

Ermitage de Sainte-Madeleine.

la rivière, l'un d'eux, riant de la terreur d'un de ses camarades, posa, malgré les remontrances de l'ermite, ses pieds sur les deux bords de la barque, et lui imprima en se laissant peser tantôt à bâbord, tantôt à tribord, un mouvement si brusque, qu'il la fit chavirer : les étudiants, qui étaient jeunes et vigoureux, gagnèrent la rive malgré le courant rapide de la rivière ; le vieillard se noya, et l'Ermitage resta inachevé.

Nous parvînmes à cette grotte en descendant quatre ou cinq marches par une espèce de poterne qui traverse un roc de huit pieds d'épaisseur. Cette po-

terne nous conduisit sur une terrasse taillée dans la pierre même qui surplombe au-dessus d'elle, à peu près comme le font certaines maisons gothiques, dont les différents étages avancent successivement sur la rue. Une porte s'offrait à notre droite, nous entrâmes. Nous nous trouvâmes dans la chapelle de l'Ermitage, longue de quarante pieds, large de trente, haute de vingt. Deux fois par an un prêtre de Fribourg vient y dire la messe. et alors cette église souterraine, qui rappelle les catacombes où les chrétiens célébrèrent leurs premiers mystères, se remplit de la population des villages voisins; quelques bancs de bois, quelques images saintes en forment la seule richesse. Aux deux côtés de l'autel sont deux portes aussi creusées dans le roc : l'une conduit dans la sacristie, petite chambre carrée d'une dizaine de pieds de large et de haut; l'autre au clocher. Ce clocher bizarre, dont la modeste prétention, tout opposée à celle de ses confrères, n'a jamais été de s'élever au-dessus du niveau de la terre, mais seulement d'arriver jusqu'à sa surface, ressemble d'en haut à un puits, et d'en bas à une cheminée; sa cloche est suspendue, au milieu des arbres qui couronnent le sommet de la montagne, à quatre ou cinq pieds au-dessus du sol, et le tuyau du clocher par lequel on la met en branle a soixante-dix pieds de long.

En rentrant dans la chapelle, et presque en face de l'autel, on trouve une porte qui conduit à une chambre : dans cette chambre est un escalier de dix-huit marches qui mène à un petit jardin; de cette chambre on passe dans un bûcher, et du bûcher dans la cuisine.

Malgré la chétive nourriture à laquelle s'était condamné le digne anachorète, il n'avait point négligé cette partie des bâtiments si importante dans la demeure des autres individus de l'espèce à laquelle il appartenait; c'est même la portion de son ermitage à laquelle, par une méditation bien désintéressée, il paraît avoir donné le plus de soin. Lorsque nous y entrâmes, nous pûmes un instant nous croire dans une de ces grottes que le génie de Walter Scott creuse dans les montagnes d'Écosse, et qu'il peuple avec une sorcière échevelée et son fils idiot. En effet, une vieille femme était assise sous le manteau de la vaste cheminée dont la fumée s'échappait par un conduit de quatre-vingt-huit pieds de haut, creusé perpendiculairement dans le roc; elle grattait quelques légumes qu'attendait une marmite bouillottante, tandis qu'en face d'elle un grand gaillard de vingt-six ans, assis sur une pierre, étendait ses pieds, sans faire attention qu'il les baignait dans une mare d'eau que l'orage avait versée par la cheminée, préoccupé seulement du désir de trouver quelque chose de mangeable dans les épluchures que jetait sa mère, et qu'il examinait les unes après les autres avec la méticuleuse gourmandise d'un singe. Nous nous arrêtâmes un instant à la porte pour contempler cette scène, éclairée seulement par le reflet rougeâtre d'un foyer ardent, dans lequel pétillait, dressé tout debout dans la cheminée, un sapin coupé vert, avec ses branches et ses feuilles, et qui brûlait ainsi depuis sa racine jusqu'à son extrémité. Il aurait fallu Rembrandt pour fixer sur la toile, avec sa couleur ardente et son expression pittoresque, ce tableau bizarre, dont lui seul pourrait faire comprendre la poésie; lui seul aurait pu saisir cette lumière vive et résineuse, se reflétant tout entière sur la figure ridée de la vieille femme, et jouant dans les boucles d'argent

de ses cheveux, tandis que, frappant de profil seulement la tête du jeune homme, elle laissait l'une de ses faces dans l'ombre et noyait l'autre dans la lumière.

Nous étions entrés sans être entendus; mais, à un mouvement que nous fîmes, la mère leva les yeux sur nous, et, isolant son regard ébloui par le centre de lumière près duquel elle se trouvait, à l'aide d'une main, elle nous aperçut debout et pressés contre la porte. Elle allongea le pied vers son fils, et, le poussant brusquement, elle le tira de l'occupation qui l'absorbait tout entier. Je présume qu'elle lui dit en mauvais allemand de nous montrer l'Ermitage, car le jeune homme prit au foyer une branche de sapin tout enflammée, se leva avec une lenteur maladive, resta un instant debout au milieu de la mare, devenue presque compacte par la réunion de la suie et des cendres que l'eau en tombant avait entraînées avec elle; puis, nous regardant d'un air hébété, héla, étendit les bras, et vint à nous. Il nous adressa quelques sons gutturaux et inintelligibles qui n'appartenaient à aucun idiome humain; mais, comme il étendait le bras dont il tenait la torche du côté des autres chambres, nous comprîmes qu'il nous invitait à les visiter : nous le suivîmes. Il nous conduisit vers un corridor long de quatre-vingts pieds et large de quatorze, dont nous ne pûmes comprendre la destination. Ce corridor était éclairé par quatre fenêtres, percées comme des meurtrières, dans une plus ou moins grande épaisseur, selon les saillies extérieures que faisait le rocher. L'idiot approcha sa torche de la porte, et nous montra du bout du doigt, et sans autre explication que cette syllabe : « Heu! heu! » qu'il répétait chaque fois qu'il voulait indiquer quelque chose, des traits de crayon presque effacés. Nous retrouvâmes avec peine la forme des lettres; cependant nous pûmes lire le nom de Marie-Louise, la fille des Césars d'Allemagne, qui, à cette époque, femme d'empereur et mère d'un roi, avait visité cet ermitage en 1813, et y avait écrit son nom, presque effacé aujourd'hui dans l'histoire comme il l'est sur cette porte.

Nous passâmes de ce corridor dans la chambre de l'ermite, qui forme la dernière pièce de ce bizarre appartement. Son lit de bois, sur lequel étaient posés un matelas et une couverture, sert aujourd'hui de couche à la vieille femme, et, en face de cette couche, quelques brins de paille étendus sur le plancher humide, insuffisants pour un cheval dans une écurie, pour un chien dans une niche, servent de litière à l'idiot. C'est là que ces malheureux passent leurs jours, vivant des aumônes des curieux qui viennent visiter leur étrange demeure.

La longueur de la trouée faite dans le roc par l'ermite est de trois cent soixante-cinq pieds : il s'est arrêté à ce chiffre, en mémoire des jours de l'année. La voûte a partout quatorze pieds de hauteur.

En revenant par la chambre contiguë à la chapelle, nous descendîmes les dix-huit marches de l'escalier, qui nous conduisit au jardin, où poussent quelques misérables légumes qu'entretient le jeune homme qui nous servait de guide. Un geste démonstratif, accompagné de sa syllabe habituelle, heu! heu! nous fit tourner la tête vers une excavation du rocher : c'est l'entrée d'une fontaine d'eau excellente : on l'appelle la *Cave de l'Ermite*.

Nous avions vu dans tous ses détails cette singulière construction. Le temps s'était éclairci pendant que nous la visitions : ce que nous avions de mieux à faire était de remonter en voiture et de nous mettre en route pour Berne. Nous traversâmes la poterne et nous nous mîmes en quête de notre guide, très-préoccupés des premiers symptômes d'une faim qui promettait de devenir dévorante. Nous trouvâmes notre clerc de Saint-Nicolas assis à l'ombre d'un arbre, et ayant devant lui une pierre sur laquelle on voyait les débris d'un repas. Le drôle venait de déjeuner merveilleusement, autant que nous en pûmes juger par les os de son poulet qui jonchaient la terre autour de lui, et par une gourde qui, posée sans bouchon à côté du parapluie, témoignait assez qu'elle venait de se vider dans un vase plus élastique et d'une plus large capacité. Quant à notre homme, il avait les yeux levés au ciel, et disait ses grâces en créature qui sent tout le prix des dons du Créateur.

Cette vue nous creusa horriblement l'estomac.

Nous lui demandâmes s'il n'y aurait pas moyen de se procurer dans les environs quelques articles de consommation dans le genre de ceux qu'il venait d'absorber. Il nous fit répéter plusieurs fois notre phrase; puis, enfin, après avoir réfléchi un instant, il nous dit avec la tranquille perspicacité qui faisait le fond de son caractère :

— Ah! foui, fous avre faim, ché comprends, c'être l'exercice.

Puis il se leva sans répondre autrement à notre question, ferma son couteau, mit sa gourde dans sa poche, ramassa son parapluie, et s'achemina vers l'endroit où nous attendait notre voiture, aussi flegmatiquement que s'il n'avait pas à la suite de son estomac plein deux estomacs vides.

Lorsque nous eûmes rejoint notre cocher, nous nous consultâmes pour régler nos comptes avec notre guide : il fut décidé que nous lui donnerions un thaler (six francs de notre monnaie, je crois) pour la demi-journée qu'il nous avait consacrée; je tirai donc de ma poche un thaler que je lui mis dans la main. Notre sacristain prit la pièce, la retourna attentivement sur les deux faces, en examina l'épaisseur, afin de bien s'assurer qu'elle n'était ni effacée ni rognée, la mit dans sa poche et tendit de nouveau la main. Cette fois, je la lui pris avec beaucoup de cordialité, et, la lui serrant de toutes mes forces, je lui dis dans le meilleur allemand que je pus : *Gut Reis, mein Freund*. Le pauvre diable fit une grimace de possédé; et, pendant qu'il décollait, à l'aide de sa main gauche, les doigts de sa main droite, en murmurant quelques mots que nous ne pûmes comprendre, nous remontâmes en voiture. Au bout d'un quart de lieue, il nous vint une pensée, ce fut de demander à notre cocher s'il avait entendu ce qu'avait dit notre guide.

— Oui, messieurs, nous répondit-il.

— Eh bien?

— Il a dit qu'un thaler était bien peu de chose pour un homme qui, comme lui, avait supporté dans un seul jour la chaleur, la pluie et la faim.

On devine quelle impression dut faire un pareil reproche sur des hommes rôtis par le soleil, mouillés jusqu'aux os et mourants d'inanition. Aussi demeurâmes-nous dans l'insensibilité la plus complète; seulement la traduction de ces paroles nous amena tout naturellement à demander à notre cocher s'il n'y avait pas une auberge sur la route que nous avions à parcourir pour arriver à Berne. Sa réponse fut désespérante.

Deux heures après, il s'arrêta et nous demanda si nous voulions visiter le champ de bataille de Laupen.

— Y a-t-il une auberge sur le champ de bataille de Laupen?

— Non, monsieur; c'est une grande plaine où Rodolphe d'Erlac, à la tête du peuple, a vaincu la noblesse, l'an 1338.

— Très-bien; et combien de lieues encore d'ici à Berne?

— Cinq.

— Un thaler de *trinkgeld*, si nous y sommes dans deux heures.

Le cocher mit son cheval au galop avec une ardeur que la nuit ne put ralentir, et, une heure et demie après, du haut de la montagne de Bümpliz, nous vîmes, éparpillées dans la plaine et brillantes comme des vers luisants sur une pelouse, les lumières de la capitale du canton bernois.

Au bout de dix minutes, notre voiture s'arrêta dans la cour de l'hôtel du Faucon.

Vue de la ville de Berne.

LES OURS DE BERNE.

n caquetage produit par plusieurs centaines de voix nous réveilla le lendemain avec le jour. Nous mîmes le nez à la fenêtre, le marché se tenait devant l'hôtel.

La mauvaise humeur que nous avait causée ce réveil national se dissipa bien vite à l'aspect du tableau pittoresque de cette place publique encombrée de paysans et de paysannes en costumes nationaux.

Une des choses qui m'avaient le plus désappointé en Suisse était l'envahissement de nos modes, non seulement dans les hautes classes de la société, les premières toujours à abandonner les mœurs de leurs ancêtres, mais encore parmi le peuple, conservateur plus religieux des traditions paternelles. Je me trouvai, certes, bien dédommagé de ma longue at-

On entendit un grand cri : le malheureux architecte avait été précipité. — PAGE 155.

tente par le hasard qui réunissait sous mes yeux, et dans toute leur coquetterie, les plus jolies paysannes des cantons voisins de Berne. C'était la Vaudoise aux cheveux courts, abritant ses joues roses sous son large chapeau de paille pointu ; la femme de Fribourg, qui tourne trois fois autour de sa tête nue les nattes de ses cheveux dont elle forme sa seule coiffure ; la Valaisane, qui vient par le mont Gemmi, avec son chignon de marquise et son petit chapeau bordé de velours noir, d'où pend jusque sur son épaule un large ruban brodé d'or ; enfin, au milieu d'elles, et la plus gracieuse de toutes, la

Bernoise elle-même avec sa petite calotte de paille jaune, chargée de fleurs comme une corbeille, posée coquettement sur le côté de la tête, et d'où s'échappent par derrière deux longues tresses de cheveux blonds ; son nœud de velours noir au cou, sa chemise aux larges manches plissées et son corsage brodé d'argent.

Berne si grave, Berne si triste, Berne la vieille ville, semblait, elle aussi, avoir mis ce jour-là son habit et ses bijoux de fête ; elle avait semé ses femmes dans les rues comme une coquette des fleurs naturelles sur une robe de bal. Ses arcades som-

bres et voûtées, qui avancent sur le rez-de-chaus-
sée de ses maisons, étaient animées par cette foule
qui passait leste et joyeuse, se détachant par les
tons vifs de ses vêtements sur la demi-teinte de ses
pierres grises; puis, de place en place, rendant
plus sensible encore la légèreté des ombres bario-
lées qui se croisaient en tous sens, des groupes de
jeunes gens avec leurs grosses têtes blondes, leurs
petites casquettes de cuir, leurs cheveux longs,
leurs cols rabattus, leurs redingotes bleues plissées
sur la hanche, véritables étudiants d'Allemagne,
qu'on croirait à vingt pas des universités de Leip-
zig ou d'Iéna, causant immobiles ou se promenant
gravement deux par deux, la pipe d'écume de mer à
la bouche et le sac à tabac, orné de la croix fédérale, pendu à la ceinture. Nous criâmes bravo de
nos fenêtres, en battant des mains comme nous
l'aurions fait au lever de la toile d'un théâtre sur
un tableau admirablement mis en scène; puis, allu-
mant nos cigares, en preuve de fraternité, nous allâmes droit à deux de ces jeunes gens pour leur demander le chemin de la cathédrale.

Au lieu de nous l'indiquer de la main, comme
l'aurait fait un Parisien affairé, l'un des deux nous
répondit en français largement accentué de tudes-
que : — « Par ici; » et, faisant doubler le pas à
son camarade, il se mit à marcher devant nous.

Au bout de cinquante pas, nous nous arrêtâmes
devant une de ces vieilles horloges compliquées, à
l'ornement desquelles un mécanicien du quinzième
siècle consacra quelquefois toute sa vie... Notre
guide sourit : — Voulez-vous attendre? nous dit-il,
huit heures vont sonner.

En effet, au même instant, le coq qui surmontait
ce petit clocher battit des ailes et chanta trois fois
avec sa voix automatique. A cet appel, les quatre
évangélistes sortirent, chacun à son tour, de leur
niche, et vinrent frapper chacun un quart d'heure
sur une cloche avec le marteau qu'ils tenaient
à la main; puis, pendant que l'heure tintait,
et en même temps que le premier coup se faisait
entendre, une petite porte, placée au-dessous du
cadran, s'ouvrit, et une procession étrange commença à défiler, tournant en demi-cercle autour de
la base du monument, et rentra par une porte pa-
rallèle qui se ferma, en même temps que la dernière
heure sonnait, sur le dernier personnage qui termi-
nait le cortége.

Nous avions déjà remarqué l'espèce de vénération que les Bernois professent pour les ours; en
entrant la veille au soir par la porte de Fribourg,
nous avions vu se découper dans l'ombre les statues colossales de deux de ces animaux, placées
comme le sont à l'entrée des Tuileries les chevaux
domptés par des esclaves. Pendant les cinquante pas
que nous avions faits pour arriver à l'horloge, nous
avions laissé à notre gauche une fontaine surmontée d'un ours, portant une bannière à la main, cou-

vert d'une armure de chevalier, et ayant à ses pieds
un oursin vêtu en page marchant sur ses pattes de
derrière et mangeant une grappe de raisin à l'aide
de ses pattes de devant. Nous étions passés sur la
place des Greniers, et nous avions remarqué, sur le
fronton sculpté du monument, deux ours soutenant
les armes de la ville, comme deux licornes un blason féodal; de plus, l'un d'eux versait avec une
corne d'abondance les trésors du commerce à un
groupe de jeunes filles qui s'empressaient de les recueillir, tandis que l'autre tendait gracieusement,
et en signe d'alliance, la patte à un guerrier vêtu en
Romain du temps de Louis XV. Cette fois, nous venions de voir sortir d'une horloge une procession
d'ours, les uns jouant de la clarinette, les autres du
violon, celui-ci de la basse, celui-là de la corne-
muse; puis, à leur suite, d'autres ours portant l'é-
pée au côté, la carabine sur l'épaule, marchant gravement, bannière déployée et caporaux en serre-file.
Il y avait, on l'avouera, de quoi éveiller notre
gaieté; aussi étions-nous dans la joie de notre âme.
Nos Bernois, habitués à ce spectacle, riaient de
nous voir rire, et, loin de s'en formaliser, paraissaient enchantés de notre bonne humeur. Enfin,
dans un moment de répit, nous leur demandâmes à
quoi tenait cette reproduction continuelle d'animaux qui, par leur espèce et par leur forme, n'a-
vaient pas jusque-là passé pour des modèles de
grâce ou de politesse, et si la ville avait quelque
motif particulier de les affectionner autrement que
pour leur peau et pour leur chair.

Ils nous répondirent que les ours étaient les pa-
trons de la ville.

Je me rappelai alors qu'il y avait effectivement
un saint Ours sur le calendrier suisse; mais je l'a-
vais toujours connu pour appartenir par sa forme à
l'espèce des bipèdes, quoique, par son nom, il parût se rapprocher de celle des quadrupèdes; d'ailleurs, il était le patron de Soleure et non de Berne.
J'en fis poliment l'observation à nos guides.

Ils nous répondirent que c'était par le peu d'habitude qu'ils avaient de la langue française qu'ils
nous avaient répondu que les ours étaient les pa-
trons de la ville; qu'ils n'en étaient que les parrains;
mais que, quant à ce dernier titre, ils y avaient un
droit incontestable, puisque c'étaient eux qui
avaient donné leur nom à Berne. En effet, *Bœr*, qui,
en allemand, se prononce *Berr*, veut dire *ours*. La
plaisanterie, comme on le voit, devenait de plus en
plus compliquée. Celui des deux qui parlait le
mieux français, voyant que nous en désirions l'explication, nous offrit de nous la donner en nous
conduisant à l'église. On devine que, à l'affût comme
je l'étais de traditions et de légendes, j'acceptai
avec reconnaissance. Voici ce que nous raconta notre cicerone :

La cité de Berne fut fondée en 1191 par Berthold V, duc de Zœringen. A peine fut-elle achevée,

ceinte de murailles et fermée de portes, qu'il s'occupa de chercher un nom pour la ville qu'il venait de bâtir, avec la même sollicitude qu'une mère en cherche un pour l'enfant qu'elle vient de mettre au jour. Malheureusement, il paraît que l'imagination n'était pas la partie brillante de l'esprit du noble seigneur; car, ne pouvant venir à bout de trouver ce qu'il cherchait, il rassembla dans un grand dîner toute la noblesse des environs. Le dîner dura trois jours, au bout desquels rien de positif n'était encore arrêté pour le baptême de l'enfant, lorsqu'un des convives proposa, pour en finir, de faire le lendemain une grande chasse dans les montagnes environnantes, et de donner à la ville le nom du premier animal que l'on tuerait. Cette proposition fut reçue par acclamation.

Le lendemain, on se mit en route au point jour. Au bout d'une heure de chasse, de grands cris de victoire se firent entendre; les chasseurs coururent vers l'endroit d'où ils partaient : un archer du duc venait d'abattre un cerf.

Berthold parut très-désappointé que l'adresse de l'un de ses gens se fût exercée sur un animal de cette espèce. Il déclara en conséquence qu'il ne donnerait pas à sa bonne et forte ville de guerre le nom d'une bête qui était le symbole de la timidité. De mauvais plaisants prétendirent que le nom de la victime offrait encore un autre symbole, que leur seigneur oubliait à dessein de relater, quoique ce fût peut-être celui qui lui inspirât le plus de répugnance : le duc Berthold était vieux et avait une jeune et jolie femme.

Le coup de l'archer fut donc déclaré non avenu, et l'on se remit en chasse.

Vers le soir, les chasseurs rencontrèrent un ours. Vive Dieu ! c'était là une bête dont le nom ne pouvait compromettre ni l'honneur d'un homme ni celui d'une ville. Le malheureux animal fut tué sans miséricorde, et donna à la capitale naissante le baptême avec son sang. Aujourd'hui encore, une pierre élevée à un quart de lieue de Berne, près de la porte du cimetière de Muri-Stalden, constate l'authenticité de cette étymologie par une courte, mais précise inscription. La voici en vieux allemand :

ERST BÆR HIER FAM (1).

Il n'y avait rien à dire contre le témoignage de pareilles autorités. J'ajoutai sur parole la foi la plus entière à l'histoire de notre étudiant, qui n'est que la préface d'une autre plus originale encore, et qui viendra en son lieu.

Pendant ce temps, nous avions traversé un passage, puis une grande place, et nous nous trouvions enfin en face de la cathédrale. C'est un bâtiment gothique, d'un style assez remarquable, quoique

(1) C'est ici que le premier ours a été pris

contraire aux règles architecturales du temps, puisqu'il n'offre, malgré sa qualité d'église métropolitaine, qu'un clocher et pas de tour; encore le clocher est-il tronqué à la hauteur de cent quatre-vingt-onze pieds, ce qui lui donne l'aspect d'un vaste pain de sucre dont on aurait enlevé la partie supérieure. L'édifice fut commencé, en 1421, sur les plans de Mathias Heins, qui avaient obtenu la préférence sur ceux de son compétiteur, dont on ignore le nom. Ce dernier dissimula le ressentiment qu'il éprouvait de cette humiliation; et, comme le bâtiment était déjà parvenu à une certaine hauteur, il demanda un jour à Mathias la permission de l'accompagner sur la plate-forte. Mathias, sans défiance, lui accorda cette demande avec une facilité qui faisait plus d'honneur à son amour-propre qu'à sa prudence, passa le premier, et commença à lui montrer dans tous leurs détails les travaux que son rival avait eu un instant l'espoir de diriger. Celui-ci se répandit en éloges pompeux sur le talent de son confrère, qui, jaloux de lui prouver qu'il les méritait, l'invita à le suivre dans les autres parties du monument, et lui montra le chemin le plus court, en s'aventurant, à soixante pieds du sol, sur une planche portant, par ses deux extrémités, sur deux murs en retour et formant un angle. Au même instant, on entendit un grand cri : le malheureux architecte avait été précipité.

Nul ne fut témoin du malheur de Mathias, si ce n'est son rival. Celui-ci raconta que le poids du corps avait fait tourner la planche, mal d'aplomb sur deux murs qui n'étaient pas de niveau, et qu'il avait eu la douleur de voir tomber Mathias sans pouvoir lui porter secours. Huit jours après, il obtint la survivance du défunt, auquel il fit élever, à la place même de sa chute, une magnifique statue, ce qui lui acquit dans toute la ville de Berne une grande réputation de modestie.

Nous entrâmes dans l'église, qui n'offre à l'intérieur, comme tous les temples protestants, rien de remarquable; deux tombeaux seulement s'élèvent de chaque côté du chœur : l'un est celui du duc de Zœringen, fondateur de la ville; l'autre, celui de Frédéric Steiger, qui était avoyer de Berne lorsque les Français s'en emparèrent en 1798.

En sortant de la cathédrale, nous allâmes visiter la promenade intérieure : on la nomme, je crois, la Terrasse. Elle est élevée de cent huit pieds au-dessus de la ville basse; une muraille de cette hauteur, coupée à pic comme un rempart, maintient les terres et les préserve d'un éboulement.

C'est de cette terrasse que l'on découvre une des plus belles vues du monde. Au pied s'étendent, comme un tapis bariolé, les toits des maisons au milieu desquelles serpente l'Aar, rivière capricieuse et rapide, dont les eaux bleues prennent leur source dans les glaces du Finster Aarhorn, et qui enceint de tous côtés Berne, ce vaste château-

fort dont les montagnes environnantes sont les ou-
vrages avancés. Au second plan s'élève le Gür hen,
colline de trois ou quatre mille pieds de haut, et
qui sert de passage à la vue pour arriver à la grande
chaîne de glaciers qui ferme l'horizon comme un
mur de diamant : espèce de ceinture resplendis-
sante, au delà de laquelle il semble que doit exister
le monde des Mille et une Nuits; écharpe aux mille
couleurs qui, le matin, sous les rayons du soleil,
prend toutes les nuances de l'arc-en-ciel, depuis le
bleu foncé jusqu'au rose tendre; palais fantastique
qui, le soir, lorsque la ville et la plaine sont déjà
plongées dans la nuit, reste illuminé quelque temps
encore par les dernières lueurs du jour expirant
lentement au sommet.

Cette magnifique plate-forme, toute plantée de
beaux arbres, est la promenade intérieure de la
ville. Deux cafés, placés aux deux angles de la terrasse, fournissent des glaces excellentes aux promeneurs : entre ces deux cafés, et au milieu du parapet de la terrasse, une inscription allemande,
gravée sur une pierre, constate un événement presque miraculeux. Un cheval fougueux, qui emportait
un jeune étudiant, se précipita, avec son cavalier,
du haut de la plate-forme; le cheval se tua sûr le
pavé, mais le jeune homme en fut quitte pour quelques contusions. La bête et l'homme avaient fait un
saut perpendiculaire de cent huit pieds. Voici la
traduction littérale de cette inscription

« Cette pierre fut érigée en l'honneur de la toute-
puissance de Dieu, et pour en transmettre le souvenir à la postérité. — D'ici, le sieur Théobald
Vëinzœpfli, le 25 mai 1654, sauta en bas avec son
cheval. Après cet accident, il desservit trente ans
l'église en qualité de pasteur, et mourut très-vieux
et en odeur de sainteté, le 25 novembre 1694. »

Une pauvre femme, condamnée aux galères, sé-
duite par cet antécédent, tenta depuis le même saut
pour échapper aux soldats qui la poursuivaient;
mais, moins heureuse que Vëinzœpfli, elle se brisa
sur le pavé.

Après avoir jeté un dernier coup d'œil sur cette
vue magnifique, nous nous acheminâmes vers la
porte d'en bas, afin de faire le tour de Berne par
l'Altenberg, jolie colline chargée de vignes, qui s'é-
lève de l'autre côté de l'Aar, un peu au-dessus du
niveau de la ville. Chemin faisant, on nous montra
une petite auberge gothique, qui a pour enseigne
une botte. Voici à quelle tradition se rattache cette
enseigne, que l'on peut s'étonner à juste titre de
trouver à la porte d'un marchand de vin.

Henri IV avait envoyé, en 1602, Bassompierre à
Berne en qualité d'ambassadeur près des treize
cantons, pour renouveler avec eux l'alliance déjà
jurée en 1582 entre Henri III et la fédération. Bassompierre, par la franchise de son caractère et la
loyauté de ses relations, réussit à aplanir les difficultés de cette négociation, et à faire des Suisses

des alliés et des amis fidèles de la France. Au moment de son départ, et comme il venait de monter
à cheval à la porte de l'auberge, il vit s'avancer de
son côté les treize députés des treize cantons, tenant chacun un énorme *widercome* à la main, et
venant lui offrir le coup de l'étrier. Arrivés près de
lui, ils l'entourèrent, levèrent ensemble les treize
coupes, qui contenaient chacune la valeur d'une
bouteille, et, portant unanimement un toast à la
France, ils avalèrent la liqueur d'un seul trait.
Bassompierre, étourdi d'une telle politesse, ne vit
qu'un moyen de la leur rendre. Il appela son do-
mestique, lui fit mettre pied à terre, lui ordonna de
tirer sa botte, la prit par l'éperon, fit vider treize
bouteilles de vin dans ce vase improvisé; puis, le
levant à son tour, pour rendre le toast qu'il venait de
recevoir · — Aux treize cantons! dit-il, et il avala
les treize bouteilles.

Les Suisses trouvèrent que la France était digne-
ment représentée.

Cent pas plus loin nous étions à la porte d'en
bas. Nous traversâmes l'Aar sur un assez beau pont
de pierre; puis une course d'une demi-heure nous
conduisit au sommet de l'Altenberg. Là on retrouve
la même vue à peu près que celle qu'on a de la terrasse de la cathédrale, excepté que, de ce second
belvédère, la ville de Berne forme le premier plan
du tableau.

Nous abandonnâmes bientôt cette promenade,
toute magnifique qu'elle était. Comme aucun arbre
n'y tempérait l'ardeur des rayons du soleil, la chaleur y était étouffante; de l'autre côté de l'Aar, au
contraire, nous apercevions un bois magnifique dont
les allées étaient couvertes de promeneurs. Nous
craignîmes un instant d'être réduits à retourner sur
nos pas pour retrouver le pont que nous avions déjà
traversé; mais nous aperçûmes au-dessous de nous
un bac à l'aide duquel s'opérait le passage, au
grand bénéfice du batelier, car nous fûmes obligés
d'attendre un quart d'heure notre tour d'inscription. Ce batelier est un vieux serviteur de la République, à qui la ville a donné pour récompense de
ses services le privilège exclusif du transport des
passagers qui veulent traverser l'Aar. Ce transport
s'opère moyennant une rétribution de deux sous, à
laquelle échappent les membres de deux classes de
la société, qui n'ont cependant dans l'exercice de
leurs fonctions aucun rapport probable, les sages-
femmes et les soldats. Comme j'avais fait quelques
questions à mon *passeur*, il se crut en droit, à son
tour, en me reconnaissant pour Français, de m'en
adresser une : il me demanda si j'étais pour l'ancien ou pour le nouveau roi. Ma réponse fut aussi
catégorique que sa demande : — Ni pour l'un ni
pour l'autre.

Les Suisses sont en général très-questionneurs et
très-indiscrets dans leurs questions; mais ils y met-
tent une bonhomie qui en fait disparaître l'imperti-

nence; puis, lorsque vous leur avez dit vos affaires, ils vous racontent à leur tour les leurs avec ces détails intimes que l'on réserve ordinairement pour les amis de la maison. A table d'hôte, et au bout d'un quart d'heure, on connaît son voisin comme si l'on avait vécu vingt ans avec lui. Du reste, vous êtes parfaitement libre de répondre ou de ne pas répondre à ces questions, qui sont ordinairement celles que vous font les registres des maîtres d'auberge : — Votre nom, votre profession, d'où venez-vous? où allez-vous? — et qui remplacent avantageusement l'exhibition du passe-port, en indiquant aux amis qui vous suivent ou que vous suivez l'époque à laquelle on est passé et la route qu'on a prise.

Comme il nous était absolument égal d'aller d'un côté ou d'un autre, pourvu que nous vissions quelque chose de nouveau, nous suivîmes la foule; elle se rendait à la promenade de l'Engi, qui est la plus fréquentée des environs de la ville. Un grand rassemblement était formé devant la porte d'Aarberg; nous en demandâmes la cause; on nous répondit laconiquement : *Les ours.* Nous parvînmes en effet jusqu'à un parapet autour duquel étaient appuyées comme sur une galerie de spectacle deux ou trois cents personnes occupées à regarder les gentillesses de quatre ours monstrueux, séparés par couples et habitant deux grandes et magnifiques fosses tenues avec la plus grande propreté et dallées comme des salles à manger.

L'amusement des spectateurs consistait, comme à Paris, à jeter des pommes, des poires et des gâteaux aux habitants de ces deux fosses; seulement leur plaisir se compliquait d'une combinaison que j'indiquerai à M. le directeur du Jardin des Plantes, et que je l'invite à naturaliser pour la plus grande joie des amateurs.

La première poire que je vis jeter aux Martins bernois fut avalée par l'un d'eux sans aucune opposition extérieure; mais il n'en fut pas de même de la seconde. Au moment où, alléché par ce premier succès, il se levait nonchalamment pour aller chercher son dessert à l'endroit où il était tombé, un autre convive, dont je ne pus reconnaître la forme, tant son action fut agile, sortit d'un trou pratiqué dans le mur, s'empara de la poire, au nez de l'ours stupéfait, et rentra dans son terrier, aux grands applaudissements de la multitude. Une minute après, la tête fine d'un renard montra ses yeux vifs et son museau noir et pointu à l'orifice de sa retraite, attendant l'occasion de faire une nouvelle curée aux dépens du maître du château dont il avait l'air d'habiter un pavillon.

Cette vue me donna l'envie de renouveler l'expérience, et j'achetai des gâteaux comme l'appât le plus propre à réveiller l'appétit individuel des deux antagonistes. Le renard, qui devina sans doute mon intention en me voyant appeler la marchande, fixa ses yeux sur moi et ne me perdit plus de vue. Lors-

que j'eus fait provision de vivres et que je les eus emmagasinés dans ma main gauche, je pris une tartelette de la main droite et la montrai au renard; le sournois fit un petit mouvement de tête comme pour me dire : Sois tranquille, je comprends parfaitement; puis il passa sa langue sur ses lèvres avec l'assurance d'un gaillard qui est assez certain de son affaire pour se pourlécher d'avance. Je comptais cependant lui donner une occupation plus difficile que la première. L'ours, de son côté, avait vu mes préparatifs avec une certaine manifestation d'intelligence, et se balançait gracieusement assis sur son derrière, les yeux fixés, la gueule ouverte et les pattes tendues vers moi. Pendant ce temps le renard, rampant comme un chat, était sorti tout à fait de son terrier, et je m'aperçus que c'était une cause accidentelle plutôt encore que la vélocité de sa course qui m'avait empêché de reconnaître à quelle espèce il appartenait lors de sa première apparition : la malheureuse bête n'avait pas de queue.

Je jetai le gâteau, l'ours le suivit des yeux, se laissa retomber sur ses quatre pattes pour venir le chercher; mais, au premier pas qu'il fit, le renard s'élança par-dessus son dos d'un bond dont il avait pris la mesure si juste qu'il tomba le nez sur la tartelette; puis, faisant un grand détour, il décrivit une courbe pour rentrer à son terrier. L'ours, furieux, appliquant à l'instant sa vengeance ce qu'il savait de géométrie, prit la ligne droite avec une vivacité dont je l'aurais cru incapable; le renard et lui arrivèrent presque en même temps au trou; mais le renard avait l'avance, et les dents de l'ours claquèrent en se rejoignant à l'entrée du terrier, au moment même où le larron venait d'y disparaître. Je compris alors pourquoi le pauvre diable n'avait plus de queue.

Je renouvelai plusieurs fois cette expérience, à la grande satisfaction des curieux et du renard, qui, sur quatre gâteaux, en attrapait toujours deux.

Les ours qui habitent la seconde fosse sont beaucoup plus jeunes et plus petits. J'en demandai la cause, et j'appris qu'ils étaient les successeurs des autres, et qu'à leur mort ils devaient hériter de leur place et de leur fortune. Ceci exige une explication.

Nous avons dit comment, après sa fondation par le duc de Zœringen, Berne avait reçu son nom, et la part que le genre animal avait prise à son baptême. Depuis ce temps, les ours devinrent les armes de la ville, et l'on résolut non-seulement de placer leur effigie dans le blason, sur les fontaines, dans les horloges et sur les monuments, mais encore de s'en procurer de vivants, qui seraient nourris et logés aux frais des habitants. Ce n'était pas chose difficile : on n'avait qu'à étendre la main vers la montagne et à choisir. Deux jeunes oursins furent pris et amenés à Berne, où bientôt ils devinrent, par leur grâce et leur gentillesse, un objet d'idolâtrie pour les bourgeois de la ville.

On devine l'effet que produisit sur la foule marchande de ce nouvel acheteur. — Page 160.

Sur ces entrefaites, une vieille fille fort riche, et qui, vers les dernières années de sa vie, avait manifesté pour ces aimables animaux une affection toute particulière, mourut, ne laissant d'autres héritiers que des parents assez éloignés. Son testament fut ouvert avec les formalités d'usage, en présence de tous les intéressés. Elle laissait soixante mille livres de rente aux ours, et mille écus une fois donnés à l'hôpital de Berne, pour y fonder un lit en faveur des membres de sa famille. Les ayants droit attaquèrent le testament, sous prétexte de captation; un avocat d'office fut nommé aux défendeurs, et, comme

c'était un homme d'un grand talent, l'innocence des malheureux quadrupèdes, que l'on voulait spolier de leur héritage, fut publiquement reconnue, le testament déclaré bon et valable, et les légataires furent autorisés à entrer immédiatement en jouissance.

La chose était facile; la fortune de la donatrice consistait en argent comptant. Les douze cent mille francs de capital qui la composaient furent versés au trésor de Berne, que le gouvernement déclara responsable de ce dépôt, avec charge d'en compter les intérêts aux fondés de pouvoirs des héritiers,

La tour de Goliath, à Berne. — Page 61.

considérés comme mineurs. On devine qu'un grand changement s'opéra dans le train de maison de ces derniers. Leurs tuteurs eurent une voiture et un hôtel, ils donnèrent en leur nom des dîners parfaitement servis et des bals du meilleur goût. Quant à eux personnellement, leur gardien prit le titre de valet de chambre, et ne les battit plus qu'avec un jonc à pomme d'or.

Malheureusement rien n'est stable dans les choses humaines! Quelques générations d'ours avaient joui à peine de ce bien-être inconnu jusqu'alors à leur espèce quand la Révolution française éclata. L'his-

toire de nos héros ne se trouve pas liée d'une manière assez intime à cette grande catastrophe pour que nous remontions ici à toutes ses causes, ou que nous la suivions dans tous ses résultats; nous ne nous occuperons que des événements dans lesquels ils ont joué un rôle.

La Suisse était trop près de la France pour ne pas éprouver quelque atteinte du grand tremblement de terre dont le volcan révolutionnaire secouait le monde; elle voulut résister cependant à cette lave militaire qui sillonna l'Europe. Le canton de Vaud se déclara indépendant; Berne rassembla ses troupes; victorieuse d'abord dans la rencontre de Neueneck, elle fut vaincue dans les combats de Straubrunn et de Grauholz, et les vainqueurs, commandés par les généraux Brune et Schaunbourg, firent leur entrée dans la capitale. Trois jours après, le trésor bernois fit sa sortie.

Onze mulets chargés d'or prirent la route de Paris; deux d'entre eux portaient la fortune des malheureux ours, qui, tout modérés qu'ils étaient dans leurs opinions, se trouvaient compris sur la liste des aristocrates et traités en conséquence. Il leur restait bien l'hôtel de leurs fondés de pouvoirs, que les Français n'avaient pu emporter; mais ceux-ci justifiaient du titre de propriété, de sorte que ce dernier débris de leur splendeur passée fut entraîné dans le naufrage de leur fortune.

Un grand exemple de philosophie fut alors donné aux hommes par ces nobles animaux; ils se montrèrent aussi dignes dans le malheur qu'ils s'étaient montrés humbles dans la prospérité, et ils traversèrent, respectés de tous les partis, les cinq années de révolution qui agitèrent la Suisse depuis 1798 jusqu'en 1803.

Cependant la Suisse avait abaissé ses montagnes sous la main de Bonaparte, comme l'Océan ses vagues à la voix de Dieu. Le premier consul la récompensa en proclamant l'acte de médiation, et les dix-neuf cantons respirèrent, abrités sous l'aile que la France étendait sur eux.

A peine Berne fut-elle tranquille, qu'elle s'empressa de réparer les pertes faites par ses citoyens. Alors ce fut à qui solliciterait un emploi du gouvernement, réclamerait une indemnité au trésor, demanderait une récompense à la nation. Ceux-là seuls qui avaient le plus de droit pour tout obtenir dédaignèrent toute démarche, et attendirent, dans le silence du bon droit, que la République pensât à eux.

La République justifia sa devise sublime : *Un pour tous, tous pour un*. Une souscription fut ouverte en faveur des ours; elle produisit soixante mille francs. Avec cette somme, si modique en comparaison de celle qu'ils avaient possédée, le conseil de la ville acheta un lot de terre qui rapportait deux mille livres de rente. Les malheureuses bêtes, après avoir été millionnaires, n'étaient plus qu'éligibles (1).

Encore cette petite fortune se trouva-t-elle bientôt réduite à moitié par un nouvel accident, mais qui était, cette fois, en dehors de toute commotion politique. La fosse qu'habitaient les ours était autrefois enfermée dans la ville, et touchait aux murs de la prison. Une nuit, un détenu condamné à mort, étant parvenu à se procurer un poinçon de fer, se mit à percer un trou dans la muraille; après deux

(1) Le droit d'éligibilité est fixé à neuf francs; je crois qu'il en est de même à Berne.

ou trois heures de travail, il crut entendre que du côté opposé du mur on travaillait aussi à quelque chose de pareil; cela lui donna un nouveau courage. Il pensa qu'un malheureux prisonnier comme lui habitait le cachot contigu, et il espéra qu'une fois réuni à lui leur fuite commune deviendrait plus facile, le travail étant partagé. Cet espoir ne faisait que croître à mesure que la besogne avançait; le travailleur caché opérait avec une énergie qui paraissait lui faire négliger toute précaution; les pierres détachées par lui roulaient bruyamment; son souffle se faisait entendre avec force. Le condamné n'en sentit que mieux la nécessité de redoubler d'efforts, puisque l'imprudence de son compagnon pouvait, d'un moment à l'autre, trahir leur évasion. Heureusement il restait peu de chose à faire pour que le mur fût mis à jour. Une grosse pierre seulement résistait à toutes ses attaques, lorsqu'il la sentit s'ébranler; cinq minutes après, elle roula du côté opposé. La fraîcheur de l'air extérieur pénétra jusqu'à lui; il vit que ce secours inespéré qu'il avait reçu venait du dehors, et, ne voulant pas perdre de temps, il se mit en devoir de passer par l'étroite ouverture qui lui était offerte d'une manière si inattendue. A moitié chemin il rencontra un des ours qui faisait de son côté tous ses efforts pour pénétrer dans le cachot. Il avait entendu le bruit que faisait le détenu à l'intérieur de la prison, et, par l'instinct de destruction naturel aux animaux, il s'était mis à le seconder de son mieux.

Le condamné se trouvait entre deux chances: être pendu ou dévoré; la première était sûre, la seconde était probable; il choisit la seconde, qui lui réussit. L'ours, intimidé par la puissance qu'exerce toujours l'homme, même sur l'animal le plus féroce, le laissa fuir sans lui faire de mal.

Le lendemain le geôlier, en entrant dans la prison, trouva une étrange substitution de personne; l'ours était couché sur la paille du prisonnier.

Le geôlier s'enfuit sans prendre le temps de refermer la porte; l'ours le suivit gravement, et, trouvant toutes les issues ouvertes, arriva jusqu'à la rue, et s'achemina tranquillement vers la place du marché aux herbes. On devine l'effet que produisit sur la foule marchande l'aspect de ce nouvel amateur. En un instant, la place se trouva vide, et bientôt l'arrivant put choisir, parmi les fruits et les légumes étalés, ceux qui étaient le plus à sa convenance. Il ne s'en fit pas faute, et, au lieu d'employer son temps à regagner la montagne, où personne ne l'aurait probablement empêché d'arriver, il se mit à faire fête de son mieux aux poires et aux pommes, fruits pour lesquels, comme chacun sait, cet animal a la plus grande prédilection. Sa gourmandise le perdit.

Deux maréchaux, dont la boutique donnait sur la place, avisèrent un moyen de reconduire le fugitif à sa fosse. Ils firent chauffer presque rouges deux grandes tenailles et, s'approchant de chaque côté du maraudeur, au moment où il était le plus absorbé par l'attention qu'il portait à son repas, ils le pincèrent vigoureusement chacun par une oreille. L'ours sentit du premier abord qu'il était pris ; aussi ne tenta-t-il aucune résistance, et suivit-il humblement ses conducteurs sans protester autrement que par quelques cris plaintifs contre l'illégalité des moyens qu'on avait employés pour opérer son arrestation.

Cependant, comme on pensa qu'un pareil accident pourrait se renouveler, et ne finirait peut-être pas une seconde fois d'une manière aussi pacifique, le conseil de Berne décréta qu'on transporterait les ours hors de la ville, et qu'on leur bâtirait deux fosses dans les remparts.

Ce sont ces deux fosses qu'ils habitent aujourd'hui, et dont la construction est venue réduire de moitié leur capital, car elle coûta trente mille francs ; et, pour se procurer cette somme, il fallut qu'ils laissassent prendre une inscription de première hypothèque sur leur propriété.

Aussitôt que j'eus consigné tous ces détails sur mon album, nous nous remîmes en route pour achever nos courses à l'entour de Berne. Une magnifique allée d'arbres s'offrait à nous ; nous la suivîmes comme le faisait tout le monde. Au bout d'une heure de marche, nous passâmes l'eau sur un bateau, et nous nous trouvâmes au Reichenbach, entre une joyeuse et bruyante guinguette suisse et le vieux et morne château de Rodolphe d'Erlac ; l'une nous offrait un bon déjeuner, l'autre un grand souvenir ; la faim prit le pas sur la poésie ; nous entrâmes à la guinguette.

C'est une admirable chose qu'une guinguette allemande pour quiconque aime la valse et la choucroûte. Malheureusement je ne pouvais jouir que de l'un de ces plaisirs.

Aussi, à peine eus-je déjeuné tant bien que mal, que je me jetai au milieu de la salle de danse, offrant à la première paysanne qui se trouva près de moi ma main, qu'elle accepta sans trop de façon, bien que j'eusse des gants, luxe tout à fait inconnu dans cette joyeuse assemblée. Je partis aussitôt, saisissant au premier coup la mesure de cette valse balancée et rapide, comme si toutes mes études avaient été dirigées du côté de cet art. Il est vrai de dire que l'orchestre nous secondait merveilleusement, quoique composé entièrement de musiciens de village, qui jouaient de je ne sais quels instruments, et je dois dire qu'aucun de nos orchestres parisiens ne m'a jamais paru mieux approprié à cette danse.

La valse finie, je demandai à ma danseuse, en allemand très-intelligible, la permission de l'embrasser ; c'est l'une des phrases de cette langue dont la construction et l'accent sont le mieux restés dans ma mémoire ; elle me l'accorda de fort bonne grâce.

Le château de Reichenbach eut ensuite notre visite. Une tradition, moitié historique, moitié poétique, comme toutes les traditions suisses, s'y rattache. C'est là que le vieux Rodolphe d'Erlac se reposait de ses travaux guerriers, et passait les derniers jours d'une vie si utile à sa patrie et si honorée de ses concitoyens. Un jour, son gendre Rudenz vient le voir, comme il avait l'habitude de le faire ; une discussion s'engage entre le vieillard et le jeune homme sur la dot que le premier devait payer au second. Rudenz s'emporte, saisit à la cheminée l'épée du vainqueur de Laupen, frappe le vieillard, qui expire sur le coup, et se sauve. Mais les deux chiens de Rodolphe, qui étaient à l'attache de chaque côté de la porte, brisent leur chaîne, poursuivent le fugitif dans la montagne, et reviennent deux heures après couverts de sang ; on ne revit jamais Rudenz.

Le jeune homme qui nous raconta cette anecdote revenait à Berne ; il nous proposa de faire route avec lui ; nous acceptâmes. Chemin faisant, nous lui dîmes ce que nous avions déjà vu, et nous nous informâmes près de lui s'il ne nous restait pas quelque chose à voir. Il se trouva que nous avions déjà exploré à peu près toute la partie pittoresque de la ville ; cependant il nous proposa de faire un petit circuit et de rentrer à Berne par la tour de Goliath.

La tour de Goliath est ainsi nommée, parce qu'elle sert de niche à une statue colossale de saint Christophe.

Comme cette dénomination ne doit pas paraître au lecteur beaucoup plus conséquente qu'elle ne me parut à moi-même, je vais lui expliquer incontinent quelle analogie exista entre le guerrier philistin et le pacifique Israélite.

Vers la fin du quinzième siècle, un riche et religieux seigneur fit don à la cathédrale de Berne d'une somme considérable qui devait être employée à l'achat de vases sacrés. Cette disposition testamentaire s'exécuta religieusement, et un magnifique saint-sacrement fut acheté et renfermé dans le tabernacle. Possesseurs de cette nouvelle richesse, les desservants de l'église pensèrent aussitôt aux moyens de la mettre à l'abri de tout accident. On ne pouvait placer une garde humaine dans le sanctuaire ; on chercha parmi la milice céleste quel était le saint qui donnait le plus de garantie de vigilance et de dévouement. Saint Christophe, qui avait porté notre Seigneur sur ses épaules, et dont la taille gigantesque constatait la force, obtint, après une légère discussion, la préférence sur saint Michel, que l'on regardait comme trop jeune pour avoir la prudence nécessaire à l'emploi dont on voulait l'honorer. On chargea le plus habile sculpteur de Berne de modeler la statue, que l'on devait placer près de l'autel pour épouvanter les voleurs, comme on place un mannequin dans un champ de chènevis pour effrayer les oiseaux. Sous ce rapport, lorsque l'œuvre fut achevée, elle dut certainement réunir tous les suffrages, et saint Christophe lui-même, si Dieu lui accorda la jouissance de voir du ciel le portrait qu'on avait fait de lui sur la terre, dut être fort émerveillé du caractère guerroyant qu'avait pris, sous le ciseau créateur de l'artiste, sa tranquille et pacifique personne.

En effet, l'image sainte était haute de vingt-deux pieds, portait à la main une hallebarde, au côté une épée, et était peinte, de la tête aux pieds, en rouge et en bleu, ce qui lui donnait une apparence tout à fait formidable.

Ce fut donc avec toutes ces chances de remplir fidèlement sa mission, et après avoir entendu un long discours sur l'honneur qui lui était accordé, et sur les devoirs que cet honneur lui imposait, que le saint fut installé en grande pompe derrière le maître-autel, qu'il dépassait de toute la longueur du torse.

Deux mois après le saint-sacrement était volé.

On devine quelle rumeur cet accident causa dans la paroisse, et la déconsidération qui en rejaillit tout naturellement sur le pauvre saint. Les plus exaspérés disaient qu'il s'était laissé corrompre ; les plus modérés, qu'il s'était laissé intimider ; un troisième parti, plus fanatique que les deux autres, déblatérait aussi contre lui sans ménagement aucun ;

c'était le parti des michélistes, qui, en minorité lors de la discussion, avait conservé sa rancune religieuse avec toute la fidélité d'une haine politique. Bref, à peine si une ou deux voix osèrent prendre la défense du gardien fidèle. Il fut donc ignominieusement exilé du sanctuaire qu'il avait si mal défendu ; et, comme on était en guerre avec les Fribourgeois, on le chargea de protéger la tour de Lombach, qui s'élevait hors de la ville, en avant de la porte de Fribourg. On lui tailla dans cette porte la niche qu'il habite encore de nos jours, on l'y plaça comme un soldat dans une guérite, avec l'injonction d'être plus vigilant cette fois qu'il ne l'avait été la première.

Huit jours après, la tour de Lombach était prise.

Cette conduite inouïe changea la déconsidération en mépris ; le malheureux saint fut dès lors regardé par les hommes les plus raisonnables non-seulement comme un lâche, mais encore comme un traître, et débaptisé d'un commun accord.

On le dépouilla du nom respecté qu'il avait compromis, pour le flétrir d'un nom abominable, on l'appela Goliath.

En face de lui, et dans l'attitude de la menace, est un jolie petite statue de David tenant une fronde à la main.

FIN DE LA PREMIÈRE PARTIE.

TABLE DES MATIÈRES

DE LA PREMIÈRE PARTIE.

—<·>—

PLACEMENT DES GRAVURES

www.ingramcontent.com/pod-product-compliance
Lightning Source LLC
Chambersburg PA
CBHW052350090426
42739CB00011B/2372